IPHONE UND IPAD
FÜR EINSTEIGER

PC-SCHULE FÜR SENIOREN

IPHONE UND IPAD

für Einsteiger

Ole Meiners

Stiftung Warentest

the chillout guide

Nachrichten
Kalender
Kontakte
Notizen
Videos
Kamera
Safari
Mail
Fotos
Musik

DIE IGERÄTE

Willkommen in der Welt des iPhones und des iPads – und herzlich willkommen in der vernetzten digitalen Welt. Brechen Sie mit uns auf in Welten, die Sie so zuvor noch nicht gesehen haben. Sie werden sehen: Die Reise lohnt sich!

AUF NACH DIGITALIEN

Das sind schon erstaunliche Geräte, die seit einigen Jahren viele Hosentaschen und Rucksäcke bevölkern. Sie speichern Stunden und Tage von Musik und geben sie über Kopfhörer wieder, machen richtig gute Fotos und Filme, zeigen uns den Weg in einer fremden Stadt und finden nahezu alles: die nächste Apotheke, die aktuellen Kinofilme oder ein kleines Spiel zum Zeitvertreib. So viel Technik auf so kleinem Raum – aber wer soll das alles lernen?
Und es hört noch nicht auf: Jedes dieser Geräte kann mit dem Internet kommunizieren. Die ganze bunte wie nützliche Welt des World Wide Web ist jetzt nicht nur am Schreibtisch zu Hause abrufbar, sondern an fast jedem Ort unserer zivilisierten Welt: vom Sofa aus, im Lieblingscafé genauso wie am Urlaubsort, im Zug und auf der Autobahn immer häufiger und manchmal sogar an Bord von Fährschiffen und Flugzeugen. Möglich machen das WLAN und Mobilfunk – doch fragt sich nun manch einer: Ist das nicht fürchterlich kompliziert?
Captain Kirk vom Raumschiff Enterprise jedenfalls würde Sie beneiden, wenn Sie sich der Herausforderung dieser Technik stellen.

Sein Kommunikator ist längst in die Jahre gekommen. Das klobige Endgerät musste er noch aufklappen, es hatte keine Videoverbindung und für die Orientierung in fremden Welten brauchte es den zusätzlichen Tricorder. Über diesen altmodischen Charme sind wir längst hinaus – und Sie können dabei sein. Das Zeitalter des mobilen Internets hat begonnen.

Technik für die Hosentasche

Smartphones (englisch für „schlaues Telefon") sind zwar nicht wirklich intelligent, aber Sie können immer mehr. Und weil wir alle keine Raketentechniker sind, ist die Bedienung der mobilen Internetgeräte so einfach geworden, dass ein abgeschlossenes Ingenieursstudium nicht vorausgesetzt wird. Schließlich wollen die Anbieter ja möglichst viele Kunden erreichen, die solche Geräte und Dienste nutzen und dafür auch bezahlen.

Tatsächlich findet sich Raketentechnik in Apples iPhone und iPad: empfindlichste Bildsensoren, wie es sie auch in Beobachtungssatelliten gibt, Sensoren für die Lage, Ausrichtung und Beschleunigung im Raum und hoch entwickelte Energiespeicher. Viel Gehirnschmalz ist in diese Technik eingegangen: Apples Ingenieure und Designer haben diese Technik in Geräten zu jeweils dreistelligen Euro-Beträgen eingefangen. Die scherzhaft als Wunderflundern bezeichneten Geräte schaffen das Unglaubliche: Per Fingerzeig oder Sprachbefehl lassen sie uns diese komplexe Technik sehr einfach nutzen, im Alltag und ganz spielerisch, fast selbstverständlich.

Dass Sie dieses Buch überhaupt aufschlagen, belegt bereits, dass Sie sich dieser Technik stellen wollen. Oder ein Mitmensch hat den starken Wunsch, dass Sie an seinem Alltag, seinem Leben mehr teilnehmen sollen. Das trifft auf viele Söhne und Töchter zu, für die Computer und Internet selbstverständlich geworden sind.

Jetzt, wo die wuchtigen Computer von einst auf Tablet-Größe und Notizblock-Format geschrumpft sind und Internet überall zu empfangen ist, ist es an der Zeit, all die mit ins Netz zu holen, die bei der ersten Runde noch nicht dabei waren. Es lohnt sich.

Was Ihnen dieses Buch anbietet

Zunächst möchten wir Sie über die unterschiedlichen Geräteklassen informieren und Ihnen die Beantwortung der Frage erleichtern, ob nun ein iPhone oder ein iPad für Sie und Ihre Anforderungen besser geeignet ist. In der Bedienung unterscheiden sich beide kaum, allein die Darstellungsgröße auf dem iPad macht hin und wieder einiges möglich, was am kleinen iPhone-Bildschirm unmöglich wäre. Allerdings: Nur mit dem iPhone können Sie wie mit einem Handy mobil telefonieren und die „klassischen" Kurzmitteilungen SMS und MMS versenden und empfangen. Wenn Sie noch mit Ihrem gar nicht so alten Handy zufrieden sind, dann kommt neben einem iPad möglicherweise auch der vergleichsweise günstige iPod touch für Sie in Frage.

Mithilfe von Apples kostenlosem Online-Dienst iCloud und einer ausführlichen Schritt-für-Schritt-Anleitung begleiten wir Sie beim ersten Einschalten und versetzen Sie anschließend in die Lage, mit Freunden und Verwandten in aller Welt per E-Mail zu kommunizieren und im Internet wertvolle Informationen zu finden. Dabei lernen Sie gleichzeitig das grundlegende Bedienkonzept von iOS kennen. Wenn Sie wollen, dann schaffen Sie das sogar als blutiger Anfänger in nur einem Tag. Versprochen! Oder in mehreren kleinen Einheiten: Sie allein bestimmen das Tempo Ihres Lernfortschritts. Und damit Sie auch ohne dieses Buch unterwegs in Ihren ersten digitalen Tagen einen Helfer an der Seite haben, finden Sie am Ende Kopiervorlagen für eine Kurzanleitung zum Einstecken. Eine Bedienungsanweisung haben Sie in Ihrem iPad-Karton nicht gefunden? Die zeigen wir Ihnen auch noch.

In Form von Workshops, also konkreten Beispielen zum Nachahmen, lernen Sie weitere Funktionen kennen. Viele dieser Funktionen sind bereits eingebaut, andere werden Sie nachrüsten: mit dieser oder jener „App". Das sind kleine Programme, die häufig sogar kostenlos sind. Denn anders als frühere elektronische Handgeräte können Sie selbst das Einsatzspektrum Ihres iGeräts bestimmen, erweitern und auf dem neuesten Stand der Technik halten. Einige Themen hierbei sind:

- Wo bin ich – und wie finden mich andere?
- Wie komme ich zu Fuß oder mit dem Auto von A nach B?
- Wie finde ich meinen Fahrplan für Bus und Bahn?
- Wo finde ich eine große Auswahl an kostenlosen Radio- und Fernsehsendungen?
- Wie kaufe und lese ich digitale Bücher, Zeitungen, Magazine?
- Wie kann ich im Netz bezahlen und Bankgeschäfte erledigen?
- Wie verschicke ich ein Foto aus dem Urlaub nach Hause?

Wir sind uns sicher, dass Ihnen diese „Lehrgänge" auch Spaß machen werden – so wie die iGeräte überhaupt viel Spaß verbreiten, kann man sie erst halbwegs bedienen.

Im hinteren Teil zeigen wir Ihnen, wie Sie iPhone und iPad Ihren persönlichen Vorlieben nach dekorieren, einstellen und gegen unbefugten Zugriff sichern können. Die Themen „Sicherheit" und „Technik" stehen im Fokus des Glossars: Dort lösen wir Fachchinesisch auf und geben konkrete Tipps auch zu Kennwörtern, WLAN-Problemen und zur Auswahl des richtigen Anbieters für Mobilfunkdienstleistungen.

Wie dieses Buch funktioniert

Sie können dieses Buch ohne jegliche Vorkenntnisse nutzen: als kleine Kaufberatung, als Einstiegshilfe in die moderne Kommunikationswelt und als Nachschlagewerk. Sie können und dürfen dieses Buch sogar zweimal lesen: Oft unterbrechen Kästen wie der auf der gegenüberliegenden Seite den Fließtext. Diese Passagen dürfen Sie als Einsteiger gerne im ersten Durchlauf überspringen, wenn es Ihnen um einen schnellen Erfolg bei der Ersteinrichtung Ihres iGeräts geht. Manchmal strotzen diese Texte auch von Fachbegriffen, die Sie erst mit der initialen Lektüre erlernen. Einige dieser Kästen richten sich auch an die fortgeschrittene Anwenderin oder an Personen, die Ihnen gerne helfend zur Seite stehen möchten.

An einigen Stellen im Fließtext bitten wir mit erhobenem Zeigefinger und blauer Farbe um Ihre besondere Aufmerksamkeit.

HABEN SIE KEINE ANGST!
Sie sind klüger als die Maschine. Garantiert.

Es ist wichtig, dass Sie solche Tipps befolgen und verinnerlichen – oder regelmäßig nachschlagen, um das Gelernte wieder aufzufrischen.
Manches lässt sich in einem Buch nicht erschöpfend erklären. Darum geben wir Ihnen im weiteren Verlauf an unterschiedlichsten Stellen Tipps zur weiteren Lektüre und verweisen Sie mit Symbolen in das Internet-Lexikon Wikipedia, zur Web-Suche mit Google, Bing & Co. oder mit einer direkten Webadresse zum Beispiel zu fortführenden Artikeln vom Hersteller selbst. Wikipedia, das „Googeln" und das Bewegen im Internet erklären wir Ihnen natürlich noch. Auch, was es mit so knappen Anweisungen auf sich hat wie: Kopf einschalten → Lesen und verstehen → Vielen Dank.

INFO **Willkommen im Profi-Block**

Sie sind bereits iOS-Anwender und möchten möglicherweise einer nahestehenden Person Schützenhilfe leisten? Das ist ein ehrwürdiges Ansinnen und wir belohnen Ihre Hilfe. Dieses Buch ist allerdings darauf ausgelegt, den Einsteiger von Anfang an so zu begleiten, dass er alle Grundfertigkeiten in der iOS-Interaktion erlernt und so wesentliche Dinge wie das Wiederherstellen aus einem Backup angstfrei selbst bewerkstelligen kann. Ihr Schützling soll schließlich mündig mitreden können und zügig Verantwortung für seine Daten übernehmen. Bitte übergeben Sie ihr oder ihm daher kein iOS-Gerät, dass nicht von Ihnen auf Werkseinstellungen zurückgesetzt (Seite 60) oder fabrikfrisch ist. Beachten Sie: Diese im Herbst 2014 überarbeitete Auflage nutzt als Grundlage iOS 8 – aber vieles funktioniert auch mit dem Vorgängersystem.

IPHONE UND IPAD IM ÜBERBLICK

Die Größe zeigt den deutlichsten Unterschied zwischen iPhone und iPad: Ein iPad werden Sie schwerlich in die Hosentasche stecken können – auch das iPad mini nicht. Auf dem iPhone werden Sie hingegen mit „Krieg und Frieden" wenig Freude haben: Um entspannt lange Texte zu lesen, sind die größeren iPad-Bildschirme einfach besser geeignet.

Natürlich können Sie sich stattdessen auch eine Verfilmung des Tolstoi-Klassikers anschauen, der eingebaute Akku des iPhone ist danach aber halb leer. Mehr Saft liefern die wiederaufladbaren Batteriezellen des iPad, aber das große Display fordert seinen Energietribut. Eines aber bleibt dem iPad versagt: Ihm fehlt die native Telefonfunktion! Wer möchte sich schon ein „halbes Kuchenblech" ans Ohr halten.

iPhone und iPad teilen sich mit iOS dasselbe Betriebssystem und die meisten Apps funktionieren auf beiden Geräten. Eine spezialisierte Navigations-App brauchen Sie deshalb nur einmal zu kaufen, um sie auf mehreren iOS-Geräten über Jahre zu verwenden. Entscheiden Sie sich später einmal dazu, das Gerät eines anderen Herstellers zu nutzen, dann müssen Sie die App allerdings neu kaufen – für Android etwa auf dem Marktplatz „Google Play".

Aber auch bei den inneren Werten spielt Größe eine Rolle. Besonderes Augenmerk gilt dem Flash-Speicher, der ähnlich wie eine Speicherkarte im Fotoapparat Dateien jeder Art bereithält. Die Kehrseite der iOS-Geräte ist das konsequente Fehlen eines Speicherkarten-Steckplatzes. Folgerichtig können Sie bei Platzmangel für Fotos nicht einfach wie beim Fotoapparat eine neue, größere SD-Karte nachstecken. Das ist wenig nachhaltig und dafür muss sich Apple von Umweltschützern und Verbraucherorganisationen wie der Stiftung Warentest regelmäßig tadeln lassen.

Zudem ist der Speicher bei Apple besonders teuer: Wer mit 16 Gigabyte nicht zufrieden ist, kann oft Modelle mit 32, 64 oder gar 128 GB zu jeweils 90 Euro Aufpreis ordern. Das sollte gut überlegt sein – und auch, ob ein iPad nur zu Hause oder auch unterwegs In-

INFO **Kommunikation mit iPhone, iPad und iPod touch**

iPhone, iPad und auch der iPod touch sind in erster Linie mobile Klein-Computer mit Internetfähigkeit – und natürlich stehen den iOS-Geräten alle Wege der digitalen Kommunikation offen. Man kann Videotelefonate mit anderen Internetteilnehmern führen, alle neueren Geräte besitzen hierfür extra die Kamera zum Benutzer hin. Kurznachrichten kann man auch schreiben und senden – etwa mit dem mitgelieferten iMessage oder der kostenlosen Skype-App, per Skype und anderen Erweiterungen sind selbst analoge Telefone (kostenpflichtig) auf der ganzen Welt erreichbar. Im Freisprech-Modus in einer ruhigen Umgebung oder in Verbindung mit einem Headset ist jedes iPad also gut in der Lage, als Telefon der anderen Art zu dienen. Man muss nur wissen, wie! Wer zu Hause eine FritzBox (oder den baugleichen 1&1-HomeServer) als Internet-Router mit WLAN einsetzt, kann dank kostenlosen Apps vom Hersteller AVM iPhone und iPad als weitere Nebenstelle ans Festnetz anbinden. Eventuell Firmware-Update durchführen!

ternet braucht. Am Verkaufstresen könnte sich das so oder so ähnlich anhören …

Welcher Nutzertyp bin ich?

Was bekomme ich für mein Geld? Brauche ich wirklich diese oder jene Funktion? Was bedeutet das Fachchinesisch im Elektromarkt? Hier einige Käuferwünsche unter der Lupe.

Ich bin ein absoluter Anfänger und möchte E-Mails schreiben.

Das können Sie grundsätzlich mit allen iOS-Geräten, sogar mit dem iPod touch. Die Gretchenfrage ist: Wie gehen Sie online? Ratsam – aber nicht zwingend – ist eine Grundversorgung mit WLAN zu Hause. Der notwendige WLAN-Router ist verbunden mit dem

Kabelfernsehen – oder der Telefondose. So eine stabile und zugleich preiswerte Internetverbindung war zumindest die vergangenen 15 Jahre Standard. Denkbar einfach ist auch die Einrichtung der E-Mail-Adresse. Das erledigen Sie gleich beim ersten Einschalten des iOS-Geräts. Und das Beste: Sie ist kostenlos.

Geht das aber auch ohne Kabel und neuen Telefonanschluss? Ich will doch bald umziehen.

Ja, aber nicht uneingeschränkt. Stellen Sie sich vor, Sie steigen um vom muskelbetriebenen Fahrrad und machen gleich den Sprung in die neue Elektromobilität. Dabei überspringen Sie die Ära des Verbrennungsmotors: Das ist ein modernes Abenteuer – und der Verzicht auf Internet per DSL oder TV-Kabel ist es auch. Als Einsteiger sollten Sie zu einem iPhone oder einem iPad-Modell mit Mobilfunk-Option greifen. Zu den etwa 120 Euro Aufpreis hierfür kommen weitere Kosten für eine Mobilfunk-Karte und deren Verbrauchskosten für das Unterwegs-Internet dazu. Die Tagesnutzung ist ab 2, die Monatsnutzung mit ausreichender Bandbreite ab 15 Euro zu haben. Schauen Sie schon jetzt im Glossar ab Seite 177 nach, wo wir Ihnen einige Empfehlungen zur Auswahl Ihres Providers (= Telefonnetzanbieters) und Vertragskonditionen (auch: Prepaid) geben. Außerdem sollten Sie einen Plan B zur ersten Inbetriebnahme parat haben, denn ohne heimisches WLAN trifft man häufig auf Stolpersteine. Vielleicht hilft Ihnen der Nachbar – oder der Verkäufer im Handy-Laden.

Mein jetziges Handy ist kein altes Eisen und ich möchte es gerne weiter benutzen.

Im Sinne der Nachhaltigkeit und des Ressourcenschutzes ist das ein prima Ansatz! Und Ihr Wunsch ist oft sinnvoll: Viele Handys können nämlich auch ins Internet verbinden und geben diese Verbindung meist per Bluetooth-Funk und oft auch per WLAN wie der Router zu Hause weiter. Diese Funktion heißt Tethering oder persönlicher Hotspot, auch ein älteres iPhone beherrscht das (ab

3GS). Das hilft Ihnen beim iPad-Kauf möglicherweise, über hundert Euro zu sparen.

Ich verstehe den Unterschied zwischen dem iPad WiFi und den Modellen mit Mobilfunk noch nicht. 120 Euro Aufpreis für was?

Für eine zusätzliche Baugruppe aus GPS-Empfänger (etwa für die satellitengestützte Navigation) und Mobilfunk-Modem (für das Unterwegs-Internet) – einschließlich zusätzlicher Antennen und des unverzichtbaren SIM-Kartenslot. Und das bedeutet: Die günstigeren Geräte und auch der iPod touch können außerhalb eines WLANs keine Verbindung zum Internet aufbauen. Das hat zur Folge, dass Sie einen Fotoschnappschuss erst zu Hause per Mail versenden, eine Nachrichtenseite wie www.tagesschau.de erst im Internet-Café lesen können. Außerdem kann das Gerät nicht mehr seine eigene Position bestimmen – jedenfalls nicht auf der grünen Wiese. Wollen Sie auf einer Wanderung das iPad WiFi spontan als Karte benutzen, erleben Sie zweierlei:

- Das System findet kein WLAN, das als Orientierungspunkt dienen kann. Damit steht (neben GPS) auch die alternative Positionsbestimmung nicht zur Verfügung und keine Karten-App der Welt kann zeigen, wo Sie gerade sind.
- Selbst wenn Sie halbwegs orientiert wären, haben Sie zumindest mit Apples Karten-App wahrscheinlich keine passende Karte griffbereit: Die App speichert nicht das Kartenmaterial komplett, sondern holt auf Ihren Abruf hin die Daten aus dem Internet. Aber Internet im Wald? Vielleicht! Denn wenn Ihr Handy jetzt „Netz hat", dann hätte auch ein Mobilfunk-Modem Internet-Zugang. Jetzt bleibt Ihnen nur noch die Kompass-App als Hilfe. Immerhin. Natürlich können Sie vorbeugen: Sie werden noch Möglichkeiten lernen, Kartenmaterial dauerhaft zu speichern, denn im Ausland ist das Unterwegs-Internet ja oft teuer. Sie können (auf der Arbeit, bei der Familie, im Hotel) auf WLAN-Suche gehen und die Anzahl Ihrer Zugangspunkte ausbauen. Insbesondere können Sie aber auch ein iPad WiFi oder iPod touch mit Ihrem jetzigen, hochwertigen Handy so wie oben beschrieben per Funk „koppeln". Dieses Te-

thering ist für viele Studenten und Berufspendler tägliche Praxis – warum nicht auch gelegentlich für Sie? Sogar einen externen GPS-Empfänger könnten Sie per Funk koppeln, aber ab dort ärgern Sie sich garantiert über die einst gesparten 120 Euro.

Ich kann nicht gut sehen oder trage ein Hörgerät. Eignen sich iOS-Geräte überhaupt für mich?

Einfach ausprobieren – mit Lesebrille beim Händler vor Ort oder die 14-tägige Rückgabemöglichkeit des Online-Handels nutzen. Textgrößen können Sie auf dem Bildschirm verändern und allein durch den Wechsel vom Hoch- zum Querformat wird vieles leserlicher. Die maximale Lautstärke über Kopfhörer ist üppig und für den Musikgenuss gibt es auch externe Lautsprechersysteme zu kaufen, Unterschiede dem linken und dem rechten Ohr können Sie ebenfalls ausgleichen (Seite 182). Mit ganz speziellen Hörhilfen können iPhone und iPad sogar per Funk kommunizieren, der Hörgeräte-Akustiker weiß hier weiter. Viele körperliche Einschränkungen lassen sich dank weiterer Bedienungshilfen überwinden – sogar blinde Menschen bleiben nicht außen vor dank der raffinierten Sprach-Funktionen Siri und VoiceOver.

Meine Musik-CD-Sammlung umfasst mehr als hundert Alben. Wie kriege ich das alles auf mein Gerät? Wie viel Speicher soll mein iPad haben?

Grob geschätzt etwas mehr als 16 Gigabyte, also mehr als Apple in der „Junior-Klasse" von iPhone und iPad aktuell verbaut. Aber müssen Sie denn alle Alben auf Ihrem iPad speichern? Nein, denn im Team mit einem Computer können Sie Ihr iGerät ganz individuell bestücken – mit einem „Handapparat" zum einen und zum anderen rotierend mit den anderen Alben, die Sie nach und nach mit dem Programm iTunes von CD einlesen. Dass das iPhone 5c aber mit bloß 8 Gigabyte auskommen soll, ist sehr sparsam von Apple gedacht.

Wie lange hält so ein Gerät eigentlich?

Der Erfahrung nach vier bis fünf Jahre – danach kommt nur noch Gnadenbrot in Betracht. Verschiedene Faktoren lassen Smartphone oder Tablet-PC mehr oder weniger altern:

- Intensiver Gebrauch lässt die Akkukapazität schmelzen und das Gerät hat unterwegs nie genügend Saft. Ein Akkutausch durch Apple ist aber möglich!
- Unsachgemäßer Gebrauch hinterlässt Spuren, das Displayglas oder die Kunststoffschale ist gesprungen. Aber sogar manch ein Wasserschaden kann vom Experten gerichtet werden!
- Die Lösung zukünftiger Sicherheitsprobleme und die Einbindung neuer Technologien können (häufig) nur in Form eines Betriebssystem-Updates realisiert werden, das seinerseits Anforderungen an das Gerät stellt. Das Ur-iPad von 2010 muss bei iOS 5.2 verharren, das iPhone 4 bei iOS 7.1.x – zur Drucklegung dieser Auflage hat Apple iOS 8.0.0 veröffentlicht. Die neue Technologie der Fingerabdruck-Erkennung bieten nur aktuelle Modelle wie das iPhone 5S und das iPhone 6, NFC bietet gar nur das iPhone 6. Diese Baugruppen können nicht nachgerüstet werden.

Wie gut ist eigentlich der eingebaute Fotoapparat?

Für eine Handy-Kamera liefert das iPhone geradezu Spitzenqualität, das iPhone 5S hat mit seinem pfiffigen Blitzlicht im vergangenen Jahr einen neuen Maßstab gesetzt. Er darf sich aber nicht messen mit Ihrer modernen Digitalkamera oder gar der Spiegelreflex: Da finden Sie ganz andere Objektive – um ein Vielfaches länger, als das iPhone dick ist. Ein Zoom, der seinen Namen verdient, ist daher technisch hier noch nicht machbar. Dafür ist das iPhone aber fast immer dabei und bei Lichtstärke und Abbildungsleistung mehr als gleichauf mit aktuellen Digitalkameras ähnlicher 30-mm-Brennweite. Von großem Vorteil sind außerdem die mannigfaltigen Bearbeitungsmöglichkeiten am iPhone inklusive des Teilens mit Freunden und Verwandten. Sogar Posterabzüge bis A2 sind bildtechnisch kein Problem. Beim iPod touch ist die Kamera weniger hochwertig, bei den iPads fehlt bislang die wichtige Fotolampe als Blitzgerät – und sie sind für diesen Zweck nicht handlich. Filmen können sie aber alle!

Warum ist das iPhone 6 Plus viel größer als die bisherigen Modelle?

Weil es der Wunsch vieler Kunden war – und weil die Konkurrenz solche „Phablets" (halb Phone, halb Tablet) längst im Sortiment hat. Zwar passen sie nun schlecht in die Hosentasche, aber alle Bedienelemente auf dem Display sind dank der größeren Bildschirmdiagonale von 4,7 bzw. 5,5 Zoll (12 bzw. 14 cm) sicherer zu bedienen – und die Lesebrille kann häufiger im Etui bleiben. Lernen Sie solche Unterschiede aber für sich selbst beim Händler kennen: Dieses Buch kennt nicht Ihre Taschen, Finger und Ihre Sehschärfe.

Ist das neueste Gerät auch das Beste für mich?

Das Vorjahresmodell kann oft durchaus das technisch ausgereiftere Gerät und gleichzeitig ein richtig günstiges Schnäppchen sein. Apple behält seit einiger Zeit eine oder zwei ältere Generationen unverändert, oft aber preisreduziert im Programm, aktuell sind dies die iPhone-Modelle 5C und 5S, das iPad mini und das iPad Retina. Das im Herbst 2013 vorgestellte iPad Air ist noch das Top-Modell unter den Tablets: Dank derselben Displaytechnologie wie beim Mini-Pad hat es an Gewicht und Umfang verloren – das Handgelenk merkt diese 150 Gramm Unterschied auf Dauer. Die günstigeren Geräte sind jedenfalls nur eingeschränkt zukunftstauglich. So hat Apple im Spätsommer 2014 das iPhone 4S aus dem Verkauf gestrichen, iOS 8 wird wohl dessen letzte Systemversion sein. Die Modelle 5C und 5S dürften erfahrungsgemäß iOS 9 gut verkraften können.

VORSICHT: FACHCHINESISCH

Zwei Unterscheidungskriterien sollten Sie kennen: Wenn Apple bei den iPad-Bezeichnungen ein „3G", oder „cellular" nachstellt, dann weist das auf die Extra-Baugruppe mit Mobilfunk-Modem und integriertem GPS-Empfänger hin. WLAN haben alle – und genau dies bedeutet das international gebräuchliche „WiFi".

	iPod touch	iPhone 5C	iPhone 5S	iPhone 6	iPhone 6 Plus	iPad Retina	iPad Air	iPad mini (Retina)
Speichergröße (in GB)	16/32/64	8	16/32	16/64/-128	16 / 64 / 128	16	16/32/ 64/128	16 (16/32/ 64/128)
Display-diagonale	10,1 cm/ 4"	10,1 cm/ 4"	10,1 cm/ 4"	11,9 cm/ 4,7"	13,9 cm/ 5,5"	24,6 cm/ 9,7"	24,6 cm/ 9,7"	20,1 cm/ 7,9"
-auflösung	326 ppi	326 ppi	326 ppi	326 ppi	401 ppi	264 ppi	264 ppi	163 ppi (326 ppi)
Gerätegröße (in cm)	12,3 × 5,9 × 0,6	12,4 × 5,9 × 0,9	12,4 × 5,9 × 08	13,8 x 6,7 x 0,7	19,2 x 7,8 x 0,7	24,1 x 18,6 x 0,9	24 × 16,9 × 0,7	20 × 13,4 × 0,7
Gewicht (ca.)	88 g	132 g	112 g	129 g	172 g	662 g	478 g	312 g (341 g)
Akkulaufzeit bei Dauersurfen	8 Std. h	8–10 h	8–10 h	10 – 11 h	12 h	9 – 10 h	10 h	8–9 h
Mobil telefonieren	nein	ja	ja	ja	ja	nein	nein	nein
Bluetooth / Dual-WLAN (a/b/g/n) / UMTS/HSPA	4.0 / ja / nein	4.0 / ja / ja	4.0 / ja / ja	4.0/auch ac / ja	4.0/auch ac / ja	4.0 / ja / optional (+120 €)	4.0/ auch MIMO/ optional (+120 €)	4.0 / ja (auch MI-MO) / optio-nal (+ 120 €)
iMessage/ SMS & MMS	ja/nein	ja/ja	ja/ja	ja/ja	ja/ja	ja/nein	ja/nein	ja/nein
Per Internet telefonieren / (Vi-deo-)Chat mit Skype, AIM u. a.	Zusatz-App	Zusatz-App	Zusatz-App	Zusatz-App	Zusatz-App	Zusatz-App	Zusatz-App	Zusatz-App
E-Mail, Surfen, Bücher & Zeitun-gen lesen	ja	ja	ja	ja	ja	ja	ja	ja
Kalender, Kontak-te, Erinnerungen	ja	ja	ja	ja	ja	ja	ja	ja
Musik-, Foto- und Videoplayer / Foto- und Video-Kamera	ja/ ja (5 MP/ FullHD)	ja / ja (8 MP/ FullHD)	ja/ ja (8 MP/ FullHD)	ja/ ja (8 MP/ FullHD)	ja/ ja (8 MP/ FullHD)	ja/ ja (5 MP / FullHD)	ja/ ja (5 MP/ FullHD)	ja/ ja (5 MP/ FullHD)
Zusatzkamera/ Blitzlicht	ja/ja	ja/ja	ja/ True Tone	ja/ True Tone	ja/ True Tone	ja / nein	ja/nein	ja/nein
Siri	ja	ja	ja	ja	ja	ja	ja	ja
Navigation und GPS-Ortung	nur Kar-ten	ja	ja	ja	ja	ohne Auf-preis nur Karten	ohne Auf-preis nur Karten	ohne Auf-preis nur Karten
LTE/NFC (Apple Pay)/Touch ID	nein/ nein	ja/nein	ja/nein	ja/ja	ja/ja	tlw. / nein	ja / nein	tlw. / nein (ja / nein)
SIM-Kartentyp	ohne	Nano-SIM (4FF)	Nano-SIM (4FF)	Nano-SIM (4FF)	Nano-SIM (4FF)	Mico-SIM (3FF)	Nano-SIM (4FF)	Nano-SIM (4FF)
Preis, UVP	ab 199 €	ab 399 €	ab 599 €	ab 699 €	ab 799 €	ab 379 €	ab 479 €	289 € (ab 389 €)

2012 hat Apple den bisherigen, knapp daumenbreiten Verbindungsstecker geändert. Über diesen 30-poligen Anschluss werden der Akku mit Strom und der Speicher mit Musik aufgeladen. Nun ist dieser Dock Connector durch den schlanken „Lightning"-Anschluss ersetzt. Treue iPhone-Kunden sind genervt, denn sie müssen auf Reisen nicht nur ein weiteres Ladekabel mitnehmen; auch viel Zubehör wie Lautsprecher oder Auto-Einbauten passt ohne Adapter nicht mehr. Und die Zubehör-Vielfalt für den neuen Anschluss? Nun, sie ist mittlerweile herangewachsen.

EIN STÜCK VOM HIMMEL MITGEKAUFT: ICLOUD

Apple ist nicht bloß als Hersteller von iPhones oder Mac zu verstehen, die Firma stellt auch Software her, ohne die manch ein Fernsehprogramm noch schlechter aussähe – und sie hat sich zu einer Internet-Supermacht entwickelt. Sie spielt in einer Liga mit Google, Yahoo, Amazon und Microsoft.
Ein Geschäftsfeld ist das sogenannte Cloud Computing, also das Auslagern von Benutzerdateien oder Programmen auf einen Großrechner. Was wie ein uraltes EDV-Prinzip klingt, ist bei der wachsenden Zahl unserer privaten und geschäftlichen Internet-Konsolen immer notwendiger. Ein Großrechner stellt mehr Speicherplatz zur Verfügung als Ihr Gerät, daher können Sie Ihre Daten in so eine Cloud auslagern. Bei Bedarf „zieht" Ihr Gerät sich zum Beispiel die Fotos aus dem vorletzten Urlaub. Da entdecken Sie rote Augen in einem dieser alten Fotos: Schnell mit dem iPhone korrigiert – schon ist die Korrektur auch in der Cloud gespeichert. Und mehr: Auch vom heimischen PC – ganz ohne iPhone – können Sie das geänderte Foto nun ab der nächsten Verbindung mit der Cloud abrufen. Einmal gemacht – überall geändert.
Als iPhone- oder iPad-Käufer kommen Sie automatisch in den Genuss von Apples Online-Dienst: Wie eine Wolke am Himmel schweben Ihre Dateien in der „iCloud" einfach mit – egal wo Sie

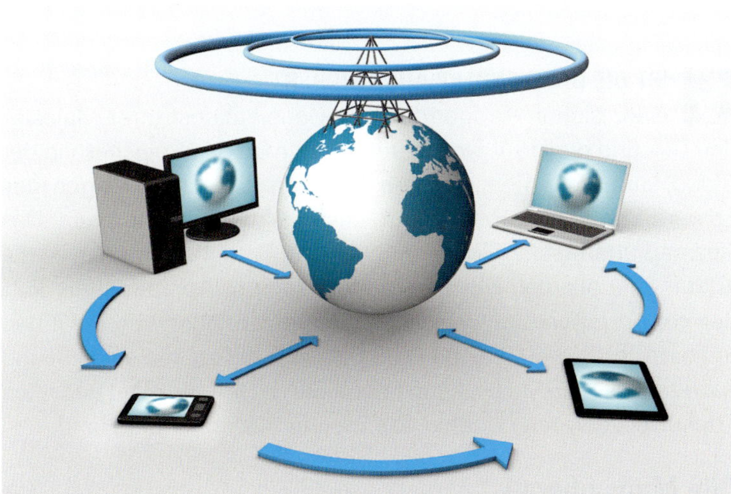

sind und sofern Sie mit dem Internet verbunden sind. Als Einsteiger mit nur einem Gerät erleben Sie die Vorteile nicht so ausgeprägt, aber sobald ein Computer, ein weiteres Mobilgerät oder gar ein Dieb dazukommen, wird die iCloud zum wahren Freund. Denn der Dienst sorgt für eine regelmäßige Datensicherung (Backup) Ihres persönlichen Gerätes und darauf sollten Sie nicht verzichten! Dieses Buch geht im Folgenden davon aus, dass Sie zumindest für die ersten Wochen die Dienste der iCloud nutzen.

INFO **Und ohne iCloud?**

Natürlich kann man andere Clouddienste auch nutzen, auf Apple ist man nicht eingegrenzt. Wer schon Google Mail und Kalender nutzt, mit Flickr der Welt Fotos zeigt oder auch auf Facebook präsent ist, braucht viele Dienste von iCloud nicht. Dann deaktivieren Sie besser Dienst für Dienst unter → Einstellungen → iCloud. Die wertvollen Funktionen „Backup" und „Mein iPhone / iPad finden" sollten aber aktiv bleiben. Solche „Einzelfälle" greifen diese Kästen im weiteren Verlauf immer wieder auf.

IST DIE DATENWOLKE AUCH SICHER?

Ganz sicher – fragen Sie den Geheimdienst Ihrer Majestät, den CIA und die NSA. Dort befürwortet man das Speichern in der Cloud, aus Sicherheitsgründen natürlich. Die Enthüllungen des Edward Snowden haben belegt, dass Staaten mitschnüffeln. Das Ausmaß überrascht. Sicher im Sinne von Betriebssicherheit ist die iCloud aber allemal. Mehr als andere schirmt Apple-Technik Kunden vor Angriffen durch Hacker oder Viren ab. Aber wenn es Ihnen unheimlich ist, persönliche Daten im Internet zu speichern – und dazu zählt jede E-Mail –, dann haben Sie mit iPhone, iPad und allen Konkurrenzgeräten ohnehin das falsche System in der Hand.

Alle Mails überall

Das Besondere am iCloud-E-Mail-Dienst ist seine Ausrichtung auf mehrere Geräte: Mails, die Sie unterwegs etwa vom iPad versenden, finden Sie am PC ebenfalls im Ordner „Gesendete Mails" wieder. Dahinter steckt iCloud: Der Mailserver behält alle E-Mails und liefert Kopien an die Geräte aus, Veränderungen werden von einem Gerät über iCloud auf das andere Gerät kopiert. Adressen, Kalender – alles auf einem Stand.

INFO Die Cloud zu Hause

Wer wirklich Herr über seine Daten sein will, traut keinem. Anders ausgedrückt: Sind Sie als fortgeschrittener Anwender in der Lage, eine Netzwerk-Festplatte und einen Router samt schnellem DSL-Anschluss zu konfigurieren, dann können Sie mit Ihrer ganzen Familie eine eigene Cloud bauen – samt Spielfilmarchiv und IMAP-Server. Die Daten liegen so nicht „irgendwo da draußen", sondern bleiben in der Familie. Dazu werden Geräte in verschiedenen Preissegmenten angeboten. Achten Sie auf einfache Bedienbarkeit per App und Möglichkeiten zu nachträglichen Erweiterungen.

INFO **Alles synchron**

Hinter dieser Zauberei stehen Abkürzungen wie CalDAV, CardDAV und IMAP, aufwendigere Protokolle als das bei vielen Freemail-Anbietern gängige POP3. Wer zum Beispiel schon lange bei GMX eine E-Mail-Adresse hat, sollte sich auf dessen Webseite über die IMAP-Funktion und -Einstellungen informieren. Möglicherweise ist es aber bequemer, mit einem Nachsendeauftrag (automatische Weiterleitung) von dort Post in iCloud zu empfangen. Die alte E-Mail-Adresse kann dann verkümmern. Selbstständig abholen (über POP3-Sammeldienst) kann iCloud die GMX-Post nicht.

Der Vorteil der Synchronisation ist klar: Hat sich die Handynummer eines Freundes geändert, dann tragen Sie dies an einem Gerät ein und schon erhalten alle anderen Geräte diese Änderung ebenso. Zwar können Sie Daten sund Änderungen auch mit dem Programm iTunes mit Ihrem PC abgleichen, aber per iCloud ist das viel bequemer und am Mac ab OS X 10.9 auch zwingend.

DIE PAPIERE BITTE: APPLE-ID

Ohne Apple-ID, quasi Ihre Kundenkarte, können Sie am iPhone nur Grundfunktionen nutzen. Wenn sie schon einmal ein Musikalbum im iTunes Store gekauft haben, besitzen Sie bereits eine ID: jene E-Mail-Adresse, über die Sie seinerzeit den Kauf abgewickelt haben – samt Passwort. Es ist nicht ratsam, diese ID ohne Grund aufzugeben, kopiergeschützte Medien sind an sie gekoppelt (DRM). Neueinsteiger legen sich gleich beim ersten Einschalten diese Apple-ID an. Diese ID wird auch Ihre neue E-Mail-Adresse in der iCloud, also überlegen Sie schon einmal, wie die lauten sollte. Und ein Passwort brauchen Sie auch dafür.

the chillout guide
summer lounge
CHILL OUT CLASSICS

AUF DIE PLÄTZE, FERTIG – IOS

Da liegt es nun in seiner schlichten Eleganz vor Ihnen – Ihr iPhone oder Ihr iPad. Sehen sie nicht fast schon wie ein Schatzkästchen aus? Dieses Kapitel zeigt Ihnen, was sich daran und darin verbirgt und welche ersten Schritte zur Inbetriebnahme nötig sind.

VERSCHIEDENE GERÄTE, EIN BETRIEBSSYSTEM

Es gibt mittlerweile viele unterschiedliche Versionen der mobilen Apple-Geräte, Generationen sogar – zumindest in technischer Hinsicht. Sie alle vereint aber das Betriebssystem und die Oberfläche, über die Sie mit dem Gerät interagieren: iOS, das „operating system" (Betriebssystem) für iGeräte.
Das neue iPhone 6, seine große „Plus"-Schwester und das iPad Air sind die Jüngsten aus der iOS-Familie: In der Form geliftet, aber vertraut in der Handhabung.

KEIN ALTES EISEN

Wenn beispielsweise Ihr ältester Sohn Sie mit einem iPhone 4 aus dem Jahr 2010 beschenkt hat, dann ist das kein schlechtes Gerät. Sie werden viele nützliche Hinweise in diesem Buch finden, aber einiges wird bei Ihnen anders aussehen oder auch gar nicht funktionieren. Das müssen Sie bitte verstehen: Ihr Betriebssystem kann maximal iOS in Version 7.1 sein, Grundlage dieses Buches ist aber iOS 8.

iPad von oben, verkleinert

iPhone von oben

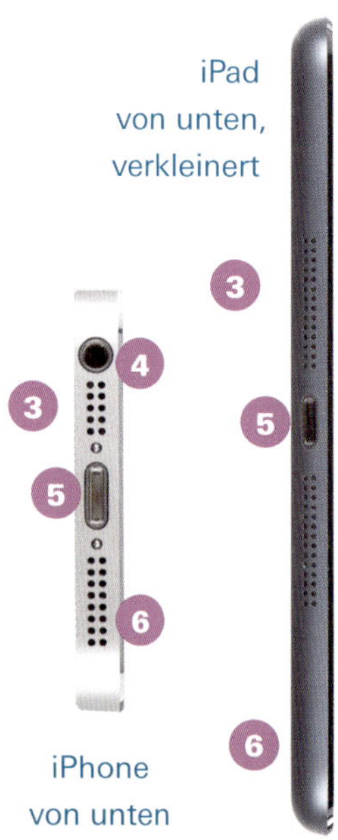

iPad von unten, verkleinert

iPhone von unten

WIR STELLEN VOR: IPHONE UND IPAD VON AUSSEN

Standby- und Hauptschalter **(1)**: Mit einem längeren Druck leiten Sie das Einschalten ein, mit einem ebenso langen Druck das Ausschalten. Ein kurzer Druck genügt, um den Bildschirm und damit die Tastatur zu verriegeln oder mit einem weiteren Fingerstreich wieder freigeben zu lassen. Nur beim iPhone 6 Plus sitzt er an der rechten Geräteseite

Oberes Mikrofon **(2)**: Dieses Mikrofon nimmt Umgebungsgeräusche auf, damit diese beispielsweise beim Telefonieren vom eigentlichen Gespräch unterschieden und herausgefiltert werden können. Je nach Modell auch zwischen Hauptkamera und LED-Leuchte platziert.

Unteres Mikrofon **(3)**: Es ist hauptsächlich für die Sprachübertragung beim Telefonieren zuständig.

Kopfhöreranschluss **(4)**: An dieser 3,5-mm-Klinkenbuchse schließen Sie den beim iPhone im Packungsumfang enthaltenen Kopfhörer mit Mikrofon an, wenn Sie Musik in Stereo hören oder bequem telefonieren wollen. Beim iPad schließen Sie an dieser Stelle zwar auch fast jeden beliebigen Kopfhörer an, müssen ihn aber selbst kaufen. Aber selbst eine Stereoanlage oder ein Autoradio können Sie häufig mit bloß einem Kabel anschließen. Für solch eine Dauernutzung gibt es aber bessere Zubehörartikel.

Lightning-Anschluss **(5)**: Dieser Anschluss ist nicht nur für das Lade- und Synchronisierungskabel da, sondern kommt auch zum Einsatz, wenn Sie ein Zusatzgerät wie Lautsprecher oder Radiowecker haben. Ältere Geräte besitzen den größeren Dock-Connector.

Lautsprecher **(6)**: Für die Größe erstaunlich gut.

Stummschalter und Kipparretierung **(7)**: Soll das iPhone nicht klingeln oder beim Spielen Töne von sich geben, schieben Sie den Schalter auf die andere Seite, sodass ein schmaler orangeroter Strich zu erkennen ist. Nach Ihrer Wahl in den Einstellungen (Ausrichtungssperre, siehe Seite 181) verhindern Sie am iPad über diesen Seitenschalter stattdessen das Mitkippen des Bildschirminhalts von hoch auf quer und umgekehrt.
Lautstärketasten **(8)**: Passen Sie hier die Wiedergabe von Musik oder der Freisprecheinrichtung an. Auch die Aufdringlichkeit des Telefon- und SMS-Signals regeln Sie damit, sofern Sie das in den Einstellungen nicht unterbunden haben.
SIM-Karten-Fach **(9)**: Hier ist der Ort für die Chipkarte Ihres Mobilfunkanbieters. Sie ermöglicht erst das Einbuchen ins Handy- und Datennetz und fehlt natürlich bei den Modellen, die nur WLAN (Wi-Fi) haben. Aufgepasst: Hat Ihre vorhandene SIM-Karte das richtige Format? Eine Nano-SIM passt nur mit Mini-Adapter in ältere iPad- und iPhone-Modelle (bis 4S), die etwas größere Micro-SIM könnten Sie – notfalls – für iPhone 5 und iPad mini selbst zurechtschneiden. Fehlt die SIM-Karte oder bauen Sie sie wieder aus, dann funktionieren die iOS-Geräte trotzdem, bloß der Mobilfunkteil streikt dann zu Recht. Mehr zu SIM-Karten, Prepaid, Mobilfunkverträgen und Daten-Flatrates im Glossar (Seite 177).
Home-Taste **(10)**: Das ist der zentrale Knopf. Damit wecken Sie iPhone und iPad aus dem Ruhemodus, steigen aus Anwendungen (Apps) aus und kehren auf die oberste Bedienoberfläche, den „Homescreen" (= Ausgangsschirm) zurück. Machen Sie sich keine Sorgen ums Speichern: Das Gerät merkt sich, wo Sie aus einem Programm, einer App ausgestiegen sind. Wenn Sie die App beim nächsten Mal starten, haben Sie wieder den

iPhone von rechts

iPad von rechts, verkleinert

iPad von links, verkleinert

iPhone von links

letzten Stand auf dem Bildschirm. Ein langer Druck und Ihre elektronische Assistenz Siri (siehe Seite 107) gehorcht Ihnen mehr oder weniger folgsam auf gesprochene Anweisungen. Ab iPhone 5S ist die Home-Taste gleichzeitig ein Sensor für Ihren Fingerabdruck (Touch ID).

Telefon-Hörer (nur iPhone) **(11)**: Hinter diesem Schlitz sitzt die Lautsprecher-Kapsel, damit Ihr Ohr den Gesprächspartner auch wahrnehmen kann.

Vordere Kamera **(12)**: Mit ihr machen Sie Bilder von sich selbst oder nutzen sie zum Videotelefonieren.

Multi-Touch-Display **(13)**: Diese Komponente war die große Überraschung bei der Präsentation des allerersten iPhone. Sie ist sowohl Bildschirm, als auch Eingabegerät wie die Computer-Maus oder die klassische Handy-Tastatur. Nicht der Fingerdruck, sondern feine elektrische Unterschiede zwischen Ihren Fingerspitzen und der Display-Oberfläche lassen Sie ganz direkt mit iOS interagieren. Dabei werden Sie verschiedene Bewegungen benutzen, diese

iPad von vorne, verkleinert

iPhone von vorne

Gestensteuerung werden Sie gleich noch wie selbstverständlich erlernen.

App-Symbole **(14)**: Eine App, das wissen Sie jetzt schon, ist ein Anwendungsprogramm für iPhone und iPad (ausführlich Seite 179). Ein Tipp mit der Fingerspitze genügt, um ihre Dienste aufzurufen. Für das Web, das bunte Internet, ist zum Beispiel die App Safari zuständig, zum Telefonieren die Telefon-App.

Statusleiste **(15)**: Sie zeigt an, wie viel Strom noch im Akku zur Verfügung steht, wie der gegenwärtige Netzbetreiber heißt, wie gut dessen Empfang ist und ob Sie sich in einem drahtlosen Netzwerk aufhalten (WLAN) – inklusive grober Signalstärke.

Hauptkamera **(16)**: Mit dieser Kamera machen Sie die besseren Schnappschüsse, denn sie hat eine höhere Auflösung als die vordere Kamera über dem Bildschirm.

LED-Leuchte/Blitzlicht **(17)**: Damit leuchten Sie im Halbdunkel Foto- und Filmaufnahmen besser aus. Eignet sich auch gut als Taschenlampe.

iPhone von hinten

iPad von hinten, verkleinert

Lightning-Kabel **(18)**: Mit diesem Kabel verbinden Sie Ihr iOS-Gerät mit der USB-Buchse Ihres Computers – zum Datentransfer oder zum Aufladen des Akkus. Strom spendet aber auch das kleine Netzteil **(19)** mit USB-Buchse. Bei älteren Geräten (iPad 2, iPhone 4S) liegt stattdessen das DockConnector-Kabel bei. Bitte laden Sie Ihr Gerät vor der ersten Inbetriebnahme auf, damit bei der Einrichtung nicht ärgerlicherweise der Strom knapp wird. Stellt sich Ihr Gerät „tot", dann ist sein Akku wahrscheinlich tiefentladen oder (im Winter direkt nach Auslieferung durchaus möglich) tiefgefroren. Nach kurzer Zeit auf der lauwarmen Heizung und einigen Minuten der Stromspende sollte aber zumindest der Bildschirm Ihnen schwach mit einer Akkuwarnung entgegenglimmen. Abwarten und aufladen.
Kopfhörer liefert Apple beim iPad nicht mit, die des iPhones besitzen im Kabel ein eingebautes Mikrofon samt Fernsteuerung. So können Sie auch mit Knopf im Ohr Telefongespräche annehmen oder Musik laut und leise stellen.

DAS ERSTE MAL: EINSCHALTEN UND IN BETRIEB NEHMEN

Nun geht's aber richtig los. Doch ist auch alles bereit?

- Freigeschaltete und mit Datendiensten aktivierte Micro- oder Nano-SIM für iPhone beziehungsweise die iPad-Modelle mit Mobilfunk. Und die vierstellige PIN für diese SIM-Karte!
- Die mitgelieferte Spezialnadel oder zumindest eine aufgebogene Büroklammer für das SIM-Karten-Fach.
- Ein vertrauenswürdiges WLAN, dessen Zugangsdaten Sie kennen. Mobilfunk-Modelle können meistens auch direkt per Datenfunk einsteigen.

- Ideen für den ersten Teil der E-Mail-Adresse in Apples iCloud, falls Sie auf einen weitverbreiteten Namen wie Peter Müller hören. Die Adresse peter.mueller@icloud.com hat schon jemand anderes. Garantiert.
- Ein Kennwort mit mindestens acht Zeichen, darunter auch Sonderzeichen und Ziffern (Seite 195).
- Am besten auch Ihre Kreditkarte oder eine iTunes-Geschenkkarte ab 15 Euro von der Supermarkt-Kasse.

Stöpseln Sie Ihr neues Gerät von dem Ladekabel ab, wenn die abgebildete Batterie vollständig grün leuchtet. Dann ist der Ladevorgang beendet. Ein Druck auf die Home- oder Standby-Taste genügt, um im Display den Akkustand zu sehen.

Und suchen Sie sich ein bequemes sicheres Plätzchen, an dem auch Ihr neues iPhone oder iPad nicht tief oder sogar ins Wasser fallen kann, sondern „gut aufgestellt" ist oder bequem in der Hand liegt. Ist Ihnen Ihr iPhone zu „rutschig", dann gibt schon ein 10-Euro-Kantenschutz („Bumper") mehr Grip, ein „Smart Case" oder „Smart Cover" für das iPad (ab 30 Euro) können Sie mit einem Handgriff zu einem Pult oder Aufsteller zusammenfalten.

INFO Zu zweit geht's besser

Wenn ein Freund oder Familienmitglied Sie bei der Ersteinrichtung unterstützt oder Sie selbst Ihrem Partner fachkundig beistehen, sind die folgenden Tipps nützlich:

- Versuchen Sie bitte nicht – erst recht nicht nachträglich – von Ihrem PC (Ihrem Benutzerkonto) aus das iOS-Gerät Ihres Partners oder Schützlings mit Musik, TV-Mitschnitten und E-Books zu bestücken. Man richtet mittelfristig mehr Schaden und Verwirrung an als Nutzen und Freude.
- Stattdessen erhält der iOS-Einsteiger ein eigenes Benutzerkonto unter Windows oder Mac OS X an. Weitere Unterstützung erhalten Sie auf den Supportseiten der Hersteller.

- Diese saubere Trennung ermöglicht zu einem späteren Zeitpunkt den einfachen Datenumzug von Ihrem jetzt sehr hilfreichen PC auf ein zum Beispiel erst im nächsten Jahr in den Haushalt einziehendes MacBook. Dann wird man den PC auch rücksichtslos von dem Datenballast befreien können, ohne die eigenen, persönlichen Daten in Gefahr zu bringen.
- Sind Sie bereits iTunes-Kunde? Kennt Apple Ihre Kreditkarte? Und E-Mail-Adresse? Die ist dann Ihre persönliche Apple-ID. An sie sind alle Einkäufe gebunden, die Sie bereits getätigt haben. Filme, Apps und E-Books haben einen Kopierschutz.
- Verboten ist es nicht, unter Familienmitgliedern und engen Freunden Musik zu tauschen – oder Filme und Bücher, auch solche mit Kopierschutz. Das bezeichnen Juristen hierzulande als Privatkopie. Der von Ihnen so geschätzte Künstler oder Autor aber verdient eigentlich etwas mehr von Ihnen als gar keinen Cent. Verhalten Sie sich so wie in Ihrer Jugend mit dem Kopieren von Radiosendungen auf Kassette und dem Ausleihen von Langspielplatten, aber auch gelegentlichem Kauf von Singles und Büchern, dann ist alles im Rahmen.
- Bei dieser familiären Nutzung von Medien wird es irgendwann unerlässlich, dass man am iPad oder iPhone des Schützlings die persönliche Apple-ID samt Kennwort eintragen muss (Einstellungen → iTunes und AppStore). Das ist gerade noch okay, aber verrät man es, kann der Schützling zukünftig die ganze Firma Apple leerkaufen.
- Sollte man selbst schon länger Apple-Nutzer sein, ist es gar nicht unwahrscheinlich, dass Ihre Apple-ID auch Ihre iCloud-ID (siehe Seite 191, 179) ist. Wollen Sie nicht Ihre E-Mails, Termine und Privatfotos kompromittiert sehen, verbietet sich jenes Verfahren. Der Ausweg besteht nur darin, dass man selbst von dem einen, kompromittierbaren iCloud-Account in einen ganz neuen iCloud-Account umziehen.

- Als Faustregel kann folgendes Beispiel gelten: Ein Ehepaar ohne Geheimnisse voreinander und mit gemeinsamem Bankkonto kann sich eine Apple-ID und damit einen iCloud-Account genauso wie ein Handy gleichberechtigt teilen. Trotzdem kann jeder Partner seine eigene E-Mail-Adresse haben, auch gratis und von Apple. Aber beide Eheleute können beim jeweils anderen mitlesen und in dessen Namen antworten.
- Mit iOS 8 und iTunes 11.4 wird die gemeinsame Nutzung von Apps und anderen Medien endlich benutzerfreundlicher: Apple hat die „Familenfreigabe“ erfunden. Dieses Konzept erläutern wir im Glossar genauer.

Einrichtung wiederholen

Wer bereits ein fertig konfiguriertes iOS-Gerät besitzt, kann die folgenden Schritte erst nach einem Zurücksetzen und damit einer Komplett-Löschung des Geräts nachvollziehen. Sofern Sie ein Backup besitzen (am besten per iTunes am PC), können Sie im weiteren Verlauf diese Datensicherung wieder zurückspielen.

Ich möchte mein Gerät betriebsbereit machen

1 Schalten Sie zunächst das Gerät aus, indem Sie lange auf den Einschaltknopf oben drücken.

2 Das Display verändert sich, tippen Sie mit einem Finger auf den roten Knopf und schieben Sie ihn nach rechts. Sie erlernen jetzt die Geste des Wischens.

3 Nach einiger Zeit hat sich iOS beendet – nun ist das Gerät ganz ausgeschaltet. Sie werden künftig ihr iOS-Gerät üblicherweise „schlafen“ lassen und wieder aufwecken, in dem Sie nur den Bildschirm aus-/einschalten.

4 In ein Gerät mit Mobilfunk-Modem müssen Sie jetzt die SIM-Karte für das Handy-Netz einsetzen. iPod touch- und iPad WiFi-Besitzer überspringen diese Punkte und machen bei **11** weiter.

INFO **iTunes – Systemvoraussetzungen für andere Geräte**

Die iTunes-Software können Sie auch ohne iPad und iPhone nutzen. Dann sind diese Systemvoraussetzungen wichtig:

- Ein Intel-Mac ist mit der aktuellen Version iTunes 11.4 auf mindestens OS X 10.6.8 „Snow Leopard" angewiesen.
- PCs brauchen mindestens Windows XP mit Service Pack 3 und einen 1-GHz-Prozessor samt 512 MB Arbeitsspeicher.
- Macs und PCs benötigen auch einen freien USB-2.0-Anschluss, um die Computer mit dem iPad oder iPhone verbinden zu können sowie einige Gigabyte freien Festplattenspeicher, um CDs oder Downloads im MP3-Format speichern zu können. iTunes 12, bei Drucklegung noch in Entwicklung, setzt die Anforderungen eine Stufe höher: Es wird wohl das neueste OS X sein müssen – und definitiv nicht mehr XP.

5 Nehmen Sie die mitgelieferte Klammer und drücken Sie beherzt die Spitze in das winzige Loch des SIM-Fachs.

6 Eine kleine Lade geht auf. Ziehen Sie diesen Kartenhalter vorsichtig heraus.

7 Stecken Sie nun die SIM-Karte so in den Kartenhalter hinein, dass die Ecke mit Knick an der entsprechend geformten Stelle der Lade liegt. Beim Einschieben der Lade zeigt die goldene Chipseite nach unten!

8 Halten Sie den Einschaltknopf am Gehäuse einen Moment gedrückt. Sie sehen einen weißen Apfel auf dem Bildschirm – iOS startet. Nach einer guten halben Minute ist das Gerät betriebsbereit und der Start-Bildschirm erscheint. Warten Sie ab, bis in der Statusleiste oben links Feldstärke-Punkte und Netzgeneration (O, E, 3G oder LTE, Seite 178) signalisiert werden – das Gerät bucht sich ins Handy-Netz ein.

9 Ihre SIM-Karte ist gesperrt? Macht nichts: Folgen Sie der Anweisung mit einem Fingerspitzenstups auf die Unlock-

Taste (= aufschließen) zum Entsperren. Nebenbei haben Sie gerade die Geste des Tippens, einer kurzen Berührung des Touchscreens erlernt.

10 Tippen Sie die vier Ziffern Ihrer PIN ein (korrigieren Sie evt. mit der Löschtaste unten rechts) und bestätigen Sie, indem Sie auf OK tippen. Tippen und Wischen sind die wichtigsten Touchscreen-Gesten.

11 Beginnen Sie nun mit der eigentlichen Konfiguration und wischen Sie den Schalter in Richtung der mehrsprachigen Anweisungen, also nach rechts.

12 Schauen Sie sich jetzt den Bildschirm zur Spracheinstellung an. Sie sehen gleichzeitig auch ein paar grundlegende Bedienelemente.

13 Nun tippen Sie auf Ihre gewünschte Sprache und iOS wechselt in Ihre Muttersprache.

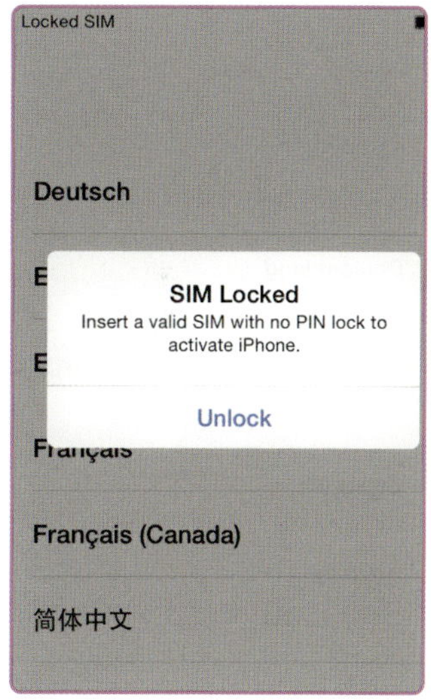

DIGITALE PFLEGE #1: DER NEUSTART

Kommt Ihnen Ihr Gerät nach einigen Wochen recht langsam vor, kann das Aus- und wieder Einschalten für Abhilfe sorgen.

Typische Interaktion mit iOS

Sie finden oben links das blau unterlegte Wort „Zurück", eine Taste, mit der Sie zurück in die vorherige Einstellung springen. Überall in iOS, in den Einstellungen und bei vielen Apps ist oben links jene Zurück-Taste, auch wenn sie einen anderen Namen trägt – sie führt immer zurück bzw. eine Ebene höher.

Unten mittig finden Sie den Teil einer Liste, „Deutschland" ist vom System schon an erster Position vorgeschlagen. Aber es geht noch viel weiter: Schubsen Sie nun mit Daumen- oder Fingerspitze die Liste auf- und abwärts.

14 So geht's immer weiter: tippen, wischen und bestätigen.

15 In der nächsten Liste wählen Sie Ihr eigenes WLAN. Alternativ können die geeigneten Geräte auch direkt in das Mobilfunknetz gehen, dieser Schalter ist ganz unten in der Liste.

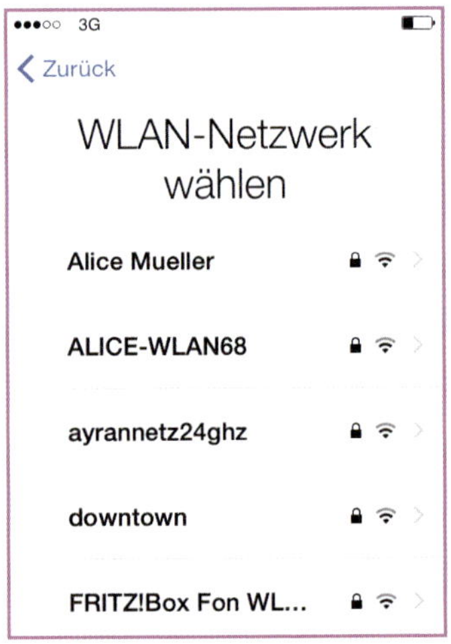

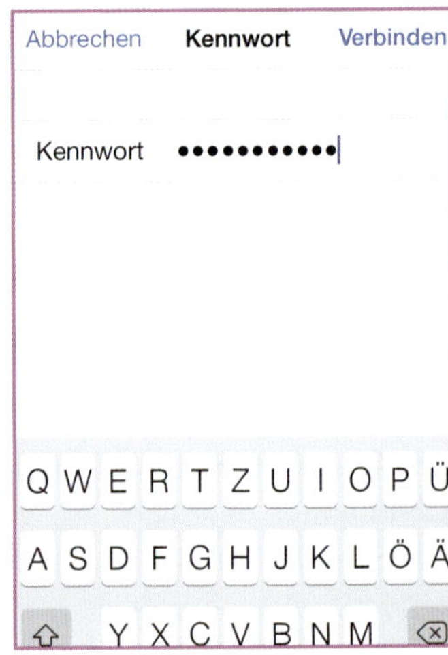

16 Ihr WLAN ist (so sollte es sein) verschlüsselt, deswegen werden Sie ein Kennwort eingeben. Hier treffen Sie zum ersten Mal auf die komplette Bildschirmtastatur und die verdient jetzt einen genaueren Blick.

Im Überblick: Die Ebenen der Bildschirmtastatur

Wie auf der Schreibmaschine stehen da die Buchstaben, sogar samt Umlauten ä, ö, ü. Drücken Sie die Taste A, schreiben Sie ein kleines a.

Für ein großes A bitte zunächst die Großbuchstaben-Taste antippen (Shift, Umschalt). Es ist die links mit dem Pfeil nach oben, wie auch der Schreibmaschine – und der Pfeil wurde jetzt schwarz.

Um dauerhaft groß zu schreiben, tippen Sie zweimal kurz hintereinander diese Taste an (die Geste des Doppeltippens). Mit einem Unterstrich signalisiert die Taste jetzt die Sonderfunktion der festgestellten Hochstell-Taste (Caps Lock). Ein weiteres Antippen und Sie schreiben wieder normal.

Zu Klein- und Großbuchstaben, den ersten zwei Funktionsebenen der Tastatur, gesellen sich noch Ziffern und Sonderzeichen. Die finden Sie (aus Platzgründen) nicht in der obersten Tastenreihe, son-

iPhone

iPad

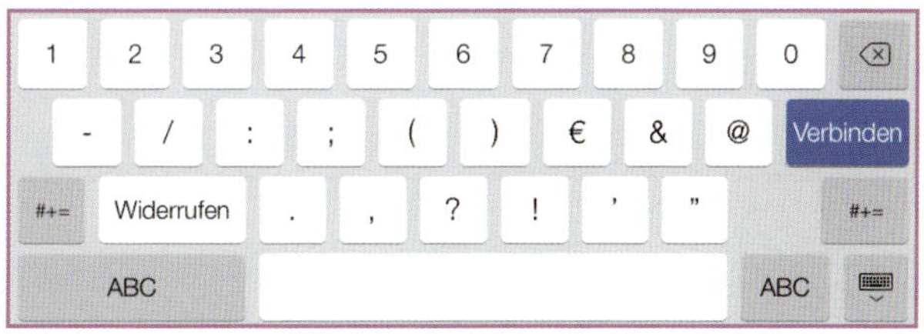

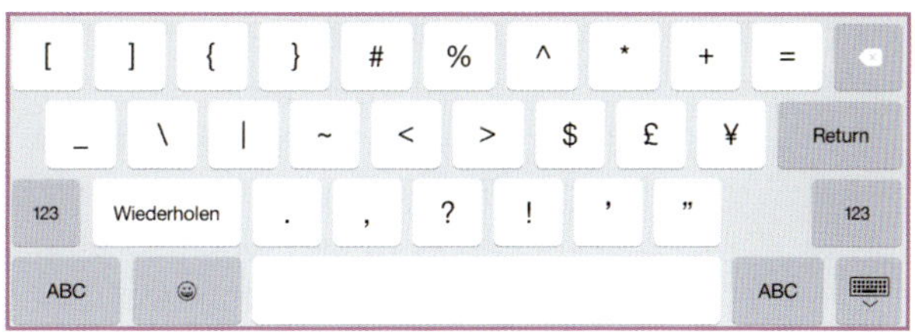

dern mit einem Fingertippen auf die Zahlentaste (links unten): Flugs haben Sie auf allen Tasten eine andere Belegung – die dritte Ebene ist erreicht.

Die vierte Ebene (Sie ahnen es schon, denn aus der Hochstelltaste ist eine #+=-Taste geworden) beheimatet noch seltenere Zeichen, die manch eine Schreibmaschine gar nicht kennt.

Zurück auf die Ebene der Kleinbuchstaben geht es wieder mit einem Fingertippen ganz links unten, diese Taste zeigt folgerichtig (statt 123 nun) ABC an.

Noch mehr Sonderzeichen verstecken sich hinter einigen Buchstaben: Sie finden etwa å, Ø oder ñ durch längeres Drücken (Tip-

iPhone 6 Plus (Querformat)

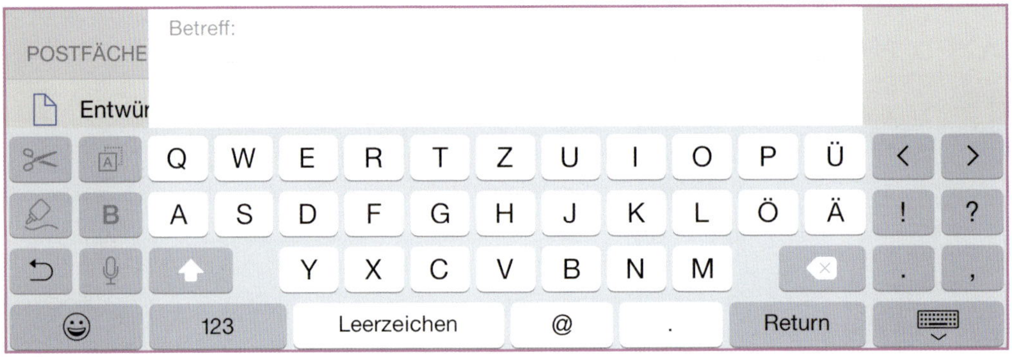

pen und Halten) des „Mutterbuchstabens". iPad-Benutzer können die Tastatur auch verschwinden lassen. Dafür ist die „Tastatur-Taste" ganz unten rechts zuständig. Sie kommt automatisch zurück, sobald Sie in einen Bereich tippen, an dem Sie Text eingeben wollen. Immer. Diese Spezialitäten steuern Sie in den → Einstellungen → Allgemein → Tastatur → Tastaturen. Die Tastatur des iPhone 6 Plus im Querformat ist ein Sonderfall: Sie bringt dank der Fläche noch weitere praktische Funktions-Tasten unter.

Den ganzen Nonsens, der jetzt möglicherweise in Ihrem Kennwortfeld steht, tilgen Sie bitte durch Antippen (oder Halten = längeres Drücken) der Löschtaste, jener mit dem linksgerichteten Pfeil und dem X darin. Geben Sie bitte nun Ihr korrektes WLAN-Kennwort ein und „verbinden" Sie per Tipp auf eine der blauen Tasten.

17 Nun beginnt die Aktivierung, ein Prozess, bei dem Ihr Gerät nach Hause zu Apple funkt. Das kann bis zu drei Minuten dauern.

18 Auch Ortungsdienste müssen aktiviert werden, falls Sie Karten und andere Navigationsmöglichkeiten nutzen wollen. Keine Sorge, das und vieles andere können Sie später auch wieder deaktivieren oder feiner regeln.

19 Sie können Ihr Gerät jetzt als ein neues Gerät einrichten. Falls Ihr iPad gestohlen wurde, Sie aber ein Backup haben, könnten Sie

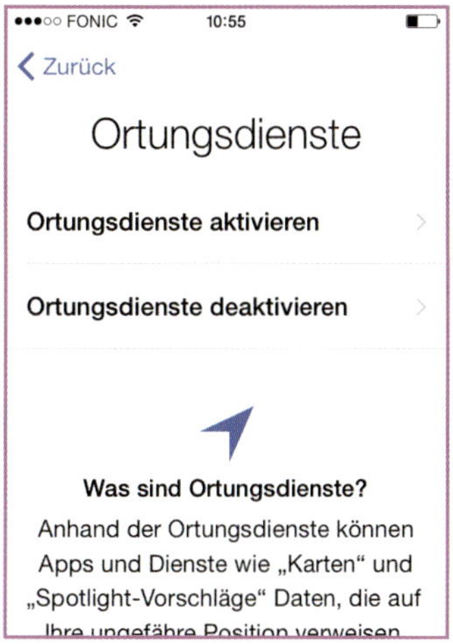

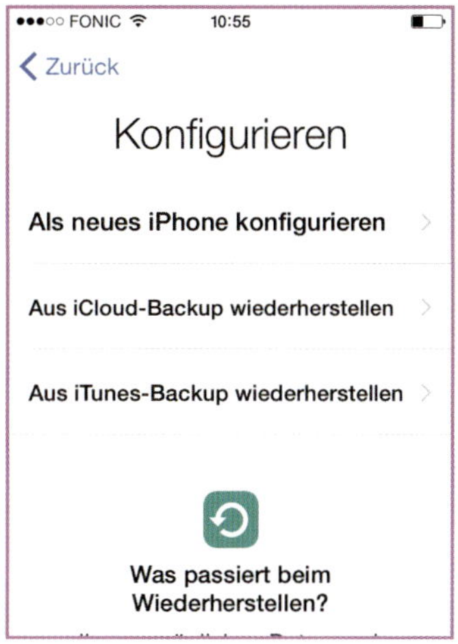

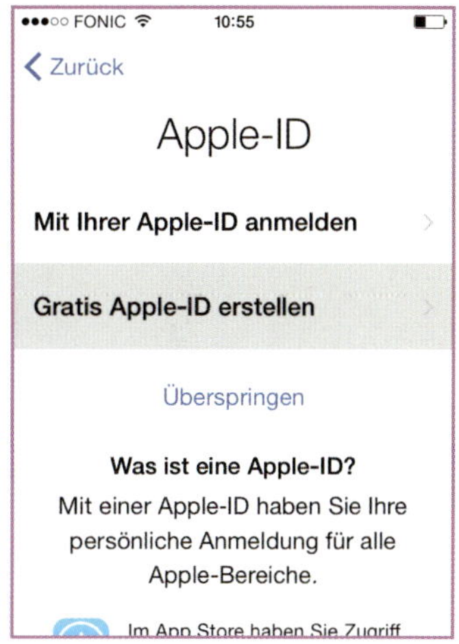

dies jetzt auf das neue Gerät spielen. Der Diebstahl der teuren Hardware ist ärgerlich, aber die Software – Apps, Fotos und all Ihre persönlichen Sachen – sind dank automatischer Datensicherung nicht verloren gegangen.

20 Falls Sie noch keine Apple-ID besitzen, bitten Sie nun um eine kostenlose. Folgen Sie den Anweisungen auf dem Bildschirm oder lesen Sie unsere Tipps (siehe Seite 179).

21 Hier lernen Sie ein weiteres Bedienelement von iOS kennen: Zum Einstellen Ihres Geburtstages verwenden Sie digitale Schwungräder, die Sie per Wischgeste bedienen.

22 Gleich kommt auch der Augenblick, sich bei iCloud anzumelden. Das ist jetzt ein wenig mühselige Tipp- und Wischarbeit. Aber Sie sind ja vorbereitet. Unter anderem werden Sie nach drei Sicherheitsfragen gefragt: Das ist ein Sicherheitsnetz für vergessene Passwörter, Sie können aus der Liste unten mit vertikalem Wischen aus einigen Fragen auswählen. Ihre Antworten darauf (und zwar genauso, wie Sie sie jetzt schreiben) retten Sie im Fall der Fälle: Hieß Ihr Lieblingslehrer von früher Hanns Meyer, ist „Hans Meier“ eine falsche Antwort, die Sie beim Wieder-Freischalten des Passworts später einmal nicht voranbringen wird. Bitte hinterlegen Sie – optional – eine weitere E-Mail-Adresse. Das kann eine eigene sein oder die eines engen Familienmitglieds. Diese Adresse benutzt Apple zur „Reserve", sollten Sie sich aus der iCloud ausgeschlossen haben.

23 Wollen Sie Nachrichten von Apple haben, aktivieren Sie E-Mail-Updates. Wenn nicht, lassen Sie es blind geschaltet.

24 Lesen Sie die kleingedruckten Servicebedingungen und akzeptieren Sie sie – ansonsten können Sie das Gerät nicht in Betrieb nehmen.

25 Ihre Apple-ID wird nun erstellt oder das Gerät auf Ihre bestehende ID eingerichtet.

26 Nun beginnt die Grundinstallation von iCloud. Ein Backup wird der Dienst per WLAN automatisch in der kommenden Nacht anlegen, sofern das Gerät mit Strom versorgt wird.

27 Ein weiterer kostenloser iCloud-Service ist die Such-Funktion nach einem Gerät. Dabei werden Sie nicht etwa ständig überwacht, aber Sie können ein verlorenes iPad, einen Mac oder eben ein iPhone via icloud.com wieder aufspüren – um dann einen Signal-

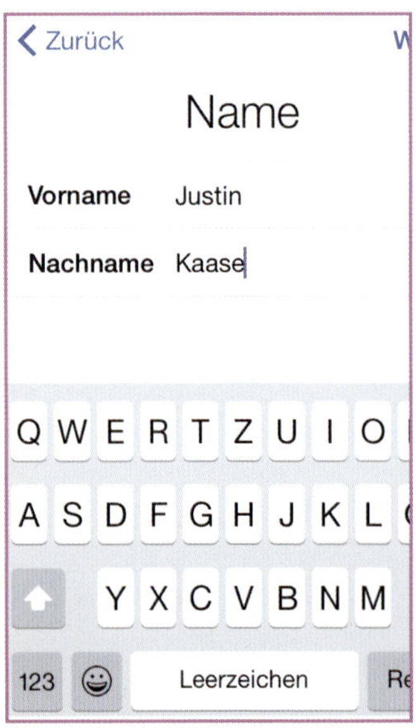

ton aus der Jackentasche zu hören und auf der eingeblendeten Karte zu sehen: „Stimmt, das ist bei mir zu Hause." Eine gute Sache, auch weil man mit dem Dieb oder Finder kommunizieren oder das Gerät aus der Ferne löschen kann (Seite 186).

28 Apples Online-Dienst bietet Ihnen mit iCloud Drive eine Festplatte im Internet. Das ist neu – und wird für Macs erst mit OS X 10.10 funktionieren. Wer ganz neu einsteigt, darf dies jetzt getrost aktivieren. Mac-Anwender verzichten bitte vorerst.

29 Bitte legen Sie jetzt mindestens ein einfaches Pass-„Wort" aus vier Ziffern an, um Ihr Gerät gegen unbefugten Zugriff zu schützen. Es dürfen jetzt gerne die vier Ziffern der SIM-PIN von vorhin sein, später werden Sie dies auch ändern können.

30 Auf Ihren Wunsch hin speichert Apple Ihre Passwörter für Online-Dienste und WLANs im iCloud-Schlüsselbund, einem extra verschlüsselten Bereich und synchronisiert diese Informationen auch auf anderen Apple-Geräten (Seite 191).

Wer nur ein Apple-Gerät hat, braucht den Dienst (noch) nicht. Wer diesen Komfort nutzen möchte, muss jetzt erneut ein Passwort eingeben. Es darf wieder der vierstellige Code sein. Als weiteren Teil Ihres Sicherheitsnetzes geben Sie bitte auch eine Telefonnummer (ohne Vorwahl-Null) an, mit der Sie SMS empfangen können. Natürlich darf es die iPhone-Nummer sein. Zu den Hintergründen lesen Sie im Glossar mehr zur „Zwei-Faktor-Autorisierung" Seite auf 213).

31 Jetzt können Sie auch die Spracherkennungssoft-

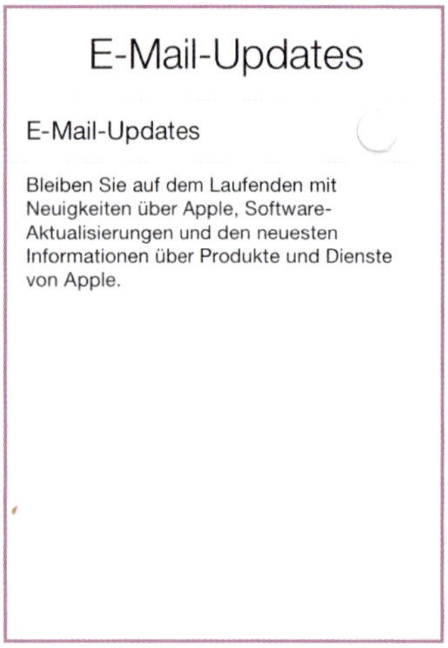

ware Siri einschalten. Dieser Helfer, symbolisiert mit dem Mikrofon, ist ein tolles Feature, das wir ab Seite 109 erklären.

32 Damit Apple sein Produkt verbessern kann, können Sie unter Diagnose & Nutzung technische Informationen an den Hersteller senden. Sie dürfen das ablehnen.

33 Wer ein Modell mit Fingerabdruck-Sensor besitzt, kann jetzt bereits seinen Daumen abtasten lassen. Wir empfehlen, dies auf später zu verschieben.

34 Kaum zu glauben, aber die Konfiguration ist zu Ende.

Herzlich willkommen: Sie sind jetzt im Spiel! Auch wenn Sie eine oder zwei Stunden gebraucht haben für die Einrichtung, weil auf Ihrem Weg doch ein Stolpersteinchen lag, dann ist das ein respektables Ergebnis. Ihr neues digitales Zuhause steht, Sie müssen nur noch eintreten. Das dürfen Sie gerne auf morgen verschieben.

DIGITALE PFLEGE #2: WISCH & WEG

Kümmern Sie sich auch um die richtige Pflege Ihres Geräts. Drücken Sie kurz die Standby-Taste oben am Gehäuse, um Ihr Gerät zu verriegeln – falls es das nicht schon von selbst gemacht hat.

Und erschrecken Sie nicht über die Schmierspuren auf dem dunklen Display: Beim ständigen Nutzen ist das unvermeidlich. Apple liefert den iOS-Geräten oft ein kleines Putztuch mit und Sie können alle Seiten so polieren wie andere kostbare Gegenstände: mit sauberen Händen und einem trockenen, flauschigen (Microfaser-)Tuch. Mit Spiritus und anderen Reinigungsmitteln sollten Sie sparsam (nebelfeucht) umgehen, um die Oberflächenversiegelung des Glases nicht wegzuätzen. Gelegentliches Wegpusten von Flusen aus dem Ladekabel-Anschluss schützt vor Verbindungsproblemen.

INFO iCloud – Systemvoraussetzungen

Der iCloud-Dienst stellt höhere Anforderungen an Ihren Computer als etwa das iTunes-Programm. Wenn Ihr PC oder Mac diese nicht mehr erfüllt, ist das ärgerlich, aber verschmerzbar, denn E-Mails aus dem iCloud-Postfach können Sie trotzdem empfangen und auch versenden (http://support.apple.com/kb/HT4864; Sprache wählen!).

- iPhone oder iPad mit iOS 5 oder jünger und/oder
- Mac ab OS X 10.7.4 „Lion“, iTunes 11.4, iPhoto '11 (Version 9.2) bzw. Aperture 3.2 (für iCloud-Foto-Sync) bzw. OS X 10.10 mit Fotos und iTunes 12.
- PC-Systeme (Windows 7/8), iCloud-Systemsteuerung (http://support.apple.com/kb/DL1455), iTunes 11.4, Outlook 2007/2010 (für Kontakte- und Kalender-Synchronisation) sowie Safari, Firefox, Chrome oder Internet Explorer 9(für den Lesezeichen-Abgleich).

IOS BEISST NICHT

Sein iPad oder iPhone gibt man ungern aus der Hand. Das liegt an der einfachen Art der Bedienung. Sie tippen, wischen, kneifen oder spreizen. Mit Ihren Händen steuern Sie das System direkt über den Touchscreen. Und Sie gehen darin nicht verloren: Ein- oder zweimal mit dem Daumen auf die Home-Taste gedrückt und schon sind Sie wieder am Ausgangspunkt.

APP STARTEN: MIT SAFARI INS INTERNET

Im vorhergehenden Kapitel haben Sie die Gesten des Tippens, Haltens, Doppeltippens und des Wischens gelernt und kennen jetzt die unterschiedlichen Ebenen der Bildschirmtastatur. Sie haben bereits mit Listen und Eingabefeldern gearbeitet. Außerdem sind Ihnen schon einige Standard-Tasten bekannt, mit denen Sie Dialoge bestätigen, aber auch Schritt für Schritt zurückgehen oder abbrechen können. Jetzt kann Ihr erster Ausflug ins Internet stattfinden. Auf geht's ins bunte World Wide Web. Sollten Sie ein älteres Gerät besitzen oder ein älteres Betriebssystem installiert haben, so kann dieses Buch Ihnen trotzdem gute Tipps geben. Bedienschritte und Symbolik sind nahezu identisch geblieben, denn sie haben sich bewährt.

Versuchen Sie nun mit iPhone oder iPad schrittweise die Online-Enzyklopädie Wikipedia aufzurufen:

1 Schalten Sie Ihr Gerät ein oder entriegeln es (Standby-Taste länger oder kurz gedrückt halten und den Bildschirmanweisungen folgen). Zum Entriegeln können Sie alternativ auch die Home-Taste, den zentralen Knopf am schmalen, unteren Displayrand (typischerweise mit dem Daumen) drücken. Danach sehen Sie (entweder den Zustand beim letzten Verlassen oder gleich) den Home-Screen, Ihren Ausgangs-Bildschirm. Durch ein- oder mehrfaches Drücken der Home-Taste kommen Sie stets „zurück nach Hause". Im weiteren Verlauf erwarten wir von Ihnen diese Fertigkeit. Dann heißt unsere Anweisung schlicht Home, so wir überhaupt darauf hinweisen.

2 Tippen Sie einmal kurz auf das App-Symbol mit der Kompassnadel. Damit starten Sie Safari, Apples Internet-Browser. (Das klappt nicht, weil die Symbole anfangen zu zittern? Die Lösung lautet: → Home. Sie haben den Finger zu lange ruhen lassen – und damit unfreiwillig die Geste des Haltens beziehungsweise Legens ausgeführt.)

3 Safari öffnet sich und entweder sehen Sie eine leere Seite mit vorbelegten Surftipps oder den letzten Stand. Tippen Sie am iPhone auf die „Tab-Taste" oder „Seiten-Taste", jene unten rechts mit den übereinanderliegenden Quadraten, im Folgebildschirm öffnet → + (also Tipp auf das Plus-Symbol) Ihnen eine neue leere. Am iPad ist es mit nur einem Tippen auf die +-Taste bereits getan. Sie liegt auf Position 1 Uhr, etwas geduckt rechts am Rand.

GESCHWISTER – KEINE ZWILLINGE

Sie haben es vielleicht selbst bereits bei der Einrichtung im vorangegangenen Kapitel gespürt: iPhone und iPad unterscheiden sich kaum in ihrer Bedienung. Eineiige Zwillinge sind sie aber auch nicht: Wenn die Software (iOS oder die App) erkennt, dass sie auf dem größeren Display des iPad oder des iPhone 6 Plus mehr darstellen und Ihnen deswegen kürzere Wege der Bedienung anbieten kann, dann tut sie das folgerichtig auch! Oft müssen Sie also am iPhone eine Geste mehr machen, nicht alle Bedienelemente sind auf dem kleinen Bildschirm gut darstellbar. Achten Sie bei Einkäufen im App Store darauf, dass die Software „universal" mit einem +-Zeichen im Preisschild versehen ist – dann arbeitet sie auf iPhone und iPad optimal.

4 Alle Tasten und Felder lernen Sie im weiteren Verlauf noch genauer kennen, Ihr Ziel ist das Adressfeld, wo bereits als hilfreicher Hinweis in mausgrau steht URL oder Suchbegriff. Tippen Sie dort hinein.

Von Symbolik leiten lassen: Trainieren Sie jetzt und später Ihren Blick auf die Bedienelemente, erlernen Sie die universelle Sprache der Piktogramme (Icons) – und lesen Sie! Insbesondere die blau hervorgehobenen Texte! Lassen Sie sich von Ihren Gedanken leiten: „Ich will jetzt … eine Webseite aufrufen … oder Musik von den Beatles kaufen und hören … oder das iPhone anders einstellen, um nicht gestört zu werden.“ Suchen Sie nach Zeichen, die Ihren Gedanken konkreter werden lassen. Verschaffen Sie sich stets einen guten Überblick, lassen Sie sich zu einem zarten Fingertippen auf Hilfetexte, ein Fragezeichen- oder Lupen-Icon oder ein Zahnrad animieren. Die beißen nicht, die wollen bloß helfen.

5 Geben Sie über die Tastatur wikipedia.de ein und bestätigen Sie mit der „Öffnen“-Taste (Adresse eingeben → öffnen).

6 Es öffnet sich unter dieser Adresse (bis dato nicht optimiert!) die Webseite des hiesigen Trägers Wikimedia Deutschland e. V. – mit einem Eingabefeld für Ihren Suchbegriff. Ärgern Sie sich nicht darüber, dass die Seite nicht so recht in den Bildschirm passt. Nutzen Sie sie jetzt als Trainingsfläche.

7 Wenn Sie Daumen und Zeigefinger auf der Glasoberfläche des Bildschirms auseinanderziehen, können Sie Elemente vergrößern, zum Beispiel Fotos, Kartenausschnitte oder eben Webseiten. Um sie wieder zu minimieren, machen Sie mit Daumen und Zeigefinger die entgegengesetzte Bewegung. Glückwunsch: Sie haben soeben die Gesten des Spreizen und Kneifen erlernt, man spricht auch vom Ein- und Aus-Zoomen oder Auf- und Zuziehen.

8 Mit etwas mehr Fingerballett bringen Sie bestimmte Bereiche auf Webseiten oder in digitalen Zeitschriften auf eine angenehme, lesbarere Größe, indem Sie kurz, aber entschlossen zweimal mit einem Finger auf den gewünschten Bereich tippen. Genauso verstärken Sie diesen Vorgang und machen ihn irgendwann wieder rückgängig. Probieren Sie dies bitte mit dem Wikipedia-Logo aus.

Diese Geste des Doppeltippens kennen Sie schon aus einem anderen Zusammenhang: dem der Feststell-Taste der Bildschirm-Tastatur (Seite 36). Wenn das noch nicht so richtig geklappt hat und Sie sich auf einer neuen, anderen Seite befinden: Suchen Sie nach der Zurück-Taste, die hier als blaues Dreieck nach links zeigt. Oder Sie drücken die Home-Taste, holen tief Luft und beginnen noch einmal am Kapitelanfang. Alles Übungssache.

9 iPhone und iPad bieten Ihnen zwei Möglichkeiten der Betrachtung. Sie können die Geräte hochkant oder im Querformat halten. Das ist reine Geschmackssache, Sie können das mal so und mal anders handhaben. Der Bildschirminhalt kippt dann automatisch in die entsprechende Richtung mit. Dieses Kippen funktioniert am iPad durchgängig. Apps für das iPhone machen nicht immer Gebrauch davon – Safari aber schon. Immer mal wieder ausprobieren – und Kippen mit Zoomen kombinieren.

10 Schauen Sie sich die Webseite genauer an: Sie besteht größtenteils aus Links, unterstrichenen oder farbig hervorgehobenen Begriffen. Wie am PC mit einem Mausklick genügt hier ein Fingertippen auf einen Link, um Sie auf eine andere Internetseite weiterzuleiten. Sie können das gerne ausprobieren und wieder zurückkommen (über die linke Dreieckstaste). Oder Sie halten (legen) Ihre Fingerspitze auf den Link: Dann öffnet sich ein Kontext-Menü, wie Sie es vom Rechtsklick mit der PC-Maus vielleicht kennen. Verlaufen Sie sich bitte nicht und kommen Sie zurück!

11 Ganz oben auf der Webseite wikipedia.de steht der Hinweis, dass Sie noch gar nicht bei der gewünschten Wikipedia-Enzyklopädie sind: Als Link und als ausgeschriebene Adresse sehen Sie eine andere URL, nämlich zu http://de.wikipedia.org. Auch das Wikipedia-Logo ist mit diesem Link hinterlegt, vielleicht hat die Geste mit dem gezielten Vergrößern von vorhin bei Ihnen noch nicht sicher gesessen. Folgen Sie dem Link.

12 Nicht um Sie zu ärgern, bitten wir Sie um Folgendes: Schließen Sie die Seite zu Trainingszwecken. Dazu tippen Sie zunächst auf die „Tab-Taste" mit den übereinandergelegten Quadraten an und finden im Folgebildschirm oben links ein „x" zum Schließen.

Und jetzt per „+"-Tipp wieder eine leere Seite aufrufen, die URL http://de.wikipedia.org eingeben. Übung macht den Meister – und vielleicht haben Sie sich doch verirrt ...?

13 Sie sind jetzt auf der Hauptseite der Wikipedia. Die Online-Enzyklopädie liefert für PCs und Mobilgeräte unterschiedliche Versionen aus, die die jeweilige Displaygröße optimal nutzen, am iOS-Gerät fällt die Hauptseite also kompakter aus, hat aber natürlich auch als zentrales oberes Element das Eingabefeld für Ihren Suchbegriff. Was wollten Sie schon immer mal wissen?

14 Ein paar Suchbeispiele: Edward Snowden – was hat der ins Rollen gebracht? IMAP – was hat das mit E-Mails zu tun? Die Geschichte der Stiftung Warentest? Viele Artikel haben Unterüberschriften. Klappen Sie in der Wikipedia diese Abschnitte per Fingerdruck auf die Abschnittsüberschrift ein und aus, wischen und zoomen Sie, was das Zeug hält, öffnen Sie einen Link mal über das Kontextmenü (Finger legen) auf einer neuen Seite oder neuem Tab. Vielleicht gelingt es Ihnen sogar, eine Abbildung zu sichern. Aber kommen Sie bitte noch ein letztes Mal auf die Hauptseite der Wikipedia (Start) zurück – mit Tippen auf die drei Querstreifen links neben der Suchleiste – das Listen-Icon.

15 Hier tippen Sie einfach auf das Icon, andernorts können Sie es schieben, um verdeckte Optionen aufzudecken oder Musik-Listen nach Ihren Wünschen neu zu ordnen. Auf diesen Anfasser trifft man beim iPad seltener, weil es seltener nötig ist.

GROSSE SEITEN AUF KLEINEN DISPLAYS

Wenn Ihnen die opulentere Darstellung einer Webseite à la Computer besser gefällt, können Sie über einen Link oft zur „klassischen", der „Desktop"-Version wechseln. Bei der Wikipedia findet sich dieser Link am Seitenfuß, seit iOS 8 bietet auch Safari mit Tipp in die Adresszeile im Folgebildschirm solch eine Funktion. Mit der zunehmenden Verbreitung des Surfens auf mobilen Geräten geht der Trend für Webseitenbetreiber aber eindeutig dahin, die Internetseite auf all den verschiedenen Geräten jeweils optimal anzeigen zu lassen.

Die Wikipedia ist eine tolle Sache. Sie können dort sogar selbst mitmachen und Artikel ändern, wenn Ihnen als Experte für ein Sachgebiet ein inhaltlicher Fehler auffällt. Ab jetzt haben Sie immer ein Lexikon dabei, sofern Ihr Gerät eine konstante Verbindung ins Netz hat und die Wikipedia-Server ruhig vor sich hin summen. Das ist auch Cloud: Fällt ein Glied aus, ist's vorbei mit der neuen Leichtigkeit und der Himmel fällt uns auf den Kopf …

Damit Sie das Lexikon stets zur Hand haben, ist dafür ein eigenes Symbol auf dem Home-Bildschirm überaus praktisch

1 Das geht ganz einfach über die Aktions-Taste (im iOS Handbuch bisweilen auch Teilen-Taste genannt), jenem Rechteck, aus dem ein Pfeil herausbricht, um aus seinem Gefängnis in eine andere App oder einen anderen Zustand zu gelangen. Machen Sie das und kürzen Sie den Namen, der unter dem Symbol stehen wird, nach Ihrem Geschmack. Fertig? Dann Hinzufügen (oder alternativ auf der Tastatur mit Return bestätigen).

2 Überprüfen Sie, ob das Symbol zu sehen ist. Vielleicht müssen Sie dazu auf dem Home-Screen erst nach links wischen, auf die zweite Seite.

BILDSCHIRMSPERRE HINAUSZÖGERN

Wenn es Sie stört, dass die Bildschirmsperre zu schnell aktiviert wird und Sie die 4 Ziffern immer wieder eingeben müssen, gibt es auch dafür eine Lösung: Home → Einstellungen → Allgemein → Automatische Sperre – und den Wert auf 5 Minuten erhöhen. Mit Fingerabdruck-Sensor (Touch-ID) lässt sich die Bildschirmsperre einfacher lösen.

TELEFON: HALLO, TEILNEHMER?

iPad- und iPod-touch-Nutzer können spätestens jetzt eine kurze Pause machen. Denn das iPhone ist das einzige Gerät, das man „ganz normal" ohne Zusatz-App und Trickkiste zum Telefonieren benutzen kann.

Der erste Anruf – so geht's:
Über Home → App Telefon starten → ggf. Taste Ziffernblock drücken → Rufnummer eingeben → Anwahl mit grüner Hörer-Taste → Gespräch führen → auflegen mit roter Taste.
So geht das. Und natürlich auch so:
Es klingelt … → grün → Gespräch führen → rot.

Das Buch kann Ihnen nicht erklären, wie und wo Sie auf Ihrem Home-Bildschirm die Telefon-App finden. Doch das schaffen Sie alleine! Rufen Sie doch einfach mal Ihr eigenes Festnetztelefon an (Vorwahl nicht vergessen!) oder einen Freund. Möglicherweise erreichen Sie auch einen wildfremden Menschen: Dann haben Sie sich auf der Bildschirmtastatur vertippt – jederzeit hätten Sie mit der Lösch-Taste (sie liegt ganz oben rechts) die oben angezeigte Nummer vor dem Anwählen ändern können.
Bitten Sie Ihren Freund um einen Rückruf auf Ihre iPhone-Handynummer und spielen Sie die Gesprächsannahme ganz in Ruhe durch. Probieren Sie während des Klingelns aus, welche Funktionen die Lautstärke-Tasten am Gehäuserand jetzt haben, erleben Sie die Funktionsweise des Seitenschalters direkt daneben – und was passiert, wenn Sie während des Klingelns einmal auf die Standby-Taste drücken. Und beim nächsten Anruf zweimal …
Ausführlich beschreiben wir die Telefon-App in Kapitel 5.

SPOTLIGHT: NICHT SUCHEN, SONDERN FINDEN!

Kennen Sie das auch? Man sieht den Wald vor lauter Bäumen nicht. Das kommt vor, bei Jung und Alt. Manch einer greift dann zur Brille, wir aber greifen zur Suchfunktion – zu Spotlight.

Schritt für Schritt: ein gespeichertes Objekt wiederfinden

1 Es klingt zwar sehr unwahrscheinlich, aber nehmen wir einmal an, Sie finden eine Ihrer wichtigsten Apps nicht wieder und damit fehlt Ihnen eine Kernfunktion an Ihrem iOS-Gerät. Für iPhone-Nutzer nehmen wir hier die Telefon-App aus dem vorherigen Abschnitt als Beispiel. iPad-Anwender können gerne einen Suchbegriff wie „Kontakte" eingeben. Starten Sie auf dem Home-Bildschirm Ihres Geräts.

2 Mit einem Finger wischen Sie kurz zwischen den Symbolen von oben nach unten und wischen sich eine Suchmaske mit Bildschirmtastatur herbei. Fast wie mit einer zärtlichen Katzenpfote.

3 Die Einfügemarke, der Text-Cursor, blinkt bereits links im Suchfeld mit der grauen Lupe. Beginnen Sie deshalb gleich mit der Eingabe des Suchbegriffs, hier also „Telefon" (nicht: Handy).

4 Schon mit den ersten Buchstaben werden Treffer angezeigt, auch die Telefon-App ist darunter. Jeden Eintrag können Sie antippen und die Liste auch hoch- und herunterziehen, denn die Liste wird mit der Zeit länger und zeigt auch weitere Einträge, etwa SMS, die „Telefon" auch in Kleinschreibung oder nur als Wortbestandteil enthalten. Auch zur Wikipedia gibt es hier einen kurzen Draht. Viele Anwender kennen die Funktion schon seit Jahren vom Mac, dort heißt sie ebenfalls „Spotlight". Mit iOS 8 wurde die Suchfunktion noch klüger: Sie listet auch Treffer aus Wikipedia auf und nutzt Suchmaschinen wie Google, um Ergebnisse aus dem Netz anzuzeigen.

APP-STORE: SCHATZ, ICH GEH' SHOPPEN!

Das wird vielleicht ein ganz neues (Sofa-)Erlebnis für Sie: online in einem virtuellen Laden einzukaufen und die Ware nach wenigen Sekunden schon benutzen zu können. Viele Angebote können Sie vorher ausprobieren, wenn Sie …

- … im iTunes Store Musik vorhören;
- … im App Store nach einer kostenlosen Ausprobierversion Ausschau halten; sie tragen dann im Namen oft den Hinweis „Free", „Lite" oder „light" und funktionieren meist nur einige Zeit lang oder nerven mit Werbung;
- … im iBook Store einen Auszug aus einem Buch laden und ein Probekapitel lesen;
- … im Zeitungskiosk eine kostenlose, vielleicht ältere Ausgabe laden oder unverbindlich und ohne Verlängerung einem Probeabo zustimmen.

Schritt für Schritt: Account beim iTunes Store einrichten und erste Apps laden

Selbst wenn Sie jetzt keine Kreditkarte oder keinen iTunes-Gutschein zur Hand haben, können Sie die Stores trotzdem benutzen: zum Stöbern und zum Laden von kostenlosen Angeboten. Spätestens beim ersten echten Einkauf müssen Sie aber Zahlungsinformationen angeben oder Guthaben aufladen. Das Bezahlen per Lastschrift vom Girokonto ist über die beiden Anbieter PayPal und ClickandBuy mittlerweile möglich, sofern Sie dort registriert sind.

1 Öffnen Sie die App „App Store".
2 Kaum haben Sie den virtuellen Laden betreten, bietet Ihnen iOS an, einige kostenlose Apps aus dem Hause Apple zu laden.
3 Stimmen Sie bitte zu.
4 Geben Sie auf Nachfrage Ihre Apple-ID samt Kennwort an. Nun beginnt automatisch der Download. Sie können nun bereits den App-Store verlassen (Home).

Sobald Sie das erste Mal einen kostenpflichtigen Titel erwerben wollen, müssen Sie Ihre Zahlungsinformationen angeben: Apple akzeptiert Kreditkarten, PayPal (und hierüber auch den Lastschrifteinzug vom Bankkonto) sowie vorab bezahlte iTunes Geschenkkarten.

Und wenn das Ganze nicht funktioniert, weil der App Store den Download der kostenlosen Apps leider abgebrochen hat? Dann verlassen Sie den Laden und gehen Sie erneut hinein (Home → App Store). Werden Sie wider Erwarten nicht noch einmal um den kostenlosen Download gebeten, dann finden Sie sehr schnell durch etwas Hin- und Herwischen eine Angebotsfläche, über die Sie diese Apps erneut laden können. Im Zweifelsfall finden Sie die Apps über die eingebaute Suchfunktion wie gleich beschrieben, Ihr Suchbegriff heißt schlicht „Apple". Mit den Apps Podcast und iBooks können Sie gleich weiter das Medienangebot im iTunes-Store erkunden, nur iOS-8-Anwender haben diese Apps schon vorinstalliert.

Der Modus operandi machinae computatoriae oder: Wie Mensch und Maschine zusammenkommen

Erinnern Sie sich noch an die aufmunternden Worte aus dem ersten Kapitel? Haben Sie keine Angst! Sie sind klüger als der Computer! Garantiert. Auch wenn Sie persönlich gerade an sich zweifeln mögen …

Vielleicht hilft jetzt ein wenig Werben für das grundsätzliche Verständnis von Maschinensprache. Sie und wir, alle wissen von Kindesbeinen an, was es mit dem Begriff „Bezahlen" auf sich hat. Egal ob Lolli, Juwelen oder Graubrot, stets ist das Bezahlen eine hochkomplexe Angelegenheit, die wir erstaunlich selbstverständlich erledigen können.

Nicht so eine dumme Maschine. Sie ist mit „Bezahlen" heillos überfordert. Ist man selbst aber ganz geduldig und erklärt der dummen Maschine den komplexen Vorgang Stück für Stück, dann kann sich ein Erfolg einstellen:

Handtasche öffnen → Portemonnaie öffnen → Geld Verkaufspersonal übergeben → Ware empfangen → Ware in Handtasche → Rückgeld empfangen → Rückgeld in Portemonnaie → Portemonnaie schließen → Portemonnaie in Handtasche → Handtasche schließen → Geschäft verlassen

Das versteht die Maschine – und bewältigt diese Aufgabe dann schnell und präzise. Doch wehe, es gerät in dieser Befehlskette etwas in Unordnung. Was, wenn das Verkaufspersonal erst das Rückgeld herausgibt und dann die Ware? Wenn gar kein Portemonnaie vorhanden ist, sondern eine Geldbörse oder Brieftasche? Oder Sie mit Ihrem iPhone 6 und dem brandneuen, noch nicht in Europa funktionierendem Dienst „Apple Pay" völlig karten- und bargeldlos bezahlen möchten? Sie erahnen, wie gut ein Programmierer diese Maschinensprache verinnerlicht haben muss, damit mit Ihnen, dem Benutzer, ein halbwegs anständiger Dialog zustande kommen kann. Und Ihnen hilft es im Umgang mit der Maschine, wenn Sie sich auch langsam an diese Schritt-für-Schritt-Form gewöhnen.

IBOOKS: LESEN BILDET WIRKLICH

Neben gedruckten Zeitschriften und Büchern wetteifern heute auch die Online-Magazine und E-Books um Ihre geschätzte Aufmerksamkeit. Letzteres sind digitale Bücher, die die Papierversion nachahmen. Auch der örtliche Buchhandel bietet sie inzwischen immer häufiger im Sortiment an. iPad und iPhone sind neben ihren vielen anderen Fähigkeiten gute E-Book-Lesegeräte.

Der Vorteil liegt wortwörtlich auf der Hand. Vergleichen Sie doch mal dieses Buch mit Ihrem neuen iPad mini: Das Tablet ist kürzer, schmaler, deutlich dünner und knapp hundert Gramm leichter – selbst wenn Sie Tausende Bücher aufspielten. Der einzige Nachteil: Ist der Akku leer, dann hat auch der Lesespaß ein (abruptes) Ende.

Öffnen Sie via Home die App iBooks. Falls Sie die App nicht finden, können Sie Spotlight, die Suchfunktion, nutzen. Vielleicht hat sich die neue App bloß auf den sekundären Home-Bildschirm versteckt: Wischen Sie vom primären Home-Bildschirm nach

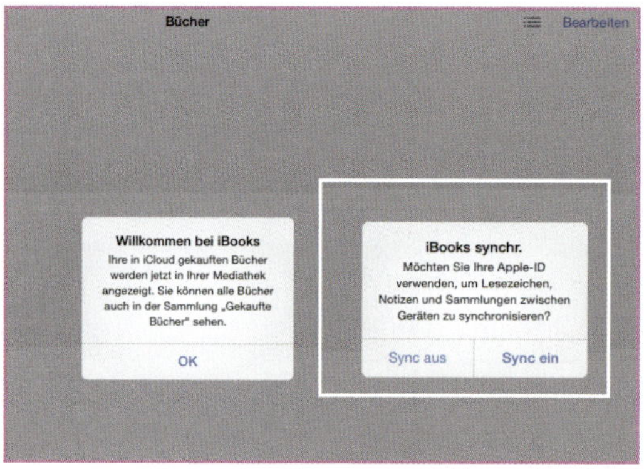

links, dann rutscht von rechts der nächste nach, wo Sie iBooks finden.

Freie Bahn für Bücherwürmer

1 Beim ersten Öffnen von iBooks lädt Apple Sie zu ein paar kostenlosen Titeln ein. Uns sagen die nicht zu – wechseln Sie bitte in den iBooks-Store.

2 Unter iOS 7 müssen Sie aus Ihrer leeren Sammlung zunächst in den Store wechseln – natürlich gibt es dafür eine Taste.

3 Springt Ihnen vielleicht schon ein Titel in die Augen? Oder eines dieser Werbeschilder? Wöchentlich gestaltet Apple sein Schaufenster neu und leistet sich dafür eine eigene Redaktion, die den Store-Besucher über Neuerscheinungen oder thematische Schwerpunkte informiert. Wir steigen jetzt über die Werbefläche (technisch auch bloß eine Taste oder eine Grafik mit hinterlegtem Link) Neu im iBooks-Store? ein.

Gezielt im Angebot suchen: Nach Autor, Künstler oder (Buch-, Musik-/Album-, Film- App-)Titel können Sie jederzeit den Katalog mit der App-eigenen Suchfunktion durchforsten. Im Gegensatz zu Spotlight suchen die Store-Apps natürlich online im Laden.

4 Wir entscheiden uns an dieser Stelle mal für den kostenlosen Kinderbuch-Klassiker „Max und Moritz" von Wilhelm Busch. Die bebilderten Streiche gelten als Mutter aller Comics und sind nicht nur schöne Vorlesegeschichten, sondern werden wieder eine Trainingsfläche für Sie werden.

5 Mit Antippen des Buchtitels öffnet sich die Detailseite mit weiteren Informationen. Werfen Sie ruhig einen Blick auf die Kunden-Rezensionen, oft finden sich nützliche Hinweise darunter, manche erschrecken ob fehlender intellektueller Tiefe oder dürftiger Orthographie. Unter Zugehörig oder Mehr von … zeigt der Store passende andere Artikel an, hier auch kostenpflichtige Versionen von „Max und Moritz" oder Gesamtausgaben zu Wilhelm Busch.

6 Mit Tippen auf Gratis oder den Preis stimmen Sie dem Lizenzverhältnis zwischen dem Anbieter und Ihnen zu (Sie erwerben kein Eigentum, sondern ein Nutzungsrecht nach den iTunes-AGBs). Danach können Sie den Artikel gleich Holen bzw. Herunterladen und werden nach dem Kennwort Ihrer Apple-ID gefragt.

7 Wechseln Sie nun in Meine Bücher. Sie können den Ladefortschritt beobachten, und je nach Schnelligkeit Ihrer Internetleitung sind die beiden Lausbuben schon gespeichert und Sie können von ihnen auch ohne Netzverbindung lesen. Probieren Sie es aus, mit iBooks und Max und Moritz beschäftigen wir uns im nächsten Kapitel noch etwas intensiver.

8 Kehren Sie bitte zurück in den Store, denn Apple kann nun etwas, was dieses Buch nicht kann: Ihnen eine komplette und umfangreiche Bedienungsanleitung zu Ihrem Gerät in die iBooks-App installieren.

9 Bitte suchen Sie mit dem Begriffspaar „Apple" und „iOS 8" (bzw. iOS 7) nach der für Sie richtigen Anleitung. Finden Sie bitte die deutsche Ausgabe und laden Sie diese wie vorhin geübt auf Ihr

Gerät. Es mögen sich auch kostenpflichtige Bücher in die Ergebnisse mogeln – doch die von Apple sind kostenlos.

HOME-SCREEN: DA STECKT NOCH MEHR DRIN

Manch einer findet es lästig, dass sich die Apps auf mehreren sekundären Home-Bildschirmen breitmachen. Das stört nach einiger Zeit auch den Überblick. iOS hat aber Mittel und Wege, sich Ihren Bedürfnissen anzupassen.

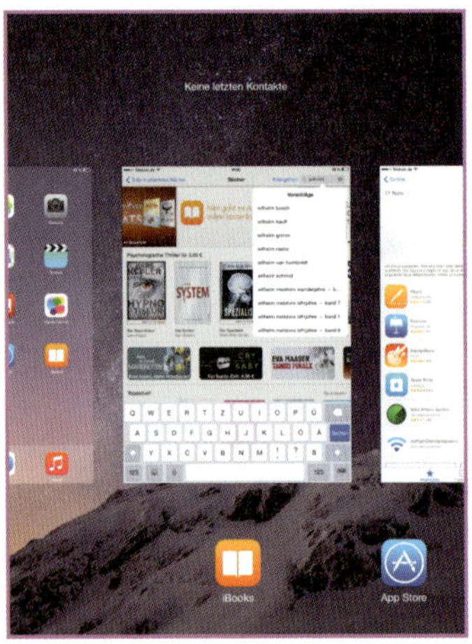

Multitasking: Von einer App zur anderen hüpfen

Sie kennen das bestimmt vom Computer: Drücken Sie dort auf der Tastatur die Befehls- (STRG oder CMD) und die Tabulator-Taste, können Sie von einem geöffneten Programm ins nächste springen. Das ist praktisch, wenn man beim genussvollen Internetsurfen bemerkt, dass der Musikplayer am Wiedergabe-Ende angekommen ist und nun die Lautsprecher stumm bleiben.

Bei iOS funktioniert das auch: Drücken Sie zwei Mal kurz nacheinander die Home-Taste, der Home-Screen rutscht nach links – und rechts von ihm erscheinen die App-Screens. Sie zeigen den letzten Zustand, bei Ihnen dürften das der App-Store, Safari und iBooks sein. Dies ist der Programm-Umschalter, der „App-Switcher". Mit Wischgesten nach links und rechts „fliegen" Sie entlang Ihrer aktiven Apps und können per Fingertipp in der jeweiligen App landen. Und auch zurückfliegen zum Home-Screen. Wenn Sie unter Einstellungen → Allgemein den Schalter Multitasking-Bedienung aktivieren, können Sie alternativ auch mit vier Fingern den Hauptbildschirm nach oben schieben und mit einem Stups von oben nach unten wieder ausblenden. Mit vier Finger seitlich wischen wechselt dann ebenfalls zwischen geöffneten Apps.

Apps beenden

Einmal aufgerufene Apps bleiben immer aktiv und verbrauchen im Hintergrund ein wenig vom kostbaren Arbeitsspeicher. Das kann ein Grund werden, warum sich Ihr Gerät, genauer gesagt Ihr Betriebssystem, irgendwie „klebrig" anfühlt, bestimmte Prozesse sich dahinquälen und sich an sich selbst verschlucken. Bei solchen Problemen sind Sie hier an der richtigen Stelle.

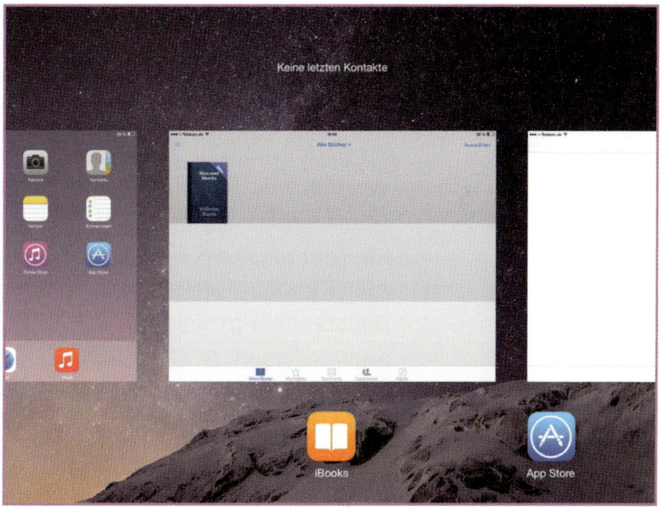

Vollständiges Beenden einer App

1 Wechseln Sie in den Programm-Umschalter durch Home-Taste doppelt drücken.

2 Navigieren Sie zu der App, die bei Ihnen auf der Abschussliste steht (aber wechseln Sie nicht in die App hinein).

3 Durch eine Wischgeste nach oben können Sie die App sofort beenden. Genau. Ohne Rücksicht auf Verluste. Und puff ...

DIGITALE PFLEGE #3: ARBEITSSPEICHER FREIGEBEN

Mit der geschilderten Methode löschen Sie keine Ihrer Daten. Aber Sie zwingen die App beim nächsten Start, sich vom Langzeitgedächnis (Flash-Speicher) neu im digitalen Kurzzeitgedächnis (Arbeitsspeicher) einzunisten.

Sollten Sie nach einem Weg suchen, unsere Workshops nochmals von vorne durchzuspielen, ist dies die Methode der Wahl. Das gilt auch für all diejenigen, die in Ihren neuen Apps anfänglich an eine Wand laufen.

Mitteilungszentrale und Kontrollzentrum

Wahrscheinlich sind sie Ihnen schon begegnet: diese Milchglasschleier mit Regelungs-Tasten und Kalender-Ansicht. Und ganz routiniert sind Sie diese Funktionsebenen von iOS auch wieder losgeworden. Per Tastendruck auf Home oder instinktivem Wegwischen. Da Sie möglicherweise versehentlich den Flugmodus aktiviert haben, haben Sie in der Folge kein WLAN, kein Unterwegs-Internet und kein Handy-Netz. Überprüfen Sie das doch bitte einmal: Ein kleines Flugzeugsymbol wäre dann in der Statusleiste am Bildschirmkopf sichtbar – und nicht viel mehr, also weder Ihr Netzanbieter noch die Signalstärke.

Das Kontrollzentrum stellt einige wichtige und nützliche Einstellungen bereit, die man sonst mühselig aufrufen müsste. Sie wi-

INFO Noch einmal neu durchstarten

Reboot tut gut – ein Neustart macht das Gerät manchmal wieder fit und lässt es schneller laufen. Denn iPhone und iPad wandern kurz nach Benutzung bloß in einen Ruhezustand. Binnen Sekundenbruchteilen kann man das System wieder wecken – deswegen bleibt aber auch das System stets im Arbeitsspeicher. Eine komplette „Neuanordnung" erreicht man am besten durch die Kombination obiger Methode mit einem gezielten Aus- und Wiedereinschalten (vgl. Kap. 2), das Ausschalten lässt sich durch längeres Drücken auf die Standby-Taste auch erzwingen.

Unterscheiden Sie den Neustart (Reboot) vom Zurücksetzen (Reset). Mit → Einstellungen → Allgemein → Zurücksetzen kann man Teile der Voreinstellungen löschen, aber auch das Gerät komplett zurück auf den fabrikfrischen Werkszustand setzen – und damit auch alle im Gerät gespeicherten Daten wie Fotos, Musik und Adressen löschen. Wer das vorhat, sollte vorab ein Backup angelegt haben.

schen es vom unteren Bildschirmrand mit kurzem Ruck nach oben herbei. Die Mitteilungszentrale funktioniert genau anders herum: Wischen Sie vom oberen Displayrand mit einem Fingerstreich nach unten. Was Sie dort alles finden wollen, tragen Sie in → Einstellungen → Mitteilungen selbst ein.

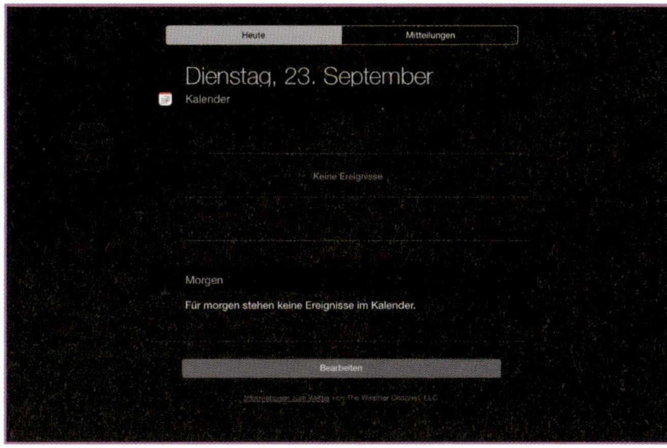

Home-Screen anpassen: ordnen, schreddern, abheften

Sie können Ihr Gerät nach Ihren persönlichen Wünschen einrichten. Vieles regeln Sie über die App Einstellungen, deren wichtigste Möglichkeiten wir am Ende des Buches zusammenfassen. Die Ordnung auf Ihren Schreibtischen jedoch halten Sie auf den primären und sekundären Home-Bildschirmen selbst. Apps können Sie verschieben, in Ordnern zusammenfassen (und wieder auflösen), komplett mit allen Daten löschen und auch das Dock am unteren Bildschirmrand umarrangieren.

Apps entfernen

1 Halten Sie eine App (z. B. „Freunde") angetippt, bis alle anfangen zu zittern.

2 An der linken oberen Ecke der App-Symbole erscheint jetzt das Lösch-Tastensymbol mit einem X.

3 Wenn Sie das X bei der zu löschenden App (z. B. „Freunde") berühren, erfolgt eine Sicherheitsabfrage. Entscheiden Sie sich bitte für das Unvermeidliche: Sie können diese und alle anderen Apps jederzeit erneut laden und müssen – so die Regel – auch nicht noch einmal bezahlen.

4 Die App ist gelöscht.

WAS INTERESSIERT MICH DER AKTIENTICKER?

Standard-Apps (wie „Aktien“), die von Anfang an auf dem Gerät waren, können Sie nicht löschen. Das wäre auch sehr unpraktisch, sollten Sie etwa ausgerechnet auf Ihrem iPhone die Telefon-App demontieren.

INFO Gekaufte Apps nachinstallieren

Haben Sie eine App gelöscht, dann finden Sie sie jederzeit im App-Store schnell wieder unter „Einkäufe“(am iPhone versteckt in den „Updates“) und können sie kostenlos nachladen. Grenzen Sie eventuell die Auswahl auf „nicht auf diesem Gerät“ ein. Tipp: Beim Neukauf eines iPhones oder iPads erhalten Sie interessante Programme von Apple dazu. So kann man diese Apps auch auf ein vorher schon vorhandenen iOS-Gerät installieren, sofern es sich dazu eignet.

Apps verschieben und weitere Home-Screens anlegen

1 Halten Sie die App, die verschoben werden soll, gedrückt und lassen Sie das zitternde Icon nicht los.
2 Schieben Sie die App an eine beliebige freie Stelle, die anderen Apps räumen freiwillig ihre Position.
3 Schieben Sie die am Finger klebende App an den rechten oder linken Rand, springen Sie einen Screen weiter und legen Sie die App dort ab.
4 Provozieren Sie einen weiteren sekundären Home-Screen, indem Sie auf dem bisher letzten Screen wiederum mit der klebenden App ganz an den rechten Rand navigieren.
5 Lassen Sie los, wenn die App den gewünschten Screen und die gewünschte Stelle erreicht hat.
6 Mit einfachem Drücken der Home-Taste beenden Sie die Bearbeitung.

Apps in Ordnern organisieren

Thematisch zusammengehörende Apps können Sie auch in einen Ordner packen, der dann entsprechend benannt wird.

1 Halten Sie die App bis zum „Zittern".

2 Schieben Sie sie auf die andere App, die ihr erster Partner im neuen Ordner werden soll, und lassen Sie los.

3 Sie haben nun Ihren neuen Ordner und iOS schlägt einen Namen vor.

4 Wenn Sie in die große Namenszeile tippen, können Sie einen anderen Namen für den Ordner vergeben; möglichst kurz sollte er sein.

5 Und schließlich: Home

Natürlich können Sie auch einen Ordner mit seinen Apps darin umarrangieren, seinen Namen nachträglich ändern – und auch auflösen: Bewegen Sie hierfür alle Apps aus dem Ordner heraus und er verliert automatisch sein Daseinsrecht.

Das Dock neu arrangieren

Am unteren Bildschirmrand – Mac-Anwender kennen es – befindet sich das Dock. Die Apps, die hier abgelegt sind, bleiben auch beim Wechseln auf einen sekundären Home-Screen dort. Es ist also ein guter Ort für sehr häufig benutzte Apps – ein Schnellzugriff. Aber wird es bei Ihnen auch die Musik-App sein? Um das Umorganisieren zu üben, unterstellen wir zur Probe einmal: Nein.

1 Vereinen Sie wie geübt die Apps Musik und Video zu einem Ordner.

2 Damit erreichen Sie, dass im Dock Platz entsteht. Das iPhone kann vier, das iPad sechs Elemente im Dock halten.

3 Ziehen Sie die gewünschte App oder einen Homescreen-Link wie den zur Wikipedia in das Dock auf die freigewordene Stelle – und lassen los.

Jetzt können Sie noch schneller auf die gewünschte Funktion zugreifen.

Glückwunsch! Sie haben jetzt die meisten Grundfertigkeiten erlernt und sind auch schon mit vielen Apps und einigen ganz typischen Abläufen vertraut. In den nächsten Tagen werden diese Handgriffe bei Ihnen immer besser sitzen und Sie werden sich vielleicht fragen, warum Sie diesen neuen Geräten so skeptisch gegenüberstanden. Verlieren Sie Ihre Skepsis bitte nicht! Wie in der „echten" Welt sollten Sie auch beim Umgang mit Ihrem neuen iPhone oder iPad stets den gesunden Menschenverstand walten lassen – insbesondere bei Ausflügen ins Internet.

LERNEN BRAUCHT RUHE

Vielleicht wollen Sie in den nächsten Tagen nicht noch mehr lernen und sich eine Pause gönnen. Das ist völlig unproblematisch, denn mit den Standard-Einstellungen ist Ihr Gerät absolut brauchbar – und Sie haben ja alternativ Apples Benutzerhandbuch zum Selbststudium dabei. Haben Sie doch, oder?

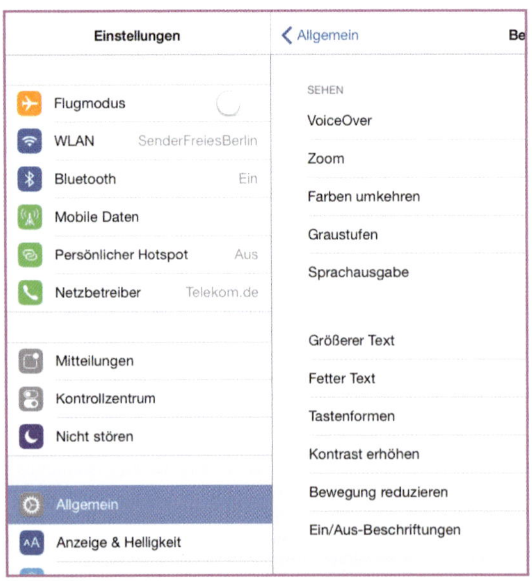

Die letzte Prüfung

Bevor wir Sie in das nächste Kapitel entlassen, bekommen Sie noch eine kleine Hausaufgabe:

- Unter Home → Einstellungen → Allgemein → Bedienungshilfen aktivieren Sie bitte in dieser Reihenfolge diese Optionen. Testen Sie sie – und wenn Sie Ihnen nicht gefallen, schalten Sie sie an der gleichen Stelle wieder aus.
- Sprachausgabe → Auswahl vorlesen
- Größerer Text
- Tastenformen
- Ein/Aus-Beschriftungen
- Eventuell Kontrast erhöhen
- Fetter Text

Dem Neustart-Ersuchen von iOS dürfen Sie Folge leisten – fertig. Überprüfen Sie in den kommenden Stunden und Tagen, ob Sie mit Ihren Einstellungen zufrieden sind oder sie ändern wollen. Display-Helligkeit und die Lautstärke steuern Sie bequem über das Kontrollzentrum. Und sollten Ihnen diese seltsamen optischen Effekte auf dem Home-Screen unheimlich vorkommen: → Einstellungen → Allgemein → Bedienungshilfen → Bewegungen reduzieren. Vereinzelt berichteten iOS-Anwender, die diesen Effekt intensiv beobachteten, von einer Art Seekrankheit – kein Scherz!

INFO Digitale Pflege #4: Akku konditionieren

Viel Pflege benötigt die interne Batterie nicht, die modernen Stromspeicher kennen keinen leistungshemmenden Memory-Effekt. Ab und an, vielleicht monatlich, aber unbedingt auch bald nach der Inbetriebnahme sollte man den eingebauten Akku einer Kur unterziehen: Lassen Sie ihn bis zum allerletzten Rest entladen, bis sich das Gerät vor lauter Schwäche selbst ausschaltet und auf einen Druck auf die Standby-Taste auch nicht mehr reagiert. Allenfalls fordert ein Piktogramm Sie zum Aufladen auf – und dem folgen Sie bitte. Nach einigen Minuten startet das Gerät und man kann es wieder benutzen, aber lassen Sie es am Ladekabel angeschlossen, bis die internen Batterien komplett aufgeladen sind, im Zweifelsfall über Nacht. Haben Sie den Eindruck, dass der Stromspender plötzlich an Kapazität verloren hat, kann daran auch ein iOS-Update Mitschuld tragen. Oft berichtet dann die Tages- und die Fachpresse über solch eine Verschlimmbesserung, liefert aber auch hilfreiche Tipps. Ein späteres Folge-Update wird solcher Probleme üblicherweise Herr.

search:
STICK TO IT!
DEADLINE!
BLOG
http:

STANDARD-APPS BEI IOS 8

Auf jedem iPhone und iPad gibt es bereits eine Anzahl von Apps, einige sind dank iCloud schon zur Benutzung fertig eingerichtet. Dieses Kapitel zeigt Ihnen, wie Sie mit iOS 8 Adressen und Termine eintragen, per E-Mail kommunizieren, smarter im Internet surfen, eine Stimme hören und vieles mehr.

DAS ADRESSBUCH: KONTAKTE

Das alte Adressverzeichnis aus Papier kommt an seine Grenzen. Über die Jahre haben sich zahlreiche Änderungen angesammelt. Vieles ist durchgestrichen oder überkringelt, sodass kaum noch Platz bleibt. All diese Daten in ein elektronisches Adressbuch zu überführen, wie es in iPhone und iPad vorhanden ist, lohnt sich. Jede Änderung wird über iCloud mit Ihren anderen Apple-Geräten abgeglichen (synchronisiert). Warum sich am iPhone die App im Ordner Extras verkriecht, ist unverständlich, denn im Grunde ist es Ihre wichtigste App und sie hat fast überall ihre Datenfinger mit drin. Sie können die App aber verschieben, wie auf Seite 62 beschrieben. Sie ist das Herz, denn sie listet alle Ihre Kommunikationspartner und alle anderen Apps dürfen sich – solange Sie es erlauben – an diesem kostbaren Datenbestand bedienen.

- Telefon- und Nachrichten-App nutzen Rufnummern für Anrufe und SMS.
- Mail verwendet die dort gespeicherten E-Mail-Adressen.
- Die Karten-App nutzt die Straßenadressen Ihrer Freunde zum einfachen Navigieren.

- Der Kalender blendet Geburts- und Hochzeitstage ein und gibt rechtzeitig Alarm.
- Und natürlich können Sie selbst auch beim Ansichtskartenschreiben eine Adresse nachschlagen.

Während die Eingabe von mehreren Adressen am iPad noch okay ist, ist sie auf dem iPhone – aus Platzgründen – ziemlich unbequem. Der komfortabelste und praktischste Weg bleibt der Computer. Mac-Anwender nutzen dort am besten das systemeigene Adressbuch gleichen Namens, Outlook und Entourage werden am Mac zwar unterstützt, es gibt aber immer wieder Stolpersteine – und die beiden Microsoft-Programme sind nicht iCloud-kompatibel. Am Windows-PC wiederum geht es am besten mit Outlook oder Exchange.

Im Überblick: Kontakte

(1) Namensliste und Register für das Namensverzeichnis. Mit Tippen auf einen der kleinen Register-Buchstaben springen Sie direkt zu „M" wie Martin. Tipp: Ändern Sie die das Sortierverhalten (von Dr. Martin Richard in Richard, Dr. Martin) außerhalb der App in Home → Einstellungen → Mail, Kontakte, Kalender → Kontakte: Sortier & Anzeigefolge.
(2) Gruppen sind bei vielen Kontakten nützlich und bringen Ordnung. Weitere Gruppen können Sie am Computer einrichten und via iCloud.com. Anfangs haben Sie an der Stelle einen Dreiviertel-Pfeil: die Taste zum Aktualisieren, um Ihren Datenbestand sofort mit iCloud zu verbinden – ihrer gegenwärtig einzigen Gruppe.
(3) Name der aktuell betrachteten Kontakte-Gruppe. Hier die einzige Gruppe, nämlich Alle Kontakte aus der persönlichen iCloud.
(4) Hinzufügen-Taste (+): Starten Sie hier, wenn Sie einen Datensatz neu anlegen wollen.
Am iPhone öffnet sich durch Antippen eines Eintrages die Visitenkarte, am iPad ist sie im Querformat stets zu sehen. Hier sehen Sie alle gespeicherten Daten zur Person: Telefonnummern, E-Mail-Adressen, Straßenadressen. Raten Sie mal, was passiert, wenn Sie diese Felder antippen? Anruf, Mail, Karte.

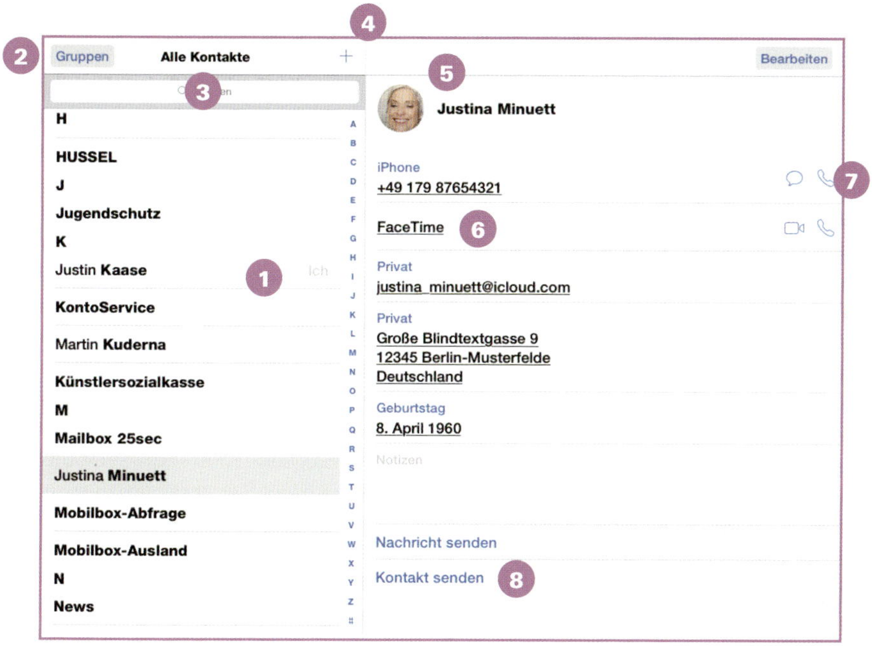

(5) Foto: Hier können Sie dem Kontakt eine Abbildung hinzufügen.
(6) FaceTime: Rufen Sie die Person mit Apples Telefondienst FaceTime an – mit Video-Bild oder nur per Audio.
(7) Über die Symbol-Tasten rechts neben Handynummer oder E-Mail-Adresse starten Sie alternative Dienste – statt eines Handyanrufs also eine SMS-Konversation.
(8) Kontakt senden: Geben Sie diese Visitenkarte elektronisch an eine andere Person weiter.
In den ersten Versionen von iOS 8 fehlt direkt darunter die Taste Zu Favoriten, mit der Sie diese Person in die „Kurzwahlliste" aufnehmen. iPhones mit iOS 8 können dies immerhin über den Umweg der Telefon-App, auf Wunsch erscheinen Sie auch im App-Umschalter beim Doppelklick mit der Home-Taste (Einstellungen → Mail, Kontakte, Kalender → Im App-Umschalter). In vielen anderen Apps und Systembereichen wird die Favoriten-Liste nützlich.

Einen Kontakt bearbeiten

Beginnen Sie bei Ihrer eigenen Visitenkarte, Ihrem Datensatz, der während der ersten Gerät-Inbetriebnahme bereits erzeugt worden sein sollte.

1 Am oberen Bildschirmrand können Sie in den Bearbeiten-Modus wechseln.

2 In diesem Modus klappen bereits einige noch leere Felder auf. Die grauen Hilfstexte nennen den jeweiligen Datentyp wie Telefonnummer, E-Mail-Adresse oder Straße, Ort und PLZ für die Postadresse. Ergänzen Sie bitte Ihre Postadresse und Telefonnummer. Am jeweiligen Feldanfang sehen Etiketten (Labels), mit denen Sie Feldwerte wie eine Telefonnummer oder Postadresse genauer definieren können, nach Mobilrufnummer oder Arbeitsadresse. Sie können auch eigene Labels vergeben, seien Sie sparsam damit. Sie müssen aber nicht alle Felder ausfüllen, es werden sowieso von Zauberhand immer mehr.

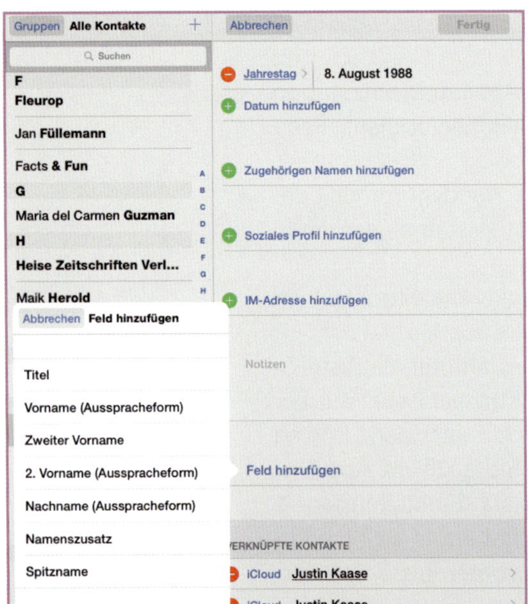

3 Im Feld Zugehörige Namen können Sie Verwandschaftsverhältnisse mit anderen Personen eintragen oder mit einem vorhandenen Datensatz verlinken. Sprachassistent Siri nutzt (siehe Seite 107) diese Felder, um eine Anweisung wie „Rufe meine Tochter an!" anstandslos umzusetzen.

4 Bei Notizen geben Sie eigene kurze Texte an: Stichworte zu einer Person, Öffnungszeiten von Ämtern etc.

5 Sie können auch Felder hinzufügen, den Spitznamen Kalle, weil Karl-Heinz von allen so genannt werden möchte. Auch per Siri-Ansprache. In die zusätzlichen Felder Geburtstag und Datum hinterlegen Sie zum Beispiel Ihren Geburtstag und wenn Sie mögen auch gleich (erneut: Feld hinzufügen) das

Datum des Hochzeitstages. Diese Daten übernimmt die Kalender-App und erinnert Sie auf Ihren Wunsch rechtzeitig: Einstellungen → Mail, Kontakte, Kalender → Standarderinnerungen.

6 Und setzen Sie sich ins rechte Licht: Tippen Sie auf den Foto-Platzhalter und wählen Foto aufnehmen. Bitte lächeln! Bitte die Kamera wechseln! ... und bitte noch einmal lächeln! Danke, das war's. Drücken Sie auf Fertig und beenden Sie mit diesem Tastendruck den Bearbeiten-Modus.

Einen Kontakt neu anlegen

1 Mit Kontakte → Hinzufügen, also einem Tippen auf die +-Taste in der Hauptansicht, legen Sie einen neuen Datensatz an und sind gleich im Bearbeiten-Modus. Das Vorgehen ist dann genauso wie zuvor zum Bearbeiten Ihrer eigenen Visitenkarte. Sitzt gerade jemand neben Ihnen, der in Ihre Adressendatei sollte? Dann können Sie ja spontan ein Foto schießen sowie Geburtstag, Handynummer und E-Mail-Adresse eingeben. Und den Spitznamen? Tipp: Wenn der Bildausschnitt nicht gefällt, können Sie mit Bearbeiten per Geste das Bild ein wenig verschieben sowie ein- und auszoomen.

2 Dann auf Fertig drücken und fertig ist der neue Kontakt. Möchten Sie den Kontakten erst später Fotos aus dem Fundus zuordnen, ist die App Fotos Ihr Startpunkt.

IMMER AN DIE VORWAHL DENKEN

Ganz gleich in welcher Stadt die Person lebt, geben Sie immer die Vorwahl mit ein, am besten sogar die Landesvorwahl, selbst wenn der- oder diejenige in Deutschland wohnt. Nur so können Sie die Person auch aus dem Ausland anrufen. Lassen Sie also alle Telefonnummern mit „+" und der jeweiligen Landesvorwahl beginnen. Auf dem Ziffernblock erhalten Sie das Pluszeichen, indem Sie die „0" halten. Die folgende Ortsvorwahl schließt dann direkt ohne die erste Null an. Die Rufnummer 21 65 24 07 in München sähe also so aus: +498921652407. Zur besseren Übersicht können Sie die Glieder mit „-" oder „." trennen: +49-89-21652407.

Leerzeichen sind aus technischen Gründen ungünstig. Das kluge iPhone kann aber im Ausland das genaue Präfix für den internationalen oder lokalen Anruf selbstständig setzen (Einstellungen → Telefon → Wählhilfe). Gut zu wissen: Selbst wenn Sie von Ihrem Festnetztelefon Ihren Nachbarn mit der internationalen Vorwahl für Deutschland (00 49 …) anriefen, bliebe es immer ein Ortsgespräch.

Kann ich einen Kontakt ganz löschen?

Natürlich: Kontakte → Datensatz wählen → Bearbeiten. Mit Antippen der roten Taste ganz unten löschen Sie ihn auch in iCloud und synchronisieren die Löschung mit anderen iOS-Geräten!

INFO Adressbücher nutzen

Wie genau in der persönlichen Umgebung ein Abgleich mit dem eigenen Computer-System und dem iGerät funktioniert, erklärt ein guter Support-Artikel von Apple (http://support.apple.com/kb/HT1296 sowie http://support.apple.com/kb/HT1386) auch auf Deutsch (Anzeigesprache im Seitenkopf rechts ändern). Neben iCloud und der Kabelverbindung zu einem PC mit iTunes ist auch die Synchronisation per WLAN möglich. Die Anforderungen an den PC sind in jedem Fall geringer.

Möglicherweise kann auch ein Familienmitglied mit digitalem Adressbuch viel Tipparbeit ersparen: Bitten Sie um einen Auszug von gemeinsamen Kontakten als vCard (dabei handelt es sich um Dateien, deren Name mit einem „.vcf" endet) und das Zusenden als E-Mail-Anhang. Damit kann iOS viel anfangen!

Telefonnummern von alten Handys kann ein kundiger Mobilfunk-Verkäufer auch auf das iPhone übertragen – oder man selbst: als MMS, E-Mail, per SIM-Import oder per Google-Handyprogramm und einen Account für den E-Mail-Dienst des Suchmaschinenanbieters (Seite 88). Aktive Facebook- oder Xing-Nutzer können sich ebenfalls an Ihren schon bestehenden Online-Adressbüchern bedienen – ganz einfach per App und nicht ohne Warnmeldung. Per Bluetooth ist es nur nach einem tiefen Systemeingriff, dem Jailbreak, möglich. Unter neuen Macs und jungen iOS-Geräten ist auch AirDrop (Seite 159, 178) ein Übertragungsweg.

Ich möchte bloß einige Daten-Felder löschen ...

Wenn sich eine Adresse komplett geändert hat oder weggefallen ist, können Sie im Bearbeiten-Modus eines Kontakts über kleine rote Minus-Taster jene Felder zum Löschen anmelden – und dann löschen. Überschreiben geht auch, ist aus technischer Sicht aber unsauber. Und iCloud mag lieber sauber synchronisieren.

NOTIZEN: BESSER AUFSCHREIBEN

Die besten Ideen kommen immer zur falschen Zeit: wenn es mal nichts zum Aufschreiben gibt. In einer solchen Situation hilft der Notizblock in iPhone und iPad. Er ist – wie jede App – auch während eines (Video-)Telefonats nutzbar (siehe Kapitel 5, mehr als nur Telefonieren). Die Notizfunktion weist aber noch einen anderen beträchtlichen Vorteil auf: Sie können die Notiz nicht nur ausdrucken, sondern auch versenden. Übrigens: Mit iCloud, aber auch jedem anderem E-Mail-Konto mit IMAP werden die Notizen auf iPhone, iPad und Computer lokal und in der Wolke aktuell gehalten. Denn technisch ist eine solche Notiz eigentlich bloß eine E-Mail an sich selbst (mehr zu den E-Mails ab Seite 81).

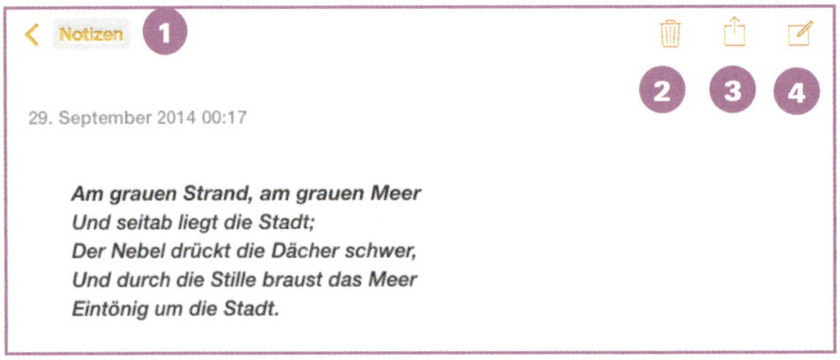

Im Überblick: Notizen

Notizen **(1)**: Mit der Taste wechseln Sie in die Listenansicht aller Notizen.
Taste Papierkorb **(2)**: Aktuelle Notiz löschen.
Aktionstaste **(3)**: Kopieren Sie den Notiz-Inhalt komplett, um den Text in einer anderen App weiterzubearbeiten, drucken oder versenden Sie sie – als Kurzmitteilung oder E-Mail.
„Neu"-Taste **(4)**: Hier starten Sie, um eine neue Notiz zu beginnen. Fangen Sie nun mit Ihrer eigenen Notiz an: Vielleicht mit einem Gedicht? Oder einem Kochrezept? Starten Sie mit der „Neu"-Taste oder dem Symbol aus Stift und Block und geben Sie in die erste Zeile ein Betreff an, quasi als Überschrift. Der Anfang einer Notiz ist später auch der Titel, der in der Listenansicht angezeigt wird.

Mein Freund, die Bildschirmtastatur

Seit der ersten Inbetriebnahme haben Sie sicher schon einige hundert oder tausend Zeichen auf der Bildschirmtastatur geschrieben. Wie viele davon waren falsch? Wie häufig hat iOS ein ganz anderes Wort geschrieben? Wie oft haben Sie sich eine irgendwie bessere Bedienung gewünscht? Da könnten Sie bestimmt was regeln …

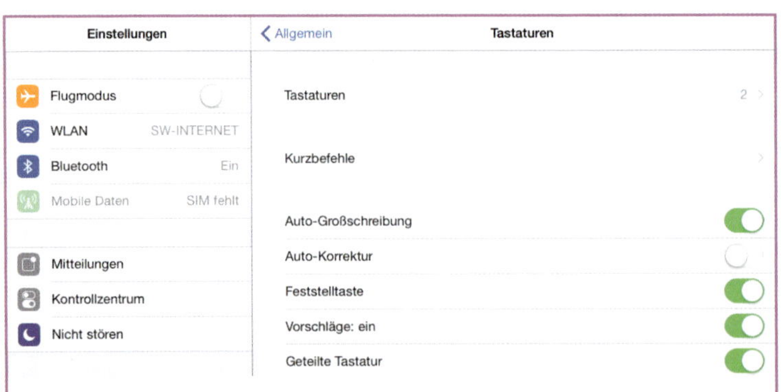

Tastatur-Layout und Eingabesprache ändern

Sie arbeiten bislang mit der deutschen Umlauttastatur (siehe Seite 36), mit der iOS-Veteranen nicht

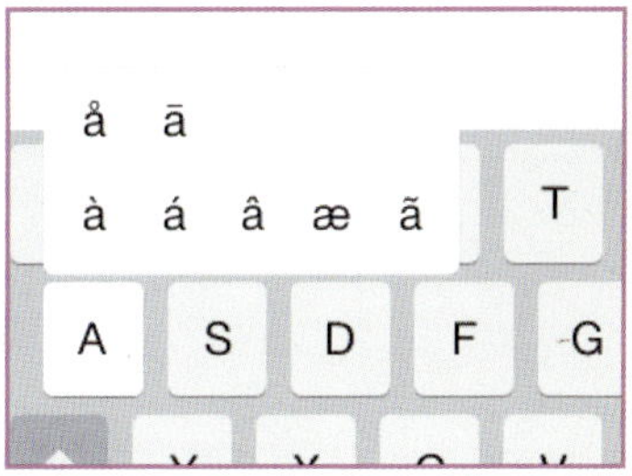

groß geworden sind. Es ist also Geschmackssache, ob Sie unseren Tipps folgen wollen, die Sie jetzt in die Einstellungen-App führt.

Home → Einstellungen → Allgemein → Tastatur weit am Ende der Liste bietet zahlreiche Anpassungsmöglichkeiten. Wem die Bedienung der schmalen Tasten anfangs noch Schwierigkeiten bereitet, der kann den Eintrag Tastaturen anwählen und mit einem weiteren Tipp auf „Deutsch (Deutschland)" QWERTZ als Tastaturlayout auszuwählen. Sie sehen die Einstellmöglichkeit im Bild. Eine Sonderstellung nimmt die Tastatur des iPhone 6 Plus im Querformat ein: Dank der größeren Fläche konnte Apple weitere praktische Funktions-Tasten unterbringen, etwa zum Ausschneiden, Fetten oder Unterstreichen von Text. Alle anderen Geräte können diese Funktion allein über das Kontextmenü aufrufen.

Durch den scheinbaren Verzicht auf die Umlaute bekommen die einzelnen Tasten mehr Platz und stehen diagonaler zueinander – das kann ganz entscheidend für ein besseres Tastaturerlebnis sein. Probieren Sie das ruhig einige Tage aus und denken Sie daran: Spezielle Laute, jetzt auch die deutschen Umlaute, kommen nun durch längeres Halten des Mutterbuchstabens aus ihrem Versteck hervor.

Auch eine (oder mehrere) Fremdsprachen können Sie nutzen, inklusive fremdsprachiger Rechtschreibkorrektur. Zum Beispiel British English: Fügen Sie die gewünschte Fremdsprache hinzu, bei Englisch bietet sich immer das QWERTY-Layout an, wo man durch den Tausch von y und z gleich erkennt, dass man gerade auf der englischen Tastatur ist.

Fortan haben auch Sie eine Globus-Taste in der untersten Tastaturreihe: Hierüber schalten Sie Layout und gleichzeitig den Sprachraum um – auch für Diktate mit Siri! Und sind Ihnen zwei (!) deutsche Tastaturen im Alltag zu viel, müssen Sie sich genau an dieser Stelle bloß für ein Layout (Deutsch mit Umlaut vs. QWERTZ) entscheiden.

MEHR TIPPKOMFORT BEI IOS 8

Da hat sich Apple schön was abgeguckt von der Konkurrenz: Im neuesten Betriebssystem schlägt die Bildschirmtastatur in der obersten Reihe mehrere Wörter vor, anhand weniger eingegebener Buchstaben. Dabei erkennt iOS mehr oder weniger gut, ob ein privater oder ein geschäftlicher Ton angemessen ist. Diese Vorschlagszeile nimmt einiges an Platz weg, mit einem geübten Fingerstreich nach unten können Sie sie ausblenden und ganz ähnlich wieder hervorzaubern. Zum völligen Abschalten halten Sie die Globus-Taste (bei Ihnen vielleicht noch eine Smiley-Taste) gedrückt, um den Schalter zu sehen. Im App-Store trudeln zudem Programme ein, die alternative Tastaturen anbieten. Vielleicht kommt sogar die „gute, alte" Eingabe per Stift zurück.

Korrektor und Schreibhelfer

Sie kennen das bestimmt aus dem Alltag: Wir benutzen in der Schrift- und auch in der gesprochenen Sprache immer wieder dieselben Floskeln, jeder seine eigenen. Um das zu verkürzen (und um Tippfehler zu minimieren), können Sie genau solche Floskeln zu Kurzbefehlen machen. Den Klassiker „mfg" hat iOS bereits vorbereitet und zaubert ungefragt eine komplette Grußformel in jeden Text – egal ob Notiz, Mail oder SMS. Wenn Sie sich Ihre neue SEPA-Bankverbindung auch nicht merken können, dann könnten Sie hier einen Kurzbefehl hinzufügen – mit der +-Taste. Als Text geben Sie Ihre IBAN und BIC ein, als Kurzbefehl „giro1", um es eventuell vom zweiten Girokonto besser zu unterscheiden. „spät45" könnte zu „Wegen Störungen in meinem Betriebsablauf verzögert sich meine Ankunft um voraussichtlich eine Dreiviertelstunde" werden. Sichern nicht vergessen!

Weitere praktische Helfer sind:

Auto-Großschreibung sorgt für Großbuchstaben am Satzanfang (hinter einem Punkt) und bei Substantiven. Verhagelt sich schnell nach Abkürzungen wie „ca.". Kann man gut mit leben bis zu dem

Augenblick, wo man seine eigene fehlerhafte Groß-Kleinschreibung korrigieren will.
Auto-Korrektur: Gut gemeinte, aber nicht immer gut gemachte automatische Verbesserung eines Wortes. Hilflos bei Dialekten, störend bei Verwendung mehrerer Sprachen („Denglisch"). Den Vorschlag nehmen Sie einfach per Leerschlag an, noch während Sie das Wort schreiben. Sie können den Vorschlag ablehnen, indem Sie das kleine „X" neben dem Vorschlag treffen. Vom Auto-Korrektor geänderte Begriffe sind blau unterpunktet, Sie können per Tipp auf das Wort den alten Zustand wieder einsetzen.
Korrektur zeigt womöglich falsch geschriebene Wörter rot unterpunktet an und schlägt auf Antippen jener Stelle Alternativschreibungen vor. Hilfreich und unaufdringlich.
Feststelltaste aktiviert die doppelte Belegung der Hochstelltaste (Caps Lock). Sorgt manchmal für ein versehentliches Großschreiben. Vielschreiber deaktivieren auch am Computer diese Funktion.
Vorschläge: ein (de-)aktiviert das an älteren iPhones raumgreifende neue iOS8-Feature systemweit
Geteilte Tastatur (de-)aktiviert an iPads dieses spezielle Feature, das Sie sonst über die Tastatur-Taste unten rechts aktivieren (Seite 205)
„."-Kurzbefehl: Sehr praktisch nach Gewöhnung, denn am Satzende genügen dann zwei Leerschläge.

LACH MAL WIEDER MIT EMOTICONS

Sie kennen die lustigen Gesichter und Symbole, die oft E-Mails oder Kurzmitteilungen mit Emotionen versehen? Dafür gibt es eine eigene Tastatur: In iOS 8 ist sie bereits aktiv, in iOS 7 können Sie sie als weitere Tastatur-Variante hinzufügen.

„Wie geht eigentlich ‚googeln'"?

Weil es bei dem Unterkapitel „Notizen" recht gut passt, fügen wir hier gleich nach den Tastatur- und Korrektureinstellungen noch

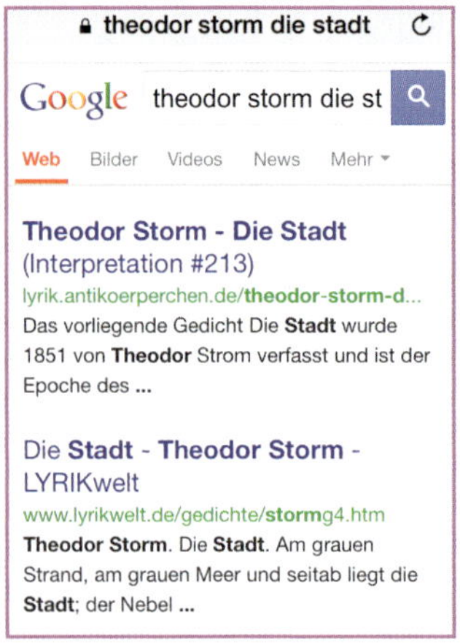

den Workshop „Die Suchmaschine & ich" ein. Dazu gibt es gute Gründe: Denn wir stellen Ihnen hier nicht nur allein die App vor, sondern Sie lernen auch gleichzeitig wesentliche Handgriffe zur Textbearbeitung und Textgewinnung. Wollen Sie jetzt einen sehr langen Text mühselig selbst mit der Tastatur tippen? Kopieren wäre bequemer – aber ein angemessener Text will erst noch von Ihnen gesucht werden. Wie wäre es mit „Die Stadt" von Theodor Storm?
Bitte wechseln Sie zu → Safari, ihrem Internet-Browser, und tippen Sie in die Adresszeile. Dieses Eingabefenster verarbeitet nicht bloß URLs wie Schema www.test.de, sondern auch Suchbegriffe im Klartext. Geben Sie dort ein: theodor storm die stadt – und öffnen. Sie googeln jetzt! Unter den Suchergebnissen von Google findet sich auch ein vertrauenswürdiger Wikipedia-Artikel, den Sie bitte öffnen. Auch das ist Googeln: Mit eigenem Hirn aus den Google-Treffern möglichst schnell den besten finden, nicht immer ist es der erste – und weitere folgen oft auf den nächsten Seiten.

Markieren, kopieren, einfügen

Indem Sie eines der Worte aus der Textstelle antippen, markieren Sie es – iOS hinterlegt es blau. Treffen Sie die kleinen Anfasserpunkte und erweitern Sie so die Auswahl nach oben und nach unten.

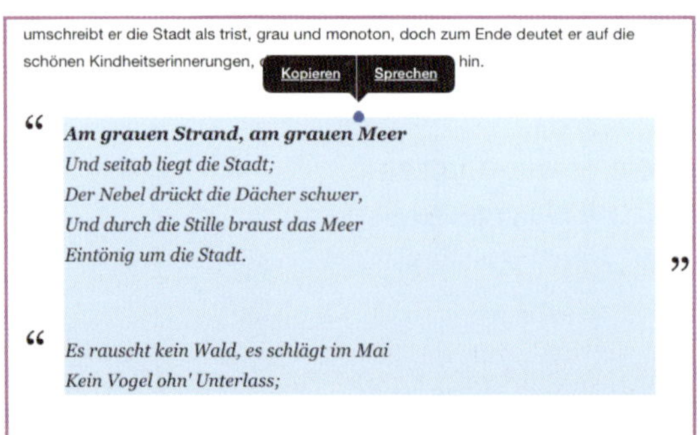

Mit markiertem Text können Sie einiges anstellen. Mit Sprechen zum Beispiel vorlesen lassen, einzelne Worte auch in einem Lexikon Nachschlagen (bitte fügen Sie über Verwalten bei der ersten Verwendung deutsche oder fremdsprachige Nachschlagewerke hinzu) und eben jetzt kopieren. Nun liegt der Text im Hintergrund zum Einfügen bereit.
Wechseln Sie zurück in die App → Notizen und legen sich dort eine neue an. Tippen Sie nun an die Stelle, an der der gerade kopierte Text eingefügt werden soll – in einer leeren Notiz ist die Auswahl nicht so groß. Wieder erscheint ein kleines Kontextmenü – jetzt mit dem Befehl → Einfügen. Das kennen Sie doch auch vom PC, oder? Bislang kennen Sie nur die Löschtaste, um Texte von hinten nach vorne zu korrigieren. Da geht noch mehr! Zunächst kümmern wir uns um die erste Zeile und ergänzen eine Überschrift. Finden Sie einen Tippfehler oder eine Passage, die Sie spontan veralbern wollen? Tippen und halten Sie Ihre Fingerspitze auf einen Bereich nahe des Tippfehlers, aber immer noch im beschriebenen Bereich des digitalen Zettels. Ihr ruhiger Finger zaubert eine Lupe herbei, mit der Sie nun genauer sehen können; bewegen Sie ihn genau hinter den Tippfehler. Zu Trainingszwecken blenden Sie jetzt die Tastatur aus (am iPad unten rechts, am iPhone über die Taste Fertig).
Arbeiten Sie jetzt mit Ihrer Fingerspitze genauso wie gerade geübt – und Sie stellen fest: Ich kann keinen Cursor setzen, sondern markiere stattdessen ganze Wörter. Genau. Sobald ein Textbereich markiert ist (das geht auch per Doppeltippen), erscheint ein Kontextmenü mit einigen Befehlen. Einige Apps haben im Kontextmenü selbst noch eine Dreieckstaste, die weitere Befehle einblendet. Das Adlerauge von iOS erkennt ein möglicherweise falsch geschriebenes Wort. Mit einem Tippen schlägt das Kontextmenü andere Schreibweisen vor. Die Tastatur ist ebenfalls ausgefahren, Sie können das ganze Wort auch neu schreiben. Das geht häufig schneller als den Cursor buchstabengenau zu setzen.
Haben Sie vielleicht einige Sätze getippt und möchten den letzten Satz lieber doch gleich an erster Stelle platzieren? Hier müssen also ganze Textpassagen markiert und verschoben werden. Fangen

Sie irgendwo in dem „falschen" Satz an, bis ein Wort markiert ist. An den blauen Anfassern können Sie (links) die Markierung nach oben oder (rechts) nach unten ausdehnen. Der Rest ist einfach: Ausschneiden, den Cursor korrekt setzen – und Einfügen.

Für Vielschreiber: Mit richtigen Tastaturen arbeiten

Die Bildschirmtastatur ist ein guter Kompromiss zwischen unserem gewohnten Tippverhalten und den technischen Möglichkeiten des Touch-Screens. Und Sie hat den Vorteil, dass sie nicht kaputtgehen kann – jedenfalls nicht alleine. Nach einiger Zeit stellen Sie möglicherweise fest, dass eine externe, eine„echte" Tastatur praktisch wäre und das iPad dann auch als kleiner Monitor aufrecht stehen könnte. Natürlich hat Apple darauf eine Antwort. Sie kostet knapp 80 Euro und heißt Wireless Keyboard. Sie können aber jede Tastatur mit Bluetooth-Funk anschließen. Selbst solche aus Billigplastik. Und die in einige iPad-Hüllen eingelassenen Tastaturen ebenfalls. Überprüfen Sie zunächst, ob der Bluetooth-Funk aktiv ist unter Einstellungen → Bluetooth. Danach schalten Sie die Tastatur ein, beide Geräte finden sich automatisch. Zur Sicherheit müssen Sie nun einmalig einen Code über die Tastatur eingeben („pairen" oder „koppeln"). Das war es in der Regel schon; ein Blick in die Anleitung und das iOS-E-Book helfen sonst weiter.

INFO App-Tipp: Funcard

Der Urlaubsgruß per Postkarte erlebt einen neuen Frühling: Mit der App Funcard „druckt" man vom spanischen Hotel den gerade aufgenommenen Schnappschuss auf den Fotodrucker der Deutschen Post aus, wo das Bild – auf der Rückseite um Adresse und persönlichen Gruß ergänzt – dann frankiert und zwei, drei Tage später vom Postboten zugestellt wird. Keine ausländischen Briefmarken, keine langen Laufzeiten, keine Karte von der Stange – für knapp zwei Euro plus Hotel-WLAN.

MAIL IST DIE NEUE POST

Der handgeschriebene Brief im parfümierten Umschlag, frankiert gar mit einer Wohlfahrtsmarke – er ist leider eine aussterbende Kommunikationsform. Die Ansichtskarte aus dem Urlaub hat's ja schon schwer heutzutage. Und warum? Ansichtskarten kommen heute in Form eines Fotogrußes mit persönlichen, maschinengeschriebenen Zeilen viel billiger und schneller als E-Mail daher. Und urschriftlich wie mit der Hand sind Schreiben heute unpraktisch: oft unleserlich und mit moderner Bürokommunikation nicht „kompatibel". Es ist so praktisch, mit wenigen Klicks einem kurzen Brief Manuskripte und Bilder anzuhängen und gleich an mehrere Empfänger abzuschicken. In Sekundenschnelle! Oder zu empfangen, nur Teile auszudrucken, andere an Kollegen weiterzuleiten und sich per Antwort-Mail brav zu bedanken und alles ohne zu lochen und heften digital abzulegen. Sie selbst haben diesen Sachverhalt ja auch erkannt und wollen nun mit iOS in der Liga der digitalen Kommunikation mitspielen. Die App, die Sie dafür benutzen, heißt Mail und befindet sich normalerweise im Dock.

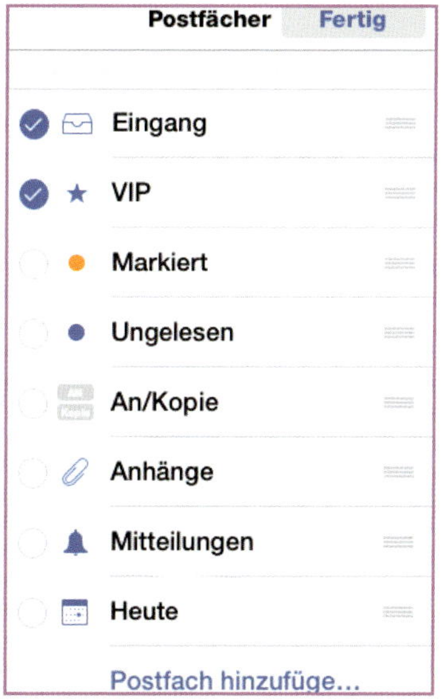

Sie haben Post!

Die Bedienung der Mail-App ist an iPhone und iPad identisch. Der einzige Unterschied wie so oft: Das iPad genauso wie das große iPhone 6 Plus kann mehr darstellen und tut es im Querformat auch – links die Postfachliste und rechts den E-Mail-Bereich. Darum brauchen die „normalen" iPhones im E-Mail-Bereich zusätzliche Tasten: oben links eine für zurück zur nächsthöheren Ebene und rechter Hand Navigationstasten in Dreiecksform, um sich Mail für Mail durchzuklicken.

Liste der Postfächer: Übersicht Ihrer Postfachstruktur mit Eingangsordner und Schnellzugang zu besonders markierten Mails – den ungelesenen, den markierten und den von wichtigen Personen. Außerdem

das Postfach für von Ihnen gesendete Post und für gelöschte Mails. Neue Postfächer legt das System möglicherweise selbst an (unerwünschte Werbung), mit Tippen auf Bearbeiten können Sie selbst eines (besser: einen neuen (Unter-)Ordner in Ihrem Postfach) anlegen, bei mehreren E-Mail-Adressen und -Accounts auch die Reihenfolge verschieben.
Apple hat Ihnen geschrieben, ganz sicher! Sämtliche ungelesene Post ist blau markiert.
Öffnen Sie bitte eine der E-Mails.

Im Überblick: Das ist dran an der E-Mail

E-Mails werden offen durch das Internet geschickt, so offen wie eine Ansichtskarte mit der Briefpost. Natürlich lässt sich das Mitlesen vermeiden, indem man den Nachrichtentext und die Dateianhänge verschlüsselt, nur leider macht das kaum ein Nutzer. Immer sichtbar bleiben aber die Transportdaten: von wem an wen über welche Zwischenstationen – und alles mit genauem Zeitstempel. Natürlich sind diese Transportdaten auch für Sie sehr nützlich.

- Genaue Absender-Informationen erhalten Sie per Tippen auf die farbige Taste mit dem Absendernamen. So können Sie auch eine E-Mail-Adresse einem schon vorhandenen Kontakt hinzufügen oder einen neuen Datensatz anlegen. Die App Mail greift hierfür auf die Datenbank der Kontakte-App zurück.
- Der Link mehr zeigt weitere Informationen zu möglicherweise weiteren Empfängern. Verbraucht Darstellungsplatz, kann man daher auch wieder ausblenden.
- Fett gedruckt: die Betreffzeile. Bitte achten Sie in Ihren eigenen Mails auf einen aussagekräftigen Betreff. Das freut andere.
- Datum und Uhrzeit des Versands und
- den eigentlichen Nachrichtentext.
- Datei-Anhänge finden sich – wenn vorhanden – am Ende einer Mail oder sind in den Text (häufig bei Bildern) eingebettet. Mit einem Antippen können Sie Anhänge speichern.

Post ist da – und nun?

Wenn Sie die E-Mail gelesen haben, können Sie sofort reagieren.

Antworten, Weiterleiten, Ausdrucken

1 Berühren (tippen) oder halten Sie den geschwungenen, nach links weisenden Pfeil.
2 Antworten Sie dem Absender und übernehmen Sie damit auch seine Betreffzeile. Waren mehrere Personen angeschrieben, können Sie allen antworten, in Ihrer Antwort aber alle Empfänger noch bearbeiten, löschen oder weitere hinzufügen.
3 Mitunter ist die Aussage in einer Mail auch interessant für einen Dritten. Mit der Pfeiltaste können Sie diese Nachricht dann entsprechend weiterleiten. Wenn sich eine angehängte Datei (etwa Text, Bild) darin befindet, werden Sie noch einmal gefragt, ob Sie den Anhang übernehmen oder nicht übernehmen wollen.
4 Wie am Computer können Sie auch E-Mails vom iPhone oder iPad ausdrucken. Dafür bedarf es eines Netzwerkdruckers im selben WLAN, der von Haus aus oder über ein Update AirPrint-fähig ist (siehe Drucken Kapitel 6).

Löschen

Vieles können Sie gleich in die Tonne kippen, sonst ersticken Sie irgendwann in Post. Außerdem können Sie versehentlich gelöschte Post aus dem Papierkorb – Sie haben ihn in der Ordnerstruktur schon gesehen – wieder herausbewegen. Erst nach einer Woche kommt die digitale Müllabfuhr, so ist der Standardplan.

Tippen Sie die Taste Papierkorb zum Lö-

schen einer E-Mail an. Größere Mengen Post lassen sich in der Postfachansicht bearbeiten und gleich gesammelt auf einmal löschen.

In andere Ordner bewegen und archivieren

E-Mails, die Ihnen wichtig erscheinen, können Sie zur besseren Übersicht in eigene Ordner verschieben – von jedem Fach in jedes Fach, auch von einem E-Mail-Account bei iCloud zu einem anderen bei GMX, Web.de, Google & Co.

Als ungelesen oder wichtig markieren

1 Um eine wichtige, bereits gelesene E-Mail nicht aus den Augen zu verlieren, können Sie das Schreiben als ungelesen markieren und/oder ihm ein Etikett, das „rote Fähnchen“, aufkleben. Dieselbe Taste nimmt diese Markierungen auch zurück.

2 Seit iOS 8 können Sie sich auch über eine gesonderte Mitteilung informieren lassen, wenn es eine Antwort auf genau diese E-Mail gibt. Das ist praktisch, wenn man dieses Postfach (bei mehreren E-Mail-Adressen) nicht so häufig überwacht wie das Hauptpostfach.

3 iOS 8 hat zudem weitere Wischgesten in der Übersicht „gelernt“: Streichen von links nach rechts markiert eine Mail – je nachdem – als gelesen oder ungelesen. Ein Streichen von rechts nach links zeigt mehr Befehle, darunter auch das Löschen. Vorsicht: Wischt man zu kräftig, interpretiert iOS das als „Löschen ohne Nachfrage“ oder „Lesestatus sofort ändern“. Probieren Sie das aus, auch das manuelle Zurücksetzen des Lesestatus und das Zurückbewegen aus dem Papierkorb.

E-Mails abrufen

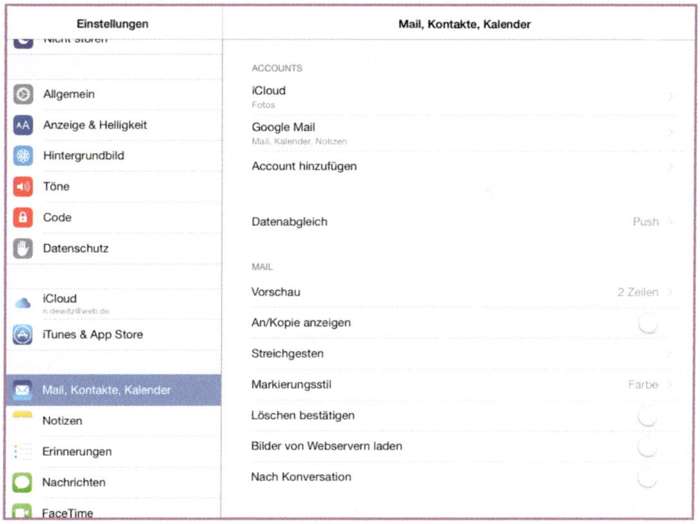

iCloud nutzt neben IMAP ein relativ neuartiges Verfahren, den sog. Push-Dienst. Dabei hält die Mail-App dauerhaft eine Leitung zum iCloud-Server offen, sodass der Server neue Post selbsttätig durch die Leitung auf das Gerät schieben kann.
Viele andere Anbieter können das nicht, was vielleicht ganz gut ist, denn das ständige Schielen nach neuen Botschaften lenkt doch schnell vom eigentlichen Leben ab. Den Push-Dienst und das automatische Abrufverhalten anderer Accounts steuern Sie unter Home → Einstellungen → Mail, Kontakte, Kalender → Datenabgleich. So können Sie auch Postfächer automatisiert abfragen, die Push gar nicht unterstützen – zum Beispiel im Stundentakt. Die Mitteilungszentrale und ein roter Zähler an der Mail-App informieren unübersehbar über neue Post.

SOFORTIGER ABRUF NEUER E-MAILS

Die Mail-App fragt beim Aufrufen durch Sie ohnehin alle Postfächer ab. Durch das Herunterziehen jeder Listenansicht sowie durch die Reload-Taste können Sie diesen Rundruf aber auch jederzeit selbst anstoßen.

Weniger tippen: Signaturen und Textbausteine einfügen

Statt eines Briefkopfes (bei E-Mail ist der „Kopf" der Ort, in dem Transportdaten stehen) verwenden viele Nutzer Signaturen, die dann am Ende einer Mail stehen. Formvollendet ist sie, wenn sie

mit drei Bindestrichen (---) beginnt und gleich in der nächsten Zeile mit dem eigenen (Firmen-)Namen. Dann folgen Zeile für Zeile Adresse, eventuell Telefonnummern und Ähnliches. Manche setzen auch eine Grußformel mit in die Signatur. Haben Sie am PC schon Ihre Signatur eingerichtet, schicken Sie sich am besten selbst eine Mail an die iCloud-Adresse und kopieren jetzt die Textpassage. Danach führt Sie der Weg Home → Einstellungen → Mail, Kontakte, Kalender → Signaturen an den richtigen Ort.
Immer wiederkehrende Textbausteine können Sie in Einstellungen → Allgemein → Tastatur → Kurzbefehle definieren und natürlich mit der Signatur kombinieren, einzeln aber auch in allen anderen Apps nutzen, zum Beispiel beim SMS-Schreiben in Nachrichten. Und echte E-Mail-Profis unterscheiden zudem bei ihren Signaturen zwischen den einzelnen Accounts: Firmenpost hat einen anderen Briefkopf als die private.

Die wahre Pest: Spam & Phishing

Spam (oder Junk = Müll) werden unerwünschte Werbemails genannt. Unerwünscht, weil Sie sich belästigt fühlen. Die Grenze zum Unseriösen ist schnell erreicht und manche Post ist kriminell, weil sie sich als seriöses Bank-Schreiben tarnt und Sie auffordert, Daten preiszugeben: Postadresse, Geburtsdatum, Bankverbindung, gar Kreditkartennummer oder PIN und TAN fürs Online-Banking. Das beste Mittel gegen Spam und Ausspäh-Versuche (Phishing): ignorieren, löschen, nicht antworten, Anhänge nicht öffnen und Internet-Links in solchen Mails auch nicht aus Neugier folgen. Käme tatsächlich solch eine Mail von Ihrem Lieblingshändler oder Ihrer Kreditkarten-Bank in Ihr Blickfeld, dann rufen Sie besser dort an – und zwar unter Ihnen bekannten Rufnummern (aus dem Adressbuch oder von der Telefonauskunft). Jeder kennt das Dilemma und jeder hat dafür vollstes Verständnis.

Was kann ich gegen Spam machen?

Viel blocken bereits die Provider im Netz, das bekommt der Endanwender gar nicht mit. Trotzdem unterläuft ein tatsächlich kleiner Teil Junk solche Schutzmechanismen. Außerdem unterstellen die Provider zu Recht, dass Online-Händler Ihre Bestandskunden bewerben dürfen. Viele Konsumenten wollen Schnäppchenwerbung und haben dem meist auch zugestimmt – oftmals gegen Rabattgutscheine oder bei Gewinnspielen.

GOLDENE REGELN ZUR SPAMVERMEIDUNG

- Verbreiten Sie Ihre persönliche E-Mail-Adresse nicht wahllos und nicht sichtbar in Internet-Kommentaren oder Diskussionsforen. Sie geben auch nicht jedem Hans Wurst Ihre private Handynummer – und das Netzt vergisst nicht.
- Wenn bei der Schnäppchen- und Gewinnjagd Ihr Fieber steigt, legen Sie sich dafür eine zusätzliche E-Mail-Adresse bei einem anderen Anbieter an. Das ist der erste Baustein, um wichtige von unwichtiger Kommunikation filtern zu können.
- Pflegen Sie das elektronische Adressbuch: Wer bei Ihnen als Kontakt vorhanden ist, wird bei der letzten Spam-Prüfung von iCloud und iOS auf Ihre weiße Liste gesetzt.
- Trainieren Sie Ihren Spam-Filter und markieren Sie Spam als tatsächlich unerwünschte Werbung. Solange iPhone oder iPad nichts Genaues wissen, können die Maschinen das Unerwünschte vom Gewollten schwer unterscheiden.
- Werbemails und sogenannte Newsletter besitzen oft einen **Link zum Abmelden**, damit Ihre Adresse aus dem Verteiler gelöscht wird. Das ist verlässlich bei Händlern, die man kennt. Unseriöse Spamer tarnen mit solchen leeren Versprechungen bloß den Wunsch, zu erfahren, ob die Werbung angekommen ist und man zukünftig weiter diese Adresse dafür missbrauchen kann.

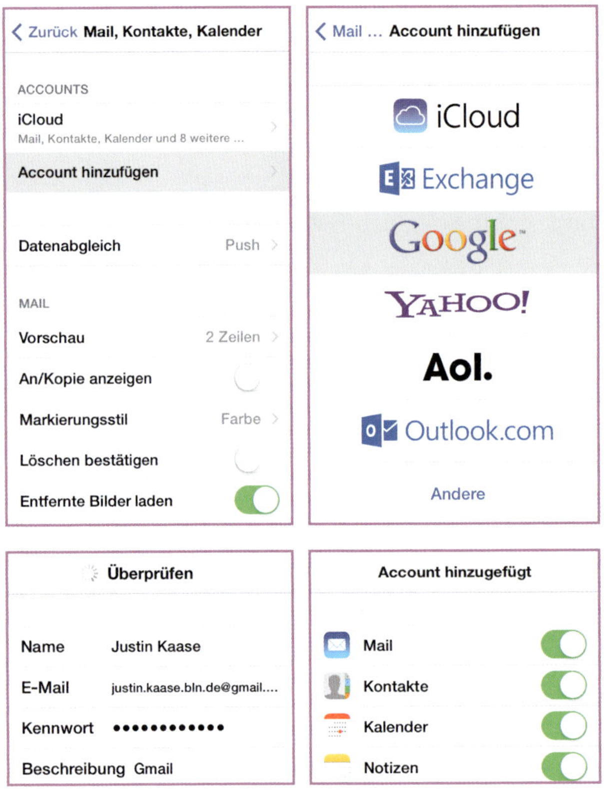

Einen weiteren E-Mail-Account hinzufügen

Sie sind bei Ihrer Mail-Kommunikation nicht auf iCloud beschränkt. Ein „fremdes" Postfach können Sie dem Apple-Gerät mit Home → Einstellungen → Mail, Kontakte, Kalender → als Account hinzufügen. Haben Sie eine Adresse bei einem großen Anbieter, ist das Hinzufügen einfach (bei Schwierigkeiten hilft das elektronische Benutzerhandbuch). Andernfalls müssen Sie selbst die Zugangsdaten samt Postein- und -ausgangs-Server bei Ihrem Provider in Erfahrung bringen – bevorzugt IMAP. Mit Googles Maildienst verstehen sich iPhone und iPad gut und können ihn ebenfalls zum Speichern und Synchronisieren von Notizen, Adressen und Kalenderereignissen wählen. Wenn Sie aus individuellen Gründen lieber die Dienste von Google nutzen wollen – bitte schön. Ob Sie alle iCloud-Dienste dann abschalten oder zumindest einige wie den Lesezeichenabgleich fortführen, liegt in Ihrer Hand. Auch, ob Sie Microsofts Hotmail-Nachfolger Outlook.com benutzen möchten.

Per Mail gut angekommen

Leider hat sich im schnellen E-Mail-Verkehr ein Hang zum Schludern eingeschlichen. Fehlende Anreden, unfreundlicher Ton und Tippfehler sind in dieser modernen Kommunikation keine Seltenheit. Aber Sie sind verzeihbar und oft entwickelt sich aus einer ersten, längeren Mail durch Antworten und Gegenantworten ein lebhaftes, recht schnelles Gespräch. Dann stören Förmlichkeit und Floskeln, dann geht um den Inhalt, dann muss es vielleicht auch mal schnell sein. Bevor Sie auf der nächsten Seite lernen, mit Ihrem Gerät eine E-Mail zu schreiben, vorab einige Anliegen von „alten Hasen“:

- Verzichten Sie beim „Erstkontakt“ keinesfalls auf eine Anrede.
- Bitte lesen Sie Ihre E-Mails noch einmal gründlich durch, bevor Sie sie absenden, und entfernen Sie etwaige Schreibfehler.
- Schließen Sie Ihre E-Mails mit einer Abschiedsformel und nicht nur im geschäftlichen Umfeld zusätzlich mit einer Signatur.
- Wenn Sie Dateien an Ihre E-Mail anhängen wollen, dann seien Sie dabei sehr sorgsam. E-Mails mit zu großen Anhängen erreichen den Empfänger möglicherweise gar nicht oder blockieren dessen Postfach. Fragen Sie lieber vorher. Es kann sein, dass der andere eine viel langsamere Internetanbindung hat als Sie selbst.
- iOS 8 unterstützt Sie zudem mit MailDrop: Große Anhänge verschiebt das System auf Wunsch automatisch in Ihre iCloud und stattet Ihre Mail mit einem Link aus, wo der Empfänger dann solche Fotos herunterladen kann.
- Leiten Sie nicht bedenkenlos E-Mails weiter, die Sie erhalten. Achten Sie die Privatsphäre anderer.
- Seien Sie außerdem vorsichtig mit Ironie. Setzen Sie in privaten Mails lieber mal ein Emoticon, um richtig verstanden zu werden. ;-)

Mein erstes Ma(i)l

Bis auf eines wissen Sie jetzt alles – und nun verraten wir das Letzte: Eine neue E-Mail können Sie jederzeit in der Mail-App anlegen mit Tastendruck auf neu anlegen, dem Piktogramm aus Stift und Block.

1 Geben Sie zunächst den Empfänger in das An-Feld ein, es dürfen auch mehrere sein. Mail bedient sich an der Kontakte-Datenbank, „nackte“ E-Mail-Adressen können Sie ebenfalls eingeben und mit Komma voneinander trennen.

2 Im Feld beziehungsweise den Feldern darunter können Sie jemandem eine Kopie (CC) oder eine Blindkopie (BCC) der Mail zukommen lassen. Eine Blindkopie heißt, dass niemand sieht, dass derjenige ebenfalls diese Mail bekommen hat, sozusagen der „Petz-Modus". Im Feld darunter können Sie Ihre E-Mail-Adresse (Account) auswählen, von der Sie die Mail verschicken wollen – falls Sie mehrere haben.
3 Tippen Sie oben in den Betreff einen aussagekräftigen Begriff oder Satz.
4 Im großen Feld darunter können Sie dann Ihren Text tippen oder dank der Mikrofon-Taste neben der großen Leer-Taste auch diktieren (Seite 126). Bereits vorgegeben ist die Signatur. Und mit Senden schicken Sie sie ab.

TIPP **Wenn's wirklich wichtig wird**

Längere E-Mails kann man bequem vorbereiten. Solange sie nicht verschickt werden, bleiben sie auf Wunsch als Entwurf gespeichert. Manches Mal „reift" etwas ja, schläft man eine Nacht drüber. Bei der Schnelligkeit von E-Mails ist diese Entschleunigung viel zu oft auf der Strecke geblieben – eine Mail zurückholen geht nicht. Am besten ist, man verzichtet bei sensiblen Schreiben vorerst auf die Adressierung, damit nicht aus einem Versehen heraus ein halbfertiger und missverständlicher elektronischer Brief das Postfach verlässt. Dafür hat man sich den Frust schon heruntergeschrieben – bloß noch nicht laut ausgesprochen.

KALENDER: ABSCHIED VOM PAPIER

Digitale Kalender haben ihre Vorteile: Während Sie sonst Geburtstage jedes Jahr neu in den Papierkalender übertragen müssen, stehen sie nun in iPhone und iPad fortlaufend zur Verfügung. Genauso wie bei den Kontakten funktioniert dieser Kalender im Solo-Betrieb an iPhone oder iPad bestens, läuft aber erst in Kombination mit weiteren Geräten, also zum Beispiel einem Mac oder PC, zu Hochtouren auf. Dann wird es egal, wo Sie einen Termin eintragen, denn alle Ihre Geräte haben ihn per iCloud gespeichert. Und nur, damit Sie es schon einmal vernommen haben: Kalender kann man untereinander zur Einsicht und auch zur Bearbeitung freigeben – private Termine mit der Familie, berufliche Termine mit den Kollegen. Einzelne Termine verschicken Sie bequem als standardisierte E-Mail aus der Kalender-App heraus – Ihr Gegenüber muss den Termin also nicht auch eigenhändig in sein Gerät eintragen.

Im Überblick: Der Terminkalender

Sie können sich Ihre Termine in verschiedenen Ansichten (Tag, Woche, Monat, Jahr) anschauen. iPhone und iPad unterscheiden sich wieder in der Anzeige, die Bedienung aber bleibt identisch. Den Wechsel erreichen Sie am iPhone clever mit Tippen etwa auf den Monatsnamen oder im Jahreskalendarium auf einen bestimmten Tag. Halten Sie das iPhone quer für eine dynamischen Wochenansicht. Und navigieren Sie mit Wischbewegungen horizontal und vertikal.

- Suchen Sie mit Tipp auf die Lupe nach einem bestimmten Termin, etwa nach allen „Augenarzt"-Terminen
- Erstellen Sie einen neuen Termin mit der +-Taste
- Finden Sie in Eingang jene standardisierten Termin-E-Mails und bestätigen Sie ggf. die Verabredung.
- Benutzen Sie mehrere Kalender, können Sie sie einzeln zugunsten einer besseren Übersicht ein- und ausblenden (zum Beispiel Ferientermine oder Kollegen-Kalender).
- Mit Tipp auf Heute springen Sie zum aktuellen Datum.

Einen Termin eintragen und ändern

Vorab: Je mehr Informationen Sie zu einem Termin eintragen, desto besser funktioniert die digitale Verzahnung mit anderen Apps. Sie müssen das nicht. Aber Sie können das!

Beginnen Sie mit der +-Taste oder legen Sie Ihren Finger auf das (mittlerweile sprichwörtliche) Zeitfenster, woraufhin sich ein neuer Dialog öffnet. Je nach Methode sind schon einige Felder vorbereitet. Aber was wollen Sie sich eintragen: eine typische Verabredung zum Nachmittagskaffee um drei? Die Ankunft der für Gärtner so wichtigen Kalten Sophie, die man aber nicht von genau 9–12 Uhr erwarten darf? Die wöchentliche Canasta-Runde? Den Jahresurlaub? Ferien und Feiertage?

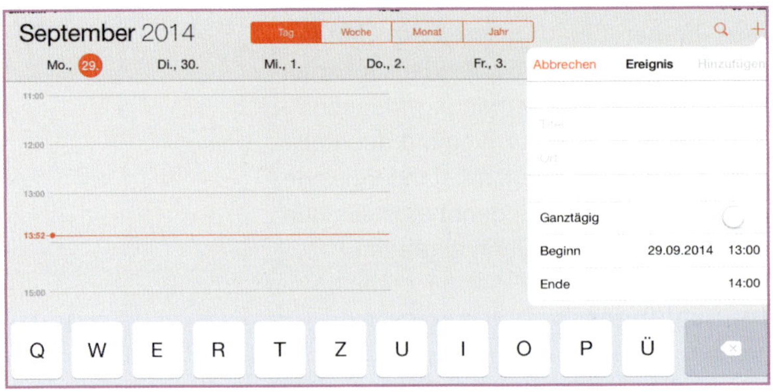

DATEN SELBST ERSCHNÜFFELN

iOS versteht recht gut, in Mail, Safari und anderen Apps Daten wie Termineinladungen, Adressen oder Telefonnummern zu erkennen. Dann sind sie blau hinterlegt. Sie können diese Daten per Fingertipp übernehmen und mit wenigen Befehlen als Termin oder neuen Kontakt anlegen – oder die Nummer einfach anrufen.

Unterscheiden Sie daher „normale" Termine mit wenigen Stunden Dauer, an denen Sie teilnehmen und deswegen für andere Aktivitäten nicht verfügbar sind von ganztägigen Ereignissen wie Eisheilige (Kein Grund, sich nicht etwas anderes vorzunehmen!) oder den Tagen der Sommer-/Winterzeit-Umstellung (immer letzter Sonntag im März und Oktober) – und ob sie sich wiederholen. Ein ganztägiges Ereignis ist auch ein Urlaubstag, der Jahresurlaub

im Sommer ein, so versteht es die Maschine, ganztägiges Ereignis über mehrere Tage. Um das Ganze zu komplettieren: Ein wahrscheinlich ausufernden Junggesellenabschied ist ein „normaler Termin“, der aber an einem Freitagabend um 10 beginnen kann und erst am Sonntagmorgen um 9 Uhr endet. Kein Grund, den Kirchgang eine Stunde später zu versäumen – jedenfalls nicht in der nüchternen Logik der Maschine.

FERIEN, FEIERN, FUSSBALL

Zwar gibt es auch Apps für diese Zwecke, aber zu Fuß ist es noch einfacher, werbefrei und gratis obendrein. Sie müssen eine .ics-Datei mit den Ferien- oder Fußballterminen im Internet finden und in Ihren Kalender „iCal“ importieren. Alternativ können Sie einen Internet-Kalender (gratis) abonnieren bzw. sich mit ihm synchronisieren. Für deutsche Feiertage empfehlen wir aktuell **ifeiertage.de**, Schulferien nach Bundesländern lädt man gut bei **schulferien-deutschland.net**. Für den Besuch per iPhone sind beide Seiten nicht optimal, da braucht es Geduld und Adlerauge. Nach **Liga Kalender iPhone** können Sie sicher selbst googeln.

Die Abbildungen zeigen exemplarisch, wie Sie Termine unterschiedlicher Art anlegen, Geburts- und Jahrestage finden besser in der Kontakt-App ihr Zuhause. Die Ortsangabe sorgt mittlerweile für eine Verzahnung etwa mit Apples Kartendienst, wenn die Daten präzise genug sind. Per Wiederholen schreiben Sie die Canasta-Runde wöchentlich und ohne Ende fort, den wöchentlichen Reha-Sport aber nur bis zum Ende des Kurs-Plans in einem halben Jahr. Andere Personen können Sie per E-Mail als Teilnehmer einladen und ihnen auch die Tipparbeit abnehmen für deren elektronische Agenden. An den Sport wollen Sie sich vielleicht sanft vom Gerät erinnern lassen: einmal einen Tag zuvor (Sporttasche packen!) und das andere Mal eine halbe Stunde vor Beginn (Jetzt muss ich aber wirklich los!). Per Kalender verschieben Sie einen

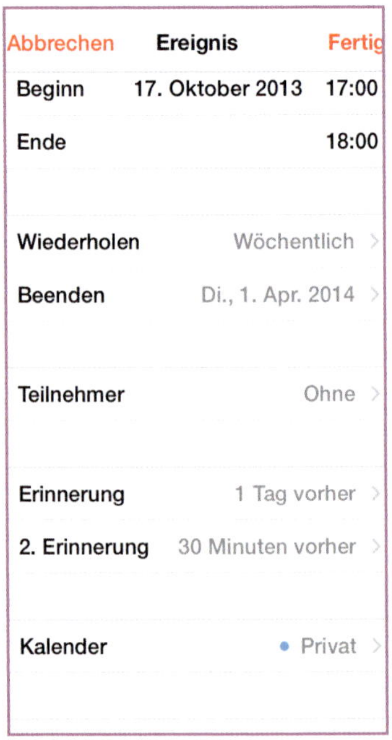

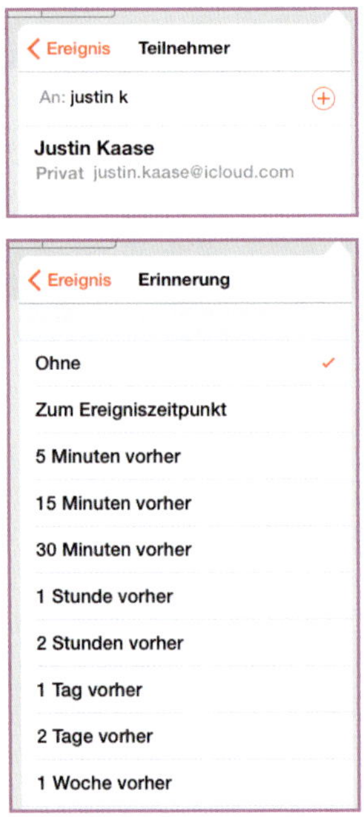

fälschlich beruflich zugeordneten Termin in den privaten Kalender und (nur wirklich relevant, wenn auch andere über Cloud-Dienste in Ihren Kalender schauen) ob Sie der Termin komplett bindet. Jedem Termin können Sie eigene Notizen wie Stichworte aus einer Mail und eine Internetadresse hinterlegen. Sobald ein Termin gespeichert ist, können Sie ihn per Tipp im identischen Fenster ändern und mit der allerletzten Taste im Terminfenster auch löschen. Mit der Konsequenz, dass alle Canasta-Runden-Teilnehmer dies auf Ihren Geräten ebenfalls erfahren.

Kalender im Team freigeben

„Hätte ich gewusst, dass du mit deinem Sohn auch morgen …" Dieses ewige Genörgele könnte dank iOS auch der Vergangenheit angehören. Im Team – am einfachsten unter zwei iCloud-Anwendern – können die Mitglieder in die jeweils anderen Kalender schauen und so vorab erkennen, ob eine spontane Idee für den Besuch eines Tournee-Theaters überhaupt umsetzbar ist, bevor man den Familienrat einberuft. Dank iCloud ist das recht sicher vor neugierigen Blicken Außenstehender – und sehr einfach. Im Kalender-Menü am Bildschirmrand können Sie über die i-Taste rechts jeden Kalender für sich nur per Eingabe des Namens oder der E-Mail-Adresse für andere freigeben. Das ist nicht kompliziert, das geht fast von Zauberhand. Im Zweifelsfall hat der andere immer eine automatisierte E-Mail im Posteingang mit Link zum Annehmen der

INFO **Zeitzonen-Hopping**

Wenn man Termine über Zeitzonen hinweg vereinbaren will (das lang geplante Wiedersehen einer global verstreuten Großfamilie), müssen alle Teilnehmer den Zeitzonen-Support bzw. Overdrive aktivieren, in iOS unter → Einstellungen → Mail, Kontakte, Kalender. Gibt man dann Termine ein, trägt man immer die korrekte Zeitzone im Termin-Fenster mit ein (10:00 Uhr in New York oder 10:00 Uhr in Berlin?). Solange man noch in Deutschland ist, trägt ein 10-Uhr-Termin für New York korrekt die Uhrzeit 16:00 in normalen Ansichten (MEZ). Bleibt man zum Stopover einen Tag in London, trägt derselbe Termin dann korrekt 15:00 Uhr (GMT) und tags drauf am JFK-Airport dann 10:00 Uhr (EST). iOS ermittelt aus GPS-Daten und Mobilfunknetzen die korrekte lokale Uhrzeit zur geografischen Position. Verabredet man sich also zum transkontinentalen Telefongespräch per Termin-Einladung, dann klappt das auf die Minute genau, obwohl alle Teilnehmer unterschiedliche (weil lokale) Uhrzeiten im Kalender stehen haben.

Kalenderfreigabe. Und über denselben Weg kann man kurzerhand den Kalender mit all seinen Terminen aus der gemeinsamen Nutzung wieder herauslösen.

ALLES ABGEHAKT: ERINNERUNGEN

Die Apps Notizen und Kalender haben Sie bereits kennengelernt: Sie können sich flüchtige Gedanken aufschreiben und sich an Termine erinnern lassen. Was also macht die App Erinnerungen? Wir verraten schon einmal: Sie synchronisiert sich auch mit iCloud. Und: Sie können sie abhaken!

Nicht verdrängen: verwalten und erledigen

Erinnerungen ist der zentrale Ort, um sich mit seinem iPhone an all das zu erinnern, was eben kein genauer Termin sein muss (aber sein kann). Manches möchte ja auch vor bestimmten Terminen wie dem Weihnachtsfest erledigt werden, peu à peu.

Jede Aufgabe eintragen

Jeder hat seine To-Dos, vor denen er sich erfolgreich drückt. Etwa ein durchaus aufschiebbarer Behördenbesuch. „Das nächste Mal, wenn du da auf der Ecke bist …", so nimmt man es sich vor – und hat's dann doch vergessen. Da müsste es doch jemanden geben, der einem an der Ampel auf die Schulter tippt und sagt: „Guck mal, du bist nur eine Straßenecke vom Amt entfernt – geh doch jetzt mal hin!"

So beginnen Sie: Tippen Sie eine leere Zeile an, geben Sie den Text zur Aufgabe ein (Reisepass erneuern). So weit, so einfach. Ist die Aufgabe erledigt, können Sie sie durch einen Tipp auf das Markierungsfeld links vom Text als erledigt markieren. Dann verschwindet sie bald. Oder mit Wisch nach links zum Löschen vorbereiten. Zum Bearbeiten eines Eintrags tippen Sie ihn einfach an und können weitere Details (über die blaue i-Taste) ergänzen:

- ein zeitbezogenes Erinnerungssignal („tagesabhängig"), zu dem das Gerät von sich aus per Bildschirmmeldung, Warnton und Vibration erinnert
- ein positionsbezogenes Erinnerungssignal („ortsabhängig")
- eine Priorität, damit Wichtiges im Blickfeld bleibt, und
- eine Notiz jedweder Art, meistens ein paar weitere Stichworte oder ein kopierter Internet-Link

Vielleicht nehmen Sie sich ja vor, Ihre Reisedokumente zu erneuern und wollen drei Monate vor dem Ablaufdatum alarmiert werden. Spätestens. Aber auch in der Nähe des Bürgeramtes sind Sie häufiger und stecken den Pass vorsichtshalber schon einmal in die Handtasche – ein Anfang ist gemacht.

Jetzt hexen Sie sich das freundliche Schulterklopfen herbei: Aktivieren Sie die Ortsabhängige Erinnerung und geben Sie daraufhin

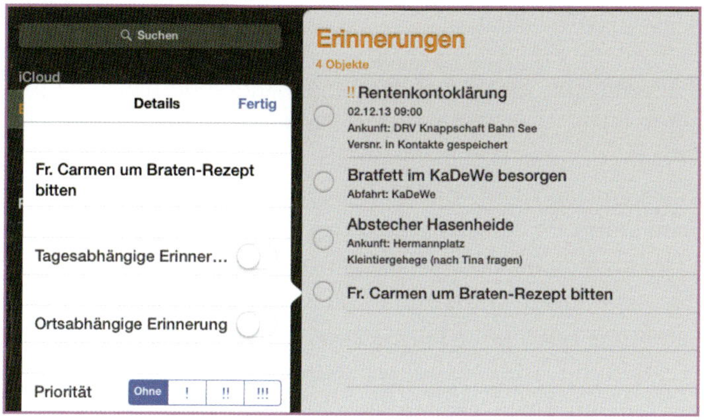

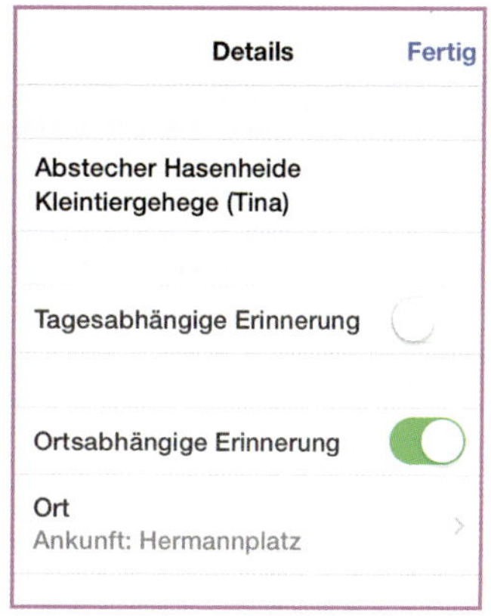

einen Suchbegriff ein: „Rathaus Käseburg" oder „Amt Liebernich" – am besten aber den Namen einer Person oder Firma, die bereits in Ihrem Adressbuch mit Straßenadresse gespeichert ist. Andere Suchergebnisse beschafft sich die App aus Apples Kartendienst (POI, Lesezeichen) und natürlich per Satellit: Auch Ihren aktuellen Ort können sie als Ausgangpunkt speicher.

Bleibt die Frage: Wollen Sie beim Betreten des Ortes angebimmelt werden – oder soll das iPhone Alarm geben, wenn Sie den Ort verlassen? Ein feiner Unterschied: zur Personalabteilung beim Betreten der Firma, Bier besorgen nach dem Verlassen der Firma.

Maßgeblich ist auch der Durchmesser des sogenannten Geo Fence, des virtuellen Zaunes. Möchten Sie den Hinweis, sobald Sie in der Nähe des bewusst groß gewählten Zielgebiets sind oder erst als allerletzte Erinnerung, bevor Sie ein Geschäft oder eine Ladenzeile verlassen? Den Durchmesser des Zaunes können Sie Ihren Wünschen nach mit Kneifbewegungen an den Anfassern anpassen.

iOS ermittelt nicht ständig Ihren Aufenthaltsort, dieser GPS-Dauerbetrieb würde zu viel Akkustrom schlucken. Darum kann in der Praxis die Erinnerung eventuell doch zu spät erfolgen.

Einen Einkaufszettel führen

Praktisch ist die Erinnerungen-App vor allem auch als Listen-Manager. Thematisch zusammenhängende Aufgaben packen Sie in eine eigne Liste – am iPhone rufen Sie die weiteren Erinnerungskärtchen am unteren Displayrand auf.

Tragen Sie am Tag zuvor von Ananas bis Zahnpasta alle Aufgaben ein, beim Gang im Supermarkt können Sie dann alles abhaken oder – im Bearbeiten-Modus – die ganze Liste auch löschen. Wundern Sie sich aber nicht darüber, dass morgens auf dem Zettel mehr steht als noch am Abend zuvor: Wie Kalender lassen sich auch Erinnerungslisten gegenseitig freigeben, momentan aber nur durch einen Besuch auf www.icloud.com. Dort besitzen die Listen eine runde „Freigabe"-Taste rechts vom Namen.

SAFARI: SMARTER SURFEN

Um ins Internet zu gelangen, benötigen Sie am Computer ein bestimmtes Programm und am iPhone oder iPad eine bestimmte App, die Browser (engl.: to browse =herumstöbern) genannt wird. Bekannte Browser auf dem heimischen PC sind Google Chrome, Mozilla Firefox, Microsoft Internet Explorer und Opera. Apples eigener Browser heißt Safari und ist auf jedem iOS-Gerät installiert. Die Browser von Google und Opera sowie einige kleine Perlen freier Entwickler stehen im App Store bereit, Firefox soll bald folgen. Ihren ersten Ausflug ins Netz haben Sie ja schon unternommen, die Bedienelemente von Safari sind Ihnen inzwischen gut bekannt. Oder sind die Unterschiede zum Browser auf Ihrem PC doch sehr deutlich? Safari auf dem iPad sieht fast so aus wie jeder moderne Browser am Computer, aber beim iPhone kann es sein, dass die Darstellung abweicht – denn das Display ist kleiner. Das bedeutet eine geringere Übersicht über die Menüpunkte und dies wiederum führt in einigen Fällen zu etwas längeren Wegen bei Bedienung und Menüführung.

Sie können bereits:

- eine neue und leere Seite aufrufen
- eine URL, also die Adresse einer Interseite, eingeben
- auf einer Seite navigieren
- Links folgen
- die Ansicht einer Seite auch vergrößern und verkleinern
- und dies auch durch Kippen des Geräts
- wichtige Seiten speichern (als Lesezeichen auf dem Home-Screen)
- Seiten schließen
- und natürlich googeln, übrigens auch auf www.google.de

Was wollen Sie noch mehr? Den Kursus zu „googeln" von Seite 77 vielleicht wiederholen? Oder einen Blick in die elektronische Bedienungsanleitung werfen? Langjährige Internetnutzer wollen natürlich mehr: Seiten-Adressen (URL) von besonderem persönlichen Interesse nach eigenen Ordnungskriterien speichern (Lesezeichen-Verwaltung), längere Artikel für mobile Offline-Nutzung herunterladen (Leseliste) und die Synchronisierung solcher Daten, damit das jüngste Lesezeichen vom iPhone auf PC und iPad weiterkopiert wird – cloudautomatisch sozusagen.

Im Überblick: Ihr Fenster zur Welt

- Adresszeile und intelligentes Suchfeld: Hier geben Sie entweder eine URL oder einen bzw. mehrere Suchbegriffe ein. Das iPhone blendet diese Zeile beim Wischen (Scrollen) aus, mit einem fast beliebigen Tipp blenden Sie die URL und weitere Bedienelemente schrittweise wieder ein.
- links davon mit einem vierzeiligen Symbol die Taste Reader – dazu gleich mehr.
- Aktualisieren-Taste (Reload) rechts der Adresszeile: Falls eine Seite fehlerhaft geladen wurde oder veraltet vorliegt, können Sie die Daten frisch laden.
- Dazu gesellen sich an iPhone unten und iPad oben weitere Tasten: Zurück- und Vorwärtstaste: Sie können immer wieder zurück auf die vergangene Seite springen, vorwärts aber nur, wenn Sie

mindestens einmal zurückgeschritten sind. Logisch, oder? Durch Halten dieser Tasten können Sie sich im Verlauf diesen Weg Station für Station anschauen und gezielt navigieren.

- Mit der Aktionstaste können Sie einen Link zu dieser Seite Freunden und Kollegen reichen, etwa per iMessage/SMS, per Mail oder auf den Sozialen Netzwerken teilen. Bitte spielen Sie dies einmal durch. Für sich selbst behalten können Sie die Seite als Lesezeichen in Form einer URL oder komplett gespeichert und als Element für die Leseliste über Geräte-Grenzen synchronisiert, damit Sie auch ohne Internet-Anbindung im Flugmodus etwa Zugriff auf den Inhalt haben.
- Den Zugriff auf Lesezeichen und Leseliste gewährt Ihnen die nach einem Buch aussehende Taste und
- Die Wolke zeigt dank iCloud-Synchronisierung Ihre auf anderen Geräten offenen Seiten. Das kann ein anderes iOS-Gerät oder ein Mac sein, an dem Sie zu Hause etwas angefangen haben zu lesen, aber gestört wurden. Deshalb muss Ihnen in der U-Bahn jetzt nicht langweilig sein, Sie lesen im Untergrund zu Ende. Am iPhone verstecken sich die iCloud-Tabs hinter der +-Taste: Am Listenende finden Sie die entsprechenden Einträge.

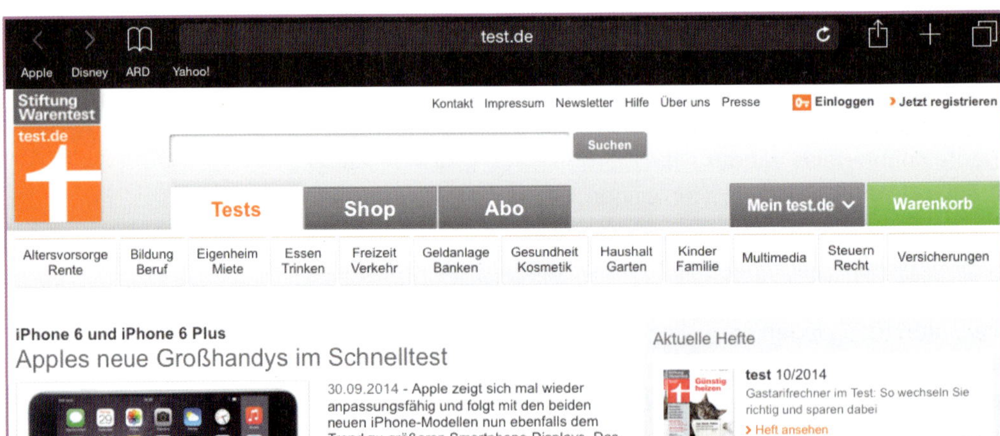

INFO **App-Tipp: Meine Freunde suchen**

Ob nun jugendliche Clique auf dem Open-Air, Vater und Sohn beim Liga-Fußball oder älteres Ehepaar auf Reisen, für jeden kann es nützlich sein, die Position des anderen (des anderen Gerätes) zu kennen. Apples App „Meine Freunde suchen" ermöglicht genau das – im gegenseitigen Einvernehmen, denn man muss sich gegenseitig über iCloud einladen. Jederzeit kann man aus der Eigenortung durch „Freunde" aussteigen.

■ Einen privaten Modus können Sie aufrufen, sobald Sie eine neue Seite aufrufen, die Taste finden Sie rechts unten. Dieser private Modus lässt andere Webseiten keine vorhandenen Cookies und andere Daten zur Wiedererkennung (Passwörter) mehr auslesen und auch nicht neu auf das Gerät setzen. Er ist also nützlich, wenn fremde Personen vorübergehend an iPhone und iPad surfen dürfen oder man sich vorübergehend als jemand anders bei Google, Amazon oder sonst wem zeigen will. Wollen Sie festlegen, dass eine Person ausschließlich Safari nutzen kann, also auf das Surfen beschränkt wird, aktivieren Sie in → Einstellungen → Allgemein → Bedienungshilfen → den Geführten Zugriff. Praktisch ist dann der Dreifachklick mit der Home-Taste.

Ohne Schnickschnack: der Safari Reader

Sie surfen regelmäßig eine Nachrichtenseite an wie die Ihrer Lokalzeitung oder auch www.spiegel.de. Aber Ihnen missfällt die Gestaltung, die Schrift ist schlecht leserlich, hat geringen Kontrast – Gift für müde Augen. Ist diese Webseite sauber in XML programmiert (ältere oder selbstgebastelte Webseiten sind das oft nicht), kann Safari die relevanten Texte und Bilder isolieren und in einer speziellen Ansicht anzeigen: Das ist die Reader-Funktion, die Sie links in der Adressleiste dann fallweise ein- und ausschalten können. Dank der kleinen Hausaufgabe vom letzten Kapitelende ha-

ben Sie bereits die für sich günstige Schriftgröße systemweit eingestellt und eventuell wie wir die Fettschrift aktiviert (→ Einstellungen → Allgemein → Bedienungshilfen).
So auf das Wesentliche beschränkt (und ohne Werbung) ist Internetsurfen angenehm sachlich. Zur Erinnerung: Durch das Querformat an iPhone und iPad wird die Schrift noch deutlicher (zulasten der Darstellungsmenge), das ersetzt in manchen Situationen die Lesebrille. Auch Wikipedia sieht im Reader-Modus prima aus.

VIEL EINZUSTELLEN UNTER DER HAUBE

Die Standard-Einstellungen von Safari sind einigen um ihre Privatsphäre bemühten Anwendern zu lasch. Tipps zu einigen Änderungen geben wir im Glossar unter dem Stichwort Safari.

Karten: Wo bin ich, wo will ich hin?

Die unter dem simplen Namen Karten integrierte App ist mittlerweile ein sprechendes und umfängliches Navigationssystem. Aber sie hat auch einen Nachteil – und der macht sich im Ausland bemerkbar, da man für die Karten- und Routennutzung immer eine Datenverbindung braucht, die im Ausland teuer werden kann. Aber in Deutschland (bzw. ab Sommer 2015 EU-weit) und mit funktionierender Datenverbindung kann einem diese App eine große Orientierungshilfe sein. Hier zeigt sich die Stärke der iOS-Geräte mit Mobilfunk-Modem: Nur sie haben das GPS-Modul für die satellitengestützte Ortung und peilen auch die Masten der Mobilfunker an. Der iPod touch und die einfachen WLAN-iPads können das nicht und sind draußen auf der grünen Wiese keine Hilfe. Wenn Sie Google Maps vom Computer her kennen, werden Sie sich mit der Karten-App sicher rasch zurechtfinden.

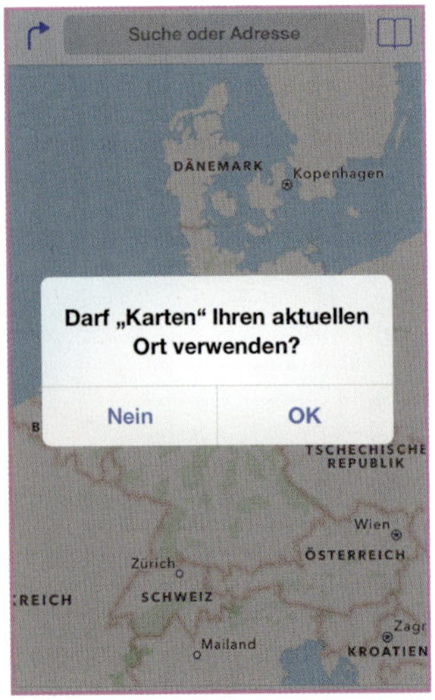

Vielleicht haben Sie seinerzeit in der Tagespresse verfolgt, dass Apple die Zusammenarbeit mit Googles Kartendienst aufgegeben und stattdessen im Sommer 2012 einen eigenen Dienst mit TomTom als bekanntem Partner aufgebaut

INFO App-Tipp: Google Maps & ForeverMap

Anwender von Google Maps können sich die gleichnamige App kostenlos laden und so bereits vorhandene Sammlungen von Orten ganz einfach weiternutzen. Die Drei-Euro-App ForeverMap 2 greift stattdessen auf OpenStreet Map zurück, eine Art Wikipedia-Mitmach-Karte mit teils erstaunlich hoher Qualität, insbesondere bei Rad- und Wanderwegen. Regelmäßig vor Urlaubsantritt sollten Sie überprüfen, ob alle gewünschten Karten auch geladen sind, damit Sie das unterwegs nicht nachholen müssen.

hat. Da gab es ordentlich böse Presse: Straßen falsch, Fähren vergessen, ganze Landstriche vom digitalen Erdboden verschluckt. Selten bezieht die Konzernleitung Stellung zu irgendetwas, aber für diesen Fehlstart hat sich der Apple-Chef öffentlich entschuldigen müssen. Dabei ist die App an sich sehr nett, das Kartenmaterial scheint das Problem zu sein. Nichts, was man nicht ändern könnte – und so sind mittlerweile viele versunkene Ortschaften wieder in iOS aufgetaucht. Nach zwei Jahren hat nun Apples Kartenmaterial in etwa die Qualität, die man von einem so großen Anbieter erwarten darf.

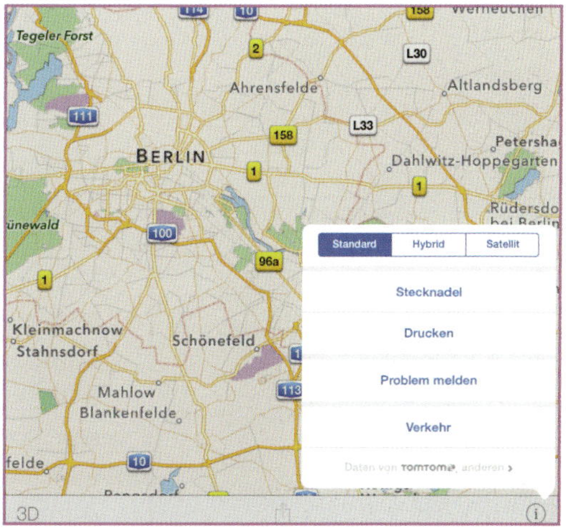

Die wichtigsten Elemente der App sind die Kompassnadel und das Suchfeld. Ein Tippen auf die Nadel und Sie wissen, wo Sie sind. Noch ein Antippen und Sie sehen sogar die Richtung, in die Sie sich fortbewegen. Sie können im Suchfeld nicht nur eine Adresse eingeben, sondern auch Begriffe wie „Apotheke“ oder „Bahnhof Flensburg“. Wollen Sie einen Freund in einer Ihnen fremden Umgebung besuchen, genügt die Eingabe des

Namens in das Suchfeld. Natürlich nur, falls seine Adresse auch unter Ihren Kontakten gespeichert vorliegt. Direktzugriff auf das Adressbuch haben Sie über die Lesezeichen-Taste, dort finden Sie auch Ihre letzten Suchen und eigene Lesezeichen, zum Beispiel die Geo-Position des unglaublich ertragreichen Brombeerbusches gut versteckt am Waldrand.

In der Karten-App bewegen

1 Beim ersten Aufruf startet die App mit einer Deutschlandkarte. Bewegen Sie den Ausschnitt mit langsamer Wischgeste zum Beispiel nach Spanien oder Dänemark.
2 Verkleinern und vergrößern Sie den Maßstab mit den beiden Zoom-Gesten des Spreizens und Kneifens.
3 Ändern Sie das Anzeigeformat und kippen Sie das Gerät.
4 Drehen Sie die Karte: Diese neue Geste mit Daumen und Zeigefinger stellt die Welt auf den Kopf!
5 Tippen Sie auf die Taste der Kompassnadel (unten links) und Sie „fliegen" an den Ort, wo Sie sich gerade aufhalten – vorausgesetzt die Ortung klappt. Sollten Sie sich wundern, dass das auch mit einem iOS-Gerät ohne GPS klappt: „Karten" wertet auch die drahtlosen Netze (WLAN) in Ihrer Nachbarschaft aus und vergleicht deren Adressen mit einer Geo-Datenbank. Klappt in größeren Städten erstaunlich gut.
6 Ein Doppeltippen auf die Kompassnadel und der Karteninhalt wechselt von „eingenordet" in Ihre Sichtperspektive. Halten Sie einen Punkt auf der Karte und es öffnet sich ein Kontextmenü: Über den blauen „i"-Taster erhalten Sie Zugriff auf weitere Befehle und Informationen. Zugleich zeigt der Mini-Kompass oben rechts die korrekte Himmelsrichtung.
7 Diese Informationen sind meistens Straßenadressen, können aber auch Point Of Interest (POI) sein, Ihr Lieblingskaufhaus etwa. Dann erhalten Sie neben der Adresse auch weitere Informationen, Bewertungen

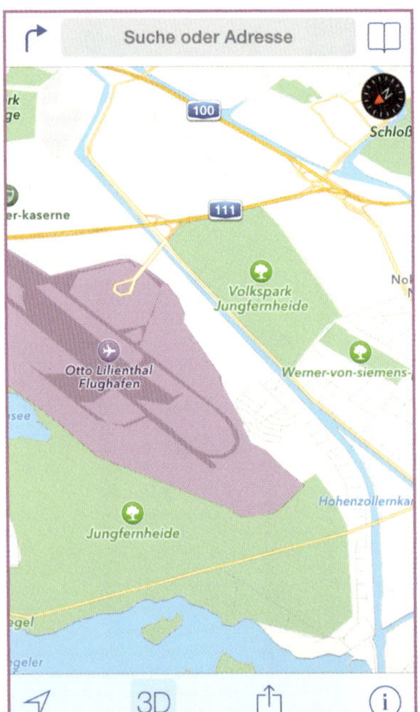

TIPP **App-Tipp: Wohin und WC-Finder (iPhone)**

Sie suchen in einer fremden Stadt einen gebührenfreien Geldautomaten? Im Urlaub einen Tierarzt für Ihren besten Freund? Zu Hause ein vegetarisches Restaurant? Die App „Wohin" (2,69 €) zeigt entsprechende Treffer auf der Karte an sowie Details wie Telefonnummer oder Bewertungen anderer User. Praktisch ist die Übernahme von Kontaktdaten in das eigene Adressbuch. Für dringende Geschäfte ist der kostenlose „WC-Finder" ein praktischer Wegweiser.

aus der Internet-Gemeinde etwa oder passende Telefonnummern. Das ist oft ein Glücksfall, denn so sparen Sie sich das Abtippen solcher Daten und können diese Angaben Zu Kontakten der persönlichen Datenbank hinzufügen. Für den Brombeerbusch ohne Postkasten vor der Tür reicht ein Lesezeichen.

8 Diese Ortsmarke (sie wird als Stecknadel auf der Karte angezeigt, wenn es nicht Ihre eigene Position ist) können Sie senden, etwa per E-Mail. Das ist sehr praktisch im Gewühl einer Open-Air-Veranstaltung. Auch der per GPS ermittelte eigene Standort kann das sein: auf dem Bierfest, in der fremden großen Stadt oder auch an einem Unglücksort. Mittlerweile können Sie dies aber auch direkt aus der App Nachrichten (Seite 126).

9 Mit der Taste Problem melden können Sie aktiv Fehler verbessern.

10 Kehren Sie in die Kartenansicht zurück (am iPad mit einem Tippen auf die Karte)

Mehr Info: Verschiedene Ansichten nutzen

Die Karten-App hat mehr als nur zweidimensionale Karten zu bieten. Möglicherweise stehen in Ihrem Kartenausschnitt diese Optionen nicht zur Verfügung, machen Sie dafür einen virtuellen Besuch in der nächsten Großstadt.

1 Ein Tippen auf die Taste 3D lässt die Karte perspektivisch nach hinten kippen und ab einer gewissen Zoomstufe wachsen die Konturen der Gebäude in den Himmel. Den Betrachtungswinkel verändern Sie, indem Sie mit zwei Fingern von der Bildschirmmitte nach oben streichen.

2 Dreht er mit, verändert dies die Himmelsrichtung. Der Mini-Kompass oben rechts zeigt die Nordrichtung an und nordet per Antippen die Karte wieder ein.

3 Hinter der i-Taste unten rechts verbergen sich weitere Befehle. Blenden Sie zum Beispiel die aktuelle Verkehrslage ein samt einiger POI und ändern Sie die Kartenansicht auf Satellit.

4 Tatsächlich ist dies mehr eine Vogelperspektive als das klassische Satellitenbild.

5 Die 3-D-Taste hat sich gewandelt in eine Stadtsilhouette und zeigt damit diesen besonderen Modus an. Ein Tippen darauf zeigt die satellitengleiche Draufsicht.

6 Über die i-Taste können Sie wieder zurück in den Landkarten- oder einen Hybrid-Modus aus beiden Ansichten schalten.

Sag mir, wo es längs geht

Natürlich kann die Karten-App auch Routen berechnen.

1 Wechseln Sie in den Routenmodus über die Taste oben links.

2 Sie können jetzt außer Pkw auch Bus & Bahn und Schusters Rappen als Verkehrsmittel wählen. Bei letzterem übergibt Karten dann Start- und Endpunkt an eine geeignete Dritt-App und bittet Sie bei der ersten Verwendung um einen Besuch im App Store (etwa für den Download vom DB Navigator (Seite 169).

3 Geben Sie Start- und Endpunkt Ihrer Route an, eingetragene Feldwerte können per Tippen auf den „x"-Taster gelöscht werden. Der „aktuelle Ort" sind Ihre GPS-Koordinaten.

4 Tauschen Sie für die Rückfahrt Start- und Endpunkt mit Tippen auf das Wechseln-Symbol daneben oder
5 wählen Sie aus dem Verlauf eine Ihrer früheren Routen.
6 Mit Tippen auf Route starten Sie die Berechnung auf Apples Karten-Server und bekommen meist mehrere Vorschläge.
7 Wählen Sie eine der Routen durch Antippen aus, erhalten Sie weitere Informationen zu Streckenlänge und Dauer.
8 Die einzelnen Streckenpunkte zeigen sich abgehoben von der Karte, Sie können Sie einzeln herbeiwischen (neben Kompassnadel und 3D).
9 Mit Start beginnt die geführte Tour Schritt für Schritt.
10 War Ihr Startort Ihr aktueller Aufenthaltsort, beginnt stattdessen die Turn-by-Turn-Navigation. Per Ortung ermittelt iOS ständig die genaue Position und gibt sowohl auf dem Display als auch akustisch Abbiegehinweise. Das geht allerdings ordentlich auf den Akku. Für den Betrieb im eigenen Auto ist daher eine Halterung mit Stromversorgung fast unerlässlich.

SIRI, DAS ELEKTRONISCHE PRIVATSEKRETARIAT

Nun haben Sie bestimmt schon zweimal diese ungewohnt künstliche, aber doch sehr gut verständliche Stimme gehört: beim Vorlesen von Text und bei der Navigation. Hinter dieser Stimme steckt allerhand! Sie steht Ihnen ab sofort zur Verfügung und hört auf Ihre Stimme: iOS analysiert das gesprochene Wort nach Lauten und schickt diese Informationen – also nicht das gesprochene, sondern das halbwegs verstandene Wort – an die Apple-Server. Die untersuchen die Laute und setzen Sie in Text um – der ist maschinenlesbar. Antworten oder Befehlsinstruktionen fließen zurück auf das iOS-Gerät und werden im letzten Schritt vom Systemdienst Siri und der künstlichen Stimme wieder verbalisiert. Wenn Sie – verständlicherweise – eine Weile brauchen, um sich daran zu gewöhnen, hier ein ermunternder Tipp: Im Winter können Sie Ihre Handschuhe anbehalten und Ihr Gerät via Stimme nutzen!

Klare Anweisungen ohne Firlefanz

Siri hat amerikanische Wurzeln und versteht auf Englisch (Einstellungen → Allgemein → Siri → Sprache) deutlich mehr. Das hat auch damit zu tun, dass die Technik dort auf die englischsprachige Wissensdatenbank Wolfram Alpha zurückgreift. Uns muss klar sein: Nebensatzkonstruktionen oder ein erweiterter Infinitiv sind nicht die Stärke der elektrischen Sekretärin. Siri mag gedachte Doppelpunkte. Und fragt auch nach.

Um Siri an die Strippe zu bekommen, wenn das iOS-Gerät selbst an der Strippe (am Netzteil) hängt, brauchen Sie bloß „Hey Siri!" zu rufen (Einstellungen → Allgemein → Siri → Hey Siri). Üblicherweise drücken Sie aber die Home-Taste so lange, bis sich die Dame auf dem Bildschirm meldet. Beginnen Sie mit dem Satz: „Wie kannst du mir helfen?" Siri zeigt Ihnen einen Überblick über die Fähigkeiten; mit einem Antippen des jeweilige Beispiels erhalten Sie weitere Frageformen und damit Ideen zu etwas umfangreicheren Befehlen.

In lauten Umgebungen hilft es Siri, wenn Sie nach dem gesprochenen Befehl auf die Mikrofontaste tippen. Genauso nimmt Frau Siri auch weitere Anweisungen an. Verwickeln Sie die Dame doch in ein Gespräch – und wenn Sie einigermaßen Englisch beherrschen, dann entdecken Sie mal den Unterschied: Auf einmal kann sie auf Zuruf auch einen ausländischen Preis in Euro umrechnen. Und wenn Sie eher auf männliche Begleitung stehen, dann steht es Ihnen natürlich frei, in den Siri-Einstellungen die Stimmlage von Alt auf Tenor umzustellen.

Besitzer von älteren iPhones bis einschließlich iPhone 4 und auch des iPad bis zur 2. Generation müssen auf Siri leider verzichten.

Die Spracherkennung können Sie natürlich auch zum Diktieren verwenden – anstatt Text über die Tastatur einzugeben. Dafür ist die Mikrofon-Taste (neben der Leertaste) zuständig. Zwei Gesten kennt der Diktatmodus: ein Antippen zum Starten, eines zum Stoppen oder das Gedrückthalten der Mikrofon-Taste wie bei einem Diktafon. Noch während des Diktats beginnt die Erkennung des Gesagten und die Umsetzung in Maschinenschrift. So kann das immer weitergehen: Satz für Satz, SMS für SMS, Strophe für Strophe. Probieren Sie das am besten einmal in einer neuen Notiz (siehe Seite 73), es funktioniert aber überall, wo Sie sonst mit der Tastatur Text eingeben. Im angezeigten Ergebnis entscheidet sich Siri immer für das am besten Verstandene. War das falsch, dann zeigt Siri per Antippen des Begriffes Alternativen an und lernt damit gleichzeitig, Nuancen in Ihrer Stimme besser zu erkennen. Mit ein wenig Gewöhnung aneinander – Sie müssen ja auch erst lernen, Kommas und Punkte mitzusprechen – werden die Ergebnisse immer besser. Voraussetzung ist aber immer: Internet. Siri ist ein Cloud-Dienst, ein Teil der Erkennungsarbeit läuft nicht auf Ihrem Gerät, sondern findet auf Apples Serverfarm statt.

KLEINE HELFER: STETS ZU DIENSTEN

Beim iPhone und iPad gibt es noch eine Reihe hilfreicher und nützlicher Zusatz-Apps. Das iPhone hat dabei eine etwas bessere Ausstattung.

Doch zunächst: das Wetter

Die iPhone-Wetter-App ist ein Augenschmaus, selbst wenn das Wetter irgendwo auf der Welt schlecht ist. Wenn sie es darf, dann zeigt sie immer das aktuelle Wetter Ihres jeweiligen Standortes und einige Städte als Vorschläge. Bearbeiten Sie die Liste mit Tipp auf das korrespondierende Icon unten rechts.

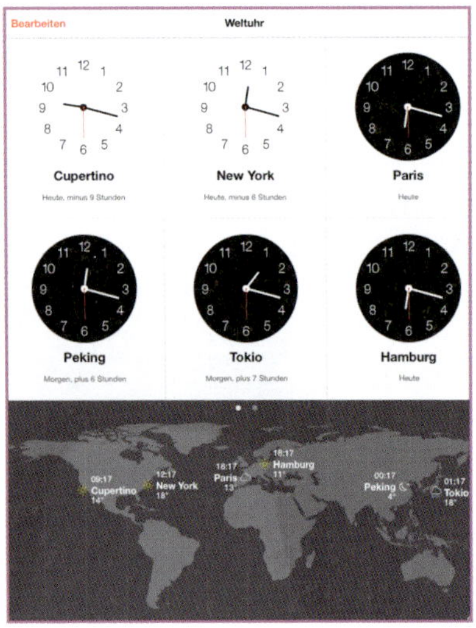

Fügen Sie Städte (wie Tönning oder Palma) hinzu (nicht Eiderstedt oder Mallorca), dafür langt oft eine Postleitzahl oder der IATA-Flughafen-Code. Andere Einträge können Sie mit Wisch nach links zum Löschen anmelden und, indem Sie einen Eintrag halten, können Sie ihn am Finger klebend an eine andere Stelle bugsieren. In dieser Listenansicht ist die Wetter-App sogar ein wenig Weltzeituhr.
Haben Sie die Detailseite zu einer Stadt aufgerufen, dann sehen Sie die aktuelle Wetterlage. Die stundengenaue Vorhersage für den laufenden Tag läuft ihrerseits von links nach rechts, darunter der Trend für die kommenden Tage und am Ende noch Profi-Daten wie Luftfeuchte, -druck und Sichtweite.

Uhr: Wecker, Stoppuhr, Timer, Weltzeit

Die Weltuhr bietet Ihnen Uhrzeiten aus verschiedenen Zeitzonen an und – als kleiner Trost für die sonst Wetter-losen iPad-Besitzer – das Wetter an jenen Orten. Natürlich werden Sie sich selbst einen Wecker stellen und die Eieruhr aufziehen können, den sportlichen Nachwuchs gar mit Rundenzeiten beglücken, aber die zwei Beispiele, die wir jetzt präsentieren, die sind schon pfiffig.

Die Pille gegen das Vergessen

Ihr Arzt meint, an der Medikamententherapie müsse herumgeschraubt werden, was für Sie oder Ihren Partner auch einen neuen Rhythmus der Einnahme bedeutet. Lassen Sie sich dezent unterstützen:

1 Wechseln Sie innerhalb der Uhr-App zu Wecker.
2 Fügen Sie mit der +-Taste einen neuen Wecker hinzu.
3 Stellen Sie ihn auf die richtige Uhrzeit. Falls sie mehrmals am Tag erinnert werden wollen, stellen Sie im Anschluss an den ersten weitere vergleichbare Wecker.

4 Aktivieren Sie die Wiederholung für jeden Wochentag.
5 Ändern Sie die Beschreibung sinnvoll (z. B. Medikation Präparat A + B)
6 Als Ton können Sie jeden aufdringlichen oder unaufdringlichen Ton auswählen – oder am Listenende mit der Taste Keine bloß eine diskrete Bildschirmmeldung erhalten, je nach Systemeinstellung mit Vibration.
7 Mit Schlummern schalten Sie die Möglichkeit ein, dass das Gerät nach einem ersten Alarm-Stopp 10 Minuten später erneut ein Signal abgeben kann.
Bitte achten Sie bei der Auswahl für den gräßlichen Montagmorgen-Wecker auf einen Weckton, der Sie zuverlässig aus dem Schlaf holt. Die Lautstärke des Weckers ist gekoppelt an die Systemlautstärke für Klingel- und Hinweistöne, überprüfen Sie also zur Nachtruhe über die Lautstärke-Tasten (oder → Einstellungen → Töne), ob das Signal laut genug sein kann. Schalten Sie das Gerät nicht komplett aus, sondern aktivieren Sie stattdessen die Einstellung Nicht stören oder den Flugmodus. Das geht auch im Kontrollzentrum oder auf Zuruf per Siri.

Das Programm zum Einschlafen

Im übernächsten Kapitel lernen Sie die vielfältigen Möglichkeiten von iPhone und iPad bei der Mediendarstellung. Schlafen Sie gerne mit Musik oder Fernsehen ein, finden Sie hier in der Uhr-App einen systemweiten Einschlaf-Timer, den Sie immer auch über das Kontrollzentrum einstellen können.
1 Wechseln Sie in der Uhr-App zu Timer.
2 Tragen Sie die gewünschte Countdown-Länge ein. Fürs Frühstücksei vier Minuten, für eine Serien-Folge „Die Notaufnahme" 45 Minuten.
3 Wählen Sie einen Signalton aus oder – als Einschlaf-Timer – wählen Sie am Listenende Wiedergabe stoppen.
4 Und zur eingestellten Zeit passiert dann genau das: Ton oder Wiedergabestopp.

Hilfe, der Wecker klingelt

1 Alarm! Schlaftrunken Taste drücken.
2 Irgendeine, es ist völlig egal!
3 Nach zehn Minuten bimmelt das Monster wieder los (sofern Sie beim Einstellen den Schlummern-Schalter nicht blind gestellt haben).
4 Jetzt aber raus aus den Federn und das Display entriegeln. Damit bleibt der frühe Vogel für heute zumindest stumm. Werden Sie vor dem Wecker wach, schalten Sie die Weckzeit in der iOS-Uhr per Schieberegler aus oder sagen es Siri.

Gesundheit – Apple nennt es Health

Nur iOS 8-Anwender kommen in den Genuss von Apples neuer Idee für Fitness und Gesundheit. Die Health-App sammelt Daten von Zusatzgeräten wie einer Bluetooth-Personenwaage oder dem Trainingscomputer vom Rennrad, stellt sie optisch dar und kann nach Wunsch des Anwenders diese Daten an autorisierte Apps oder Geräte (beim Arzt) weitergeben. Das ist – noch – Zukunftsmusik, aber mit Health, ihrem Unterbau Healthkit und der Apple Watch beginnt diese Zukunft im Jahr 2015. Heute bereits können Sie Health als Notfallpass nutzen und Daten hinterlegen, die im → Sperrbildschirm → ohne Code-Eingabe → Notfall → Notfallpass von jedem eingesehen werden können. Auch die manuelle Erfassung von Daten ist möglich.

Mitgeschnitten: die Sprachmemos-App

Vielleicht sind ja Sie es, der die ersten Worte der Enkelin zu hören bekommt?

Eine Sprachaufzeichnung machen

1 Öffnen Sie die App Sprachmemo.
2 Tippen Sie den roten Aufnahmeknopf an, der sich während dieses Vorgangs in die Stopp-Taste verwandelt.
3 Zeichnen Sie nun über das Mikrofon Geräusche und Gespräche auf. Start und Stopp und Start und Stopp.

4 Zum Beenden der gesamten Aufnahme drücken Sie auf Fertig rechter Hand.
5 Die Audio-Wellenform verschwindet wieder zugunsten der Liste mit den Aufzeichnungen.
6 Von der Liste aus können Sie Aufnahmen umbenennen, anhören, versenden, löschen oder bearbeiten.
7 Im Bearbeiten-Modus können Sie die Datei zuschneiden, also vorne und hinten um unerwünschte Geräuschen befreien. Dazu tippen Sie auf das komisch quadratische Beschnitt-Werkzeug. Die roten Marken setzen, probehören und schließlich abbrechen oder kürzen, wobei Sie sich aber für den Erhalt der ursprünglichen Aufzeichnung noch auf Nachfrage entscheiden können.

Rechner, Kompass, Aktien und Passbook

Auf dem iPhone finden Sie auch einen Aktien-Ticker, einen elektronischen Kompass mit Wasserwaage und den Taschenrechner. Im Querformat wechselt er in die wissenschaftliche Ansicht mit weiteren Funktionen.
Passbook soll die digitale Brieftasche für Fahrscheine, Kino-Tickets, Bordkarten oder Gutschein-Hefte werden, noch nutzen aber bislang überwiegend amerikanische Anbieter und große Fluglinien wie die Lufthansa diese praktische App.

Pages, Numbers, Keynote: Office obendrauf

Seit der letzten iOS-Version 7 liefert Apple die Textverarbeitung Pages, die Kalkulationssoftware Numbers und das Präsentationsprogramm Keynote an angemeldete Kunden nachträglich per App-Store aus. Die drei Titel kosten sonst zusammen bummelige 25 Euro im App Store. Das ist Apples Bürosoftware, die es auch in Mac-Versionen gibt. Das Gute: Wenn es nötig ist, können die drei auch Word, Excel und PowerPoint – so einigermaßen jedenfalls.
Hinweise und Anleitungen sind zu finden unter der Webadresse www.apple.com/de/support/ios sowie in den Apps selbst.

MEHR ALS NUR TELEFONIEREN

Das iPhone ist mehr als die Summe seiner Teile. Es ausschließlich zum Telefonieren zu verwenden wäre fast eine Verschwendung, wo es doch auch als Adressbuch, Terminkalender, zum Surfen und vieles mehr genutzt werden kann. Ebenso das iPad: Per App wird es zum Telefon – wenn nicht schon ein paar Zeilen genügen, etwa mit iMessage.

DIE MUTTER DER SMARTPHONES

Ein Telefon ohne Tasten? So etwas wollen die Leute nicht, da waren sich die Branchenriesen im Jahr 2007 noch sicher. Doch heute geht es den Riesen von damals schlecht: Vom Erfolg des neuartigen Telefons ohne Tasten wurde die Branche überrollt und das iPhone wurde zum Renner.
Auch die Tester der Stiftung Warentest sehen die aktuellen iPhone-Modelle stets ganz weit vorne. iPhone 5 und Nachfolger 5S rangieren für 2013 auf den Plätzen 10 und 11, das neue, bunte iPhone 5C auf Platz 20 der Bestenliste, die über 220 Geräte umfasst. Minuspunkte kassiert Apple stets für den fest verbauten Akku. Wie sich die brandneuen iPhones des Jahrgangs 2014 im Test schlagen, erfahren Sie online: www.test.de/thema/handys.

Telefonieren ohne Tasten

Was anfangs noch viele Anwender verunsichert hat, ist mittlerweile eine Selbstverständlichkeit: Es braucht eine App, um an einem Smartphone zu telefonieren. Jeder Anruf von einem iOS-Gerät folgt demselben Muster:

1 Gerät entsperren und auf den Home-Screen wechseln.
2 Telefon-App finden und aufrufen.
3 Falls noch nicht sichtbar, den Ziffernblock einblenden. Sie kennen es vielleicht als Tastenfeld oder Keypad **(1)**.
4 Rufnummer eingeben, eventuell korrigieren und mit einer grünen Taste das Gespräch aufbauen **(2)**.
5 Schließlich am Gesprächsende mit roter Taste auflegen und bei Bedarf von der Telefon-App wieder in eine andere wechseln oder Gerät sperren und einstecken.

Im Überblick: Die Telefon-App

Den Komfort, den Sie vom Festnetztelefon und anderen Handys erwarten, finden Sie auch am iPhone in der Telefon-App:

- Kurzwahl über die Favoriten-Liste **(3)**
- die Anrufliste mit geführten und verpassten Gesprächen **(4)**
- natürlich die Verzahnung mit der Kontakte-App im Sinne eines Telefonbuchs **(5)**
- und den Anrufbeantworter mit dem Namen Visual Voicemail **(6)**

Füttern Sie die Kontaktdatenbank

iOS bietet Ihnen an vielen Stellen die Möglichkeit, Daten wie E-Mail-Adressen oder Telefonnummern zu speichern. Diese Informationen landen alle in der Kontakte-App, genauer gesagt: in einer Datenbank, die grundsätzlich alle Apps nutzen können. Machen Sie es sich zur Gewohnheit, Rufnummern den entsprechenden Personen zuzuordnen. Das geht auch hier: Sie geben die Rufnummer ein und die App bietet Ihnen mit blauer Taste links von der Rufnummer an, die angezeigte Nummer → zu Kontakten hinzuzufügen. Gibt es schon einen Datensatz zur Person oder müssen Sie einen neuen Kontakt erstellen? Das sich dann öffnende Fenster kennen Sie schon – der Bearbeiten-Modus der Kontakte-App. Auch in Ihrer

Anrufliste finden Sie sicher bald „nackte" Rufnummern, die Ihr Gedächtnis aber recht genau zuordnen kann.

Wahlwiederholung und Sperre mit der Anrufliste

Einmal gewählt, über Wochen gespeichert – so ist die Maschine. Nur weil vorhin besetzt war, müssen Sie jetzt nicht noch einmal die ganze Rufnummer eingeben. → Anrufliste → ggf. alle einblenden → Eintrag direkt antippen führt zum Rufaufbau. Genauso mit verpassten Anrufen: Die signalisiert das iPhone in Rot, außerdem erhält die Anrufliste und das Telefon-App-Icon einen roten Anhefter, um Ihnen diese Neuigkeit zu signalisieren, und die Mitteilungszentrale listet das Ereignis ebenfalls auf.
Aber es gibt Feinheiten. Beispielsweise sehen Sie in der Anrufliste, dass Ihre Tochter aus dem Büro angerufen hat. Sie schauen auf die Uhr, Ihre Tochter hat Feierabend. Über den i-Taster zeigt Ihnen die App alle anderen Rufnummern und Sie entscheiden sich – nur einen Tipp weiter – zum Rückruf auf ihrer Handynummer.
Außerdem können Sie von hier aus eine Rufnummer Ihrer Kurzwahlliste, den Favoriten, hinzufügen oder direkt einen anderen Kommunikationsweg einschlagen – je nachdem, was der Datensatz an Informationen so hergibt. Daher ist es immer sinnvoll, unter einem Namen so viele Infos wie möglich zu speichern. Legen Sie stattdessen aus Gewohnheit für jede Rufnummer einen eigenen Kontaktdatensatz an, behandelt iOS diese Datensätze als getrennte Personen – keine so brillante Idee.

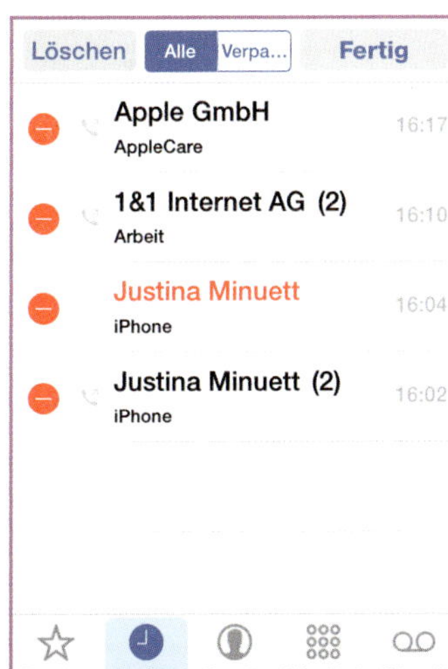

Aufdringliche Anrufer können Sie von hier aus auch sperren. Dieser im Fenster letzte Befehl stellt das iPhone bei einem Ruf stumm, wenn die Rufnummer übereinstimmt. Das ist leider auch das Manko: Unseriöse Telefonwerber und Spaßanrufer übermitteln selten tatsächlich ihre eigene Rufnummer.

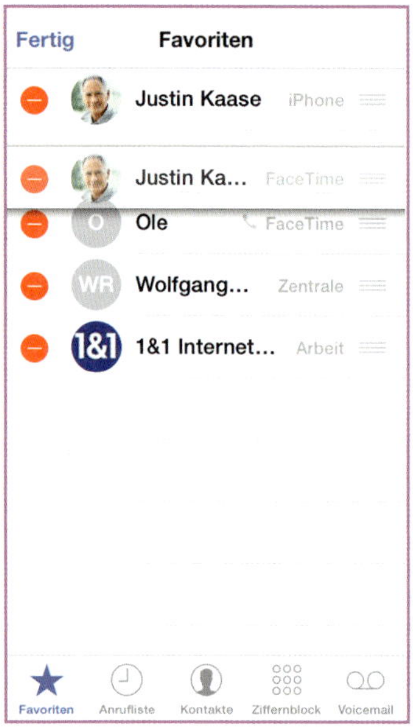

Favoriten: meine Allerliebsten

Die Favoritenliste bietet neben der praktischen Kurzwahl ein weiteres Feature: Personen (genauer gesagt: jeweils eine deren Telefonnummern, darum interviewt Sie iOS so penibel), die hier gespeichert sind, können Sie auch dann erreichen, wenn Sie Ihre Ruhe haben wollen. Dies steuern Sie zum einen hier, weil Sie entscheiden, wer zu den Allerliebsten gehört, und dann außerhalb der Telefon-App in → Einstellungen → Nicht stören → Anrufe zulassen. Die Favoritenliste teilt sich die Telefon-App mit Apples eigenem Dienst FaceTime. Dazu gleich mehr.

■ Halten Sie Ihre Favoritenliste übersichtlich, bei mehr als einem Dutzend Einträge führen Sie die Idee der Kurzwahl sonst ad absurdum. Darum können Sie die Liste auch bearbeiten: Verändern Sie die Reihenfolge nach Belieben oder löschen Sie einen Eintrag aus dieser Liste. Der dazugehörige Kontaktdatensatz bleibt immer vollständig erhalten. Ab iOS 8 finden Sie Ihre Allerliebsten auch noch an einer anderen Stelle: im App-Switcher (Seite 58). Automatisch ergänzt iOS an jener Stelle die Konterfeis Ihrer Favoriten und weiterer Personen, mit denen Sie kürzlich in Kontakt standen. Wenn Sie dies gar nicht oder anders wollen, finden Sie in → Einstellungen → Mail, Kontakte, Kalender → Im App-Umschalter entsprechende Justiermöglichkeiten.

Anrufbeantworter 2.0: Visual Voicemail

Nun kennen Sie die Telefongrundfunktionen. Die meisten Provider bieten iPhone-Besitzern aber zusätzlich etwas Besonderes: ein „echter" Anrufbeantworter – ohne die Computerstimme der Mailbox anrufen zu müssen. Eigentlich ist es aber eine Illusion: die Telefon-App „spricht" mit dem Voicemailsystem des Providers und visualisiert neue Nachrichten so ähnlich wie ein Musikstück.

■ Durch Antippen eines Eintrags in → Telefon → Voicemail und Drücken der dreieckigen Taste starten Sie die Wiedergabe durch den Telefonhörer, Sie können aber auch den Lautsprecher einschalten, die Wiedergabe anhalten und – bei längeren Mitteilungen praktisch – gezielt mit dem blauen Anfasser an eine bestimmte Stelle springen.

- Von hier aus können Sie einen direkten Rückruf starten oder die Mitteilung löschen. Mehrere Mitteilungen nacheinander löschen Sie am bequemsten im Bearbeiten-Modus.
- Mit dem i-Taster stehen Ihnen dieselben Möglichkeiten wie zuvor beschrieben zur Seite.

Schön, dass Sie in Zukunft diese Computerstimme nicht mehr hören müssen. Und Ihre Anrufer? Da wird es nun Zeit, eine persönliche Begrüßung aufzusprechen:

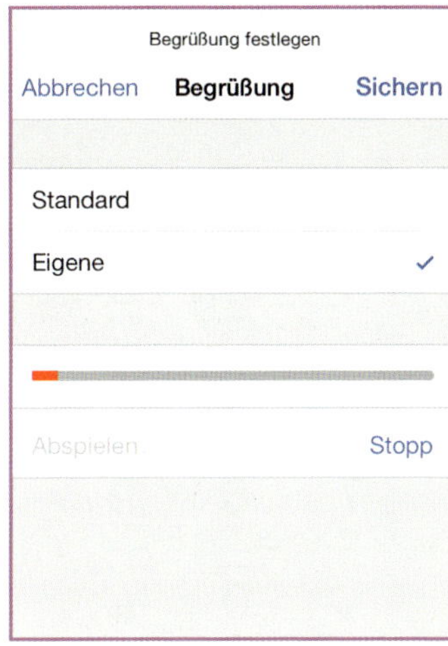

Eine persönliche Ansage aufsprechen

1 Navigieren Sie zu → Telefon-App → Voicemail und tippen die Taste → Begrüßung.
2 Wechseln Sie auf Eigene, um die Standard-Ansage abzuschalten.
3 Ihren zurechtgelegten Text nehmen Sie auf und stoppen dann die Aufnahme.
4 Die Aufzeichnung können Sie abspielen.
5 Diese Schritte können Sie so oft wiederholen, bis Sie mit dem Ergebnis zufrieden sind – oder Sie wechseln zurück zur Standard-Ansage.
6 Zuletzt sichern Sie die Änderung.

Visual Voicemail ist ein Datendienst und da Datenverkehr im Ausland häufig teuer ist, endet der Komfort meist an der Landesgrenze. Dann springt die Visual Voicemail um, zurück in die Mailbox. Computerstimme und SMS informieren Sie wie früher über neu eingegangene Nachrichten. Doch Achtung: Im Ausland jenseits der Grenzen der Europäischen Union (je nach Provider und Tarif auch also bereits in Schweiz oder Türkei) verursacht die Mailbox bei Ihnen Kosten, denn technisch gesehen leiten Sie ein erfolgloses Gespräch zurück nach Deutschland um und rufen dann ebenfalls als Auslandsgespräch noch den Mailbox-Computer an.

Ich möchte meine Voicemailbox abschalten

Das hat Apple gar nicht vorgesehen und dafür gibt es weit und breit keinen Schalter. Jetzt wäre es gut, wenn Sie die kleine Bedienungsanleitung Ihres Providers zur Hand haben, die er mit der neuen SIM-Karte für das iPhone verschickt hat. Dort erfahren sie einen speziellen Zifferncode, den Sie wie eine Telefonnummer über den Ziffernblock der Telefon-App eingeben und anrufen. Bei der Telekom ist dies beispielsweise #61#, zum Wiedereinschalten *61#. Natürlich kennt auch das Internet diese GSM-Steuercodes: Suchen Sie mit Google danach und ergänzen Sie den Suchbegriff um Ihren Providernamen. Wer diese Funktionen häufiger einsetzen will, speichert „seine" Codes wie eine Telefonnummer unter einem beschreibenden (Firmen-)Namen im Adressbuch.

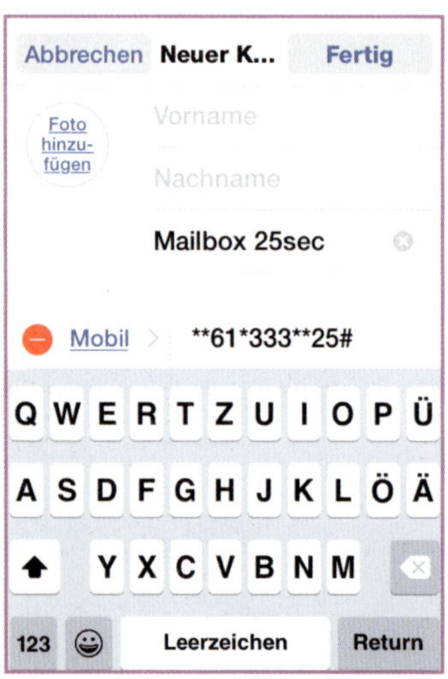

Die Mailbox soll länger warten bis zur Gesprächsannahme

Jetzt wird es trickreich, denn auch hierfür hat iOS nichts im Angebot. Wieder hilft ein Blick in die Anleitung des Providers – und wenn nicht: Bitten Sie an der Hotline einen Mitarbeiter, die bedingte Rufumleitung nach Zeit zur Mailbox, so der Fachausdruck, auf den Wert 25 oder 30 Sekunden zu ändern. Wahrscheinlich verrät er Ihnen den Tastencode, den Sie wie gerade beschrieben eingeben. Bei der Telekom lautet dieser Code: **61*3311*11*30#. Statt des Wertes 30 sind auch andere Sekundenwerte wie 5, 10, 15, 20 und 25 möglich.
Eine unbedingte Rufweiterleitung ist die sofortige Umleitung auf eine andere Nummer. Dann klingelt kein Anrufer mehr bei Ihnen, denn er wird schon vom Provider abgefangen und auf die andere Nummer umgeleitet.

Das ist praktisch, wenn der Akkustrom zur Neige geht und Sie fern eines Ladegerätes, aber in Hörweite eines anderen Telefons sind. Leiten Sie dann dahin um, ein Symbol in der Statusleiste erinnert Sie daran. Auch das geht über Tastencodes, den iOS-Schalter hierfür finden Sie außerhalb der Telefon-App in → Einstellungen → Telefon → Rufweiterleitung.

Anrufe, immer mehr Anrufe!

Sobald eine Person Sie anruft, klingelt ihr iPhone und das Display zeigt meist die Rufnummer oder den Namen an, sofern es für sie einen Kontakteintrag gibt. Sie haben es nun sprichwörtlich in der Hand, was weiter passiert:

- Ändern Sie die Lautstärke des Klingeltons über die Tasten am Gehäuserand oder
- schalten Sie den Klingelton sofort (nur für jetzt) stumm, indem Sie einmal die Standby-Taste drücken.
- Sie können den Anruf auch ablehnen und eine erklärende Nachricht (SMS) verfassen. Einige Texte sind schon vorgefertigt.
- Mit dem Wecker-Symbol lehnen Sie den Anruf ebenfalls ab, aber setzen für sich selbst eine Erinnerung – in 5 Minuten oder beim Verlassen des aktuellen Ortes, an dem Sie jetzt gerade nicht telefonieren können.
- „Klassisch" lehnen Sie das Gespräch mit einem doppelten Drücken der Standby-Taste ab. Das ist das wenig freundliche „Wegdrücken".

Haben Sie Ihre Mailbox aktiviert, dann wird die sich in aller Regel mit dem Anruf beschäftigen. Eine rote Markierung an und in der Telefon-App sowie Bildschirmmeldungen setzen Sie darüber in Kenntnis.
Ansonsten informiert eine Computerstimme höflich, dass Sie momentan nicht drangehen können, im schlimmsten Fall erhält der Anrufer ein Besetzt-Zeichen. Aber wer oder was hindert Sie, das Gespräch mit der grünen Taste anzunehmen?

Vielleicht sind Sie ja bereits in ein anderes Telefongespräch verwickelt. Sollte dies der Fall am iPhone sein, dann hören Sie einen Anklopfton im Gespräch und ein Blick auf das Display klärt, wer stört. Manche Menschen kommen damit gut klar und makeln wie selbstverständlich zwischen den Leitungen hin und her, stellen gar Konferenzen her – andere lenkt es ab und überfordert sie. Am anderen Ende der Leitung kommt sich allerdings jeder ein bisschen doof vor: Höflich ist es nicht, jemanden in der Leitung hängen zu lassen.
Dabei ist es mit dem iPhone gar nicht so schwer, diese hohe Kunst des Makelns und Schaltens zu lernen: Intelligent wechselt das Gerät auf dem Display die möglichen Befehle. Detailliert beschreibt dies Ihre Bedienungsanleitung. Oder Sie entscheiden sich dagegen: in den → Einstellungen → Telefon → Anklopfen/Makeln.

Multitasking beim Telefonieren

Sie können während eines Gespräches alle Funktionen und alle Apps Ihres iGeräts nutzen. Sie sind nur einen Hometasten-Klick davon entfernt. Es ist ja ganz typisch, dass man sich während eines Telefonats Notizen machen will, das geht auch ohne Block und Stift – und zwar am besten so:
1 Schalten Sie zunächst mit einer der sechs Tasten auf dem Display den Lautsprecher und damit die Freisprechfunktion ein (oder benutzen Sie Kopfhörer).
2 Wechseln Sie auf den Home-Screen → Home.
3 Sie hören Ihren Gesprächspartner und er hört Sie? Prima.
4 Wechseln Sie in die App Notizen (oder Kalender, Kontakte ...) und erledigen Sie Ihre Aufgabe dort.
5 Sobald Sie – ganz souverän – bereit sind, wechseln Sie zurück zum Gespräch – die Statuszeile am oberen Displayrand zeigt Ihnen als Taste genau diese Option.
6 Jetzt schalten Sie den Lautsprecher wieder ab und telefonieren wie gewohnt weiter.

AUG' IN AUG': FACETIME

Jenseits der klassischen Festnetz- und Mobiltelefonie gilt: Jeder vernetzte Computer kann als Telefon auftreten. Da machen auch die iOS-Geräte keinen Unterschied und Apple nutzt diese beliebte Hintertür namens VoIP (über das Internet vermittelte Sprachpakete) für seinen Telefondienst FaceTime. Damit können Sie gratis mit anderen iOS- und Mac-Anwendern telefonieren – und das auch per Video.

GRATIS KANN TEUER WERDEN

Abgesehen von den klassischen Handy-Diensten wie Telefonieren und SMS/MMS am iPhone benötigen alle anderen modernen Kommunikationswege eine Internetverbindung. Die Kosten hierfür zahlen grundsätzlich Sie – Ihr WLAN samt Flatrate zu Hause ist da noch am günstigsten. Wollen Sie auch unterwegs diese Dienste aktiv nutzen, verbrauchen Sie kostbares Datenvolumen. Ist die Bandbreite erst gedrosselt, haben FaceTime & Kollegen keine Chance mehr. Außerdem gehen die Provider der Mobilnetze dazu über, mit technischen Tricks die unliebsame Technik der Internet-Telefonie aus den Netzen herauszuhalten oder sie nur gegen Aufschlag durchzuschalten. Wer soll denn sonst noch Geld verdienen mit „echten" Telefongesprächen nach Minutentakt?

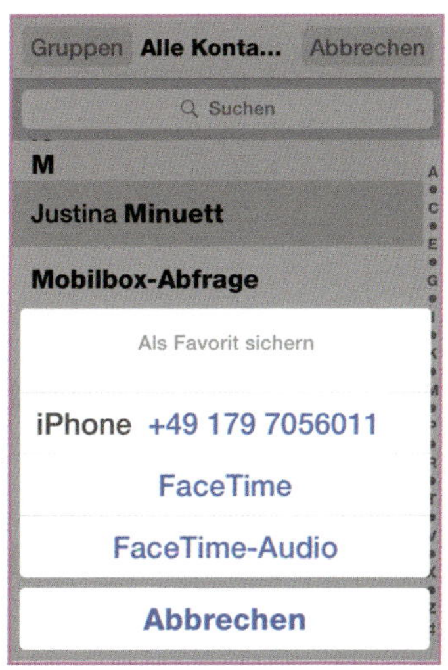

Ihre iCloud-Adresse (und weitere, wenn Sie mögen) dient FaceTime quasi als Telefonnummer; sie ist in Apples zentralem Telefonbuch so notiert. Mittlerweile kann FaceTime sogar Telefonnummern verwenden – zumindest die der SIM-Karte(n), die Sie selbst bei der Ersteinrichtung für diese Benutzung freigegeben haben. Die Bedienung der FaceTime-App ähnelt der der Telefon-App fast aufs Haar, es fehlen nur der Ziffernblock für Telefonnummern

und der Anrufbeantworter. Das hat FaceTime – im Gegensatz zum Konkurrenten Skype – nicht zu bieten.
Allerdings können Sie die E-Mail-Adresse nicht wie eine Telefonnummer über die Tastatur eingeben. Das Prozedere beginnt immer mit einem Datensatz in der Kontakte-App – schon bestehende Kontakte können Sie aus der App heraus aufrufen. In der Detailansicht können Sie dann mit der Taste FaceTime das Gespräch aufbauen. Möchten Sie sich ohne Video unterhalten, dann drücken Sie das entsprechende Symbol. Genauso können Sie auch die Kontakte-App als Startpunkt wählen und dort dieselben Schritte unternehmen. Auch in einem laufenden „normalen" Handy-Gespräch ist das Umschalten auf FaceTime möglich, der Bildschirm bietet hierfür eine eigene Taste im Gespräch an.
Bei den ersten Video-Telefonaten vergisst manch einer, dass man selbst natürlich für den anderen auch zu sehen ist. Schauen Sie mal auf das Display: Sie sehen sich selbst dort im kleinen Fenster und können das auch verschieben oder per Tipp zwischen beiden Fenstern umschalten. Außerdem können Sie mit einem Tipp auf das Kamera-Symbol von der Front- auf die Hauptkamera umschalten. Vielleicht sehen ja Sie etwas, was Sie dem anderen gerne zeigen möchten: den wunderbaren Strand oder das Chaos im Keller nach dem Rohrbruch. Die lästige Seite ist: Bei Video-Chats muss man sich auch mit den Augen auf den anderen einlassen und kann gar nichts mehr nebenbei tun! Sie sind unter Beobachtung! Darum ist der Blick auf das eigene Bild immer wichtig, möchte man doch zu seinem Gegenüber gut rüberkommen.

SKYPE – ALLES IN EINER APP

Apple ist mit FaceTime vergleichsweise spät gestartet, da hatten andere längst einen großen Teil des neuen Marktes der Internet-Telefonie für sich gesichert. Einer der Großen ist Skype, mittlerweile gehört der Dienst zu Microsoft. Zunächst begann er als einer von vielen Chat-Anbietern, bei dem man auch unkompliziert Dateien hin- und herschicken konnte. Bald kamen Audiogespräche dazu, dann der Videochat. Und schon sehr früh überwand Skype Grenzen: Mac-Anwender konnten mit Windows-Usern konferieren, das öffentliche Telefonnetz war erreichbar und einen Anrufbeantworter gab es auch.

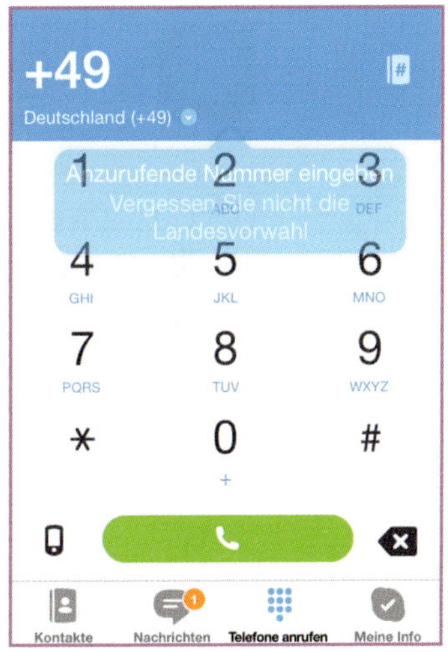

Heute gibt es Skype auch als App für Android, iOS und eine Reihe weiterer Systeme – und das ist der eine große Vorteil: Mit Skype erreichen Sie auch Teilnehmer, die keinen Mac und kein teures iOS-Gerät haben. Das ist bis zu diesem Punkt alles kostenlos.

Geld verdient Skype mit Zusatzangeboten, die durchaus interessant sind:

- Telefongespräche aus dem Skype-Netz in das öffentliche Netz zu günstigen Preisen
- Nachrichten per SMS verschicken
- Zuteilung einer nationalen „Festnetz"-Rufnummer, um für andere ohne Skype auch erreichbar zu sein – inklusive Anrufbeantworter

So kann sich auch das iPad zum Telefon wandeln – per Skype und ohne Telefonhörer. Telefonhörer (eigentlich bloß Lautsprecherkapsel und Mikrofon im Design eines Hörers) für das iPad gibt es übrigens im Handel, für den Anfang tun es aber auch Kopfhörer für eine bessere Tonqualität und weniger Zuhörer.

Auf www.skype.com/de erfahren Sie mehr über Preise und können auch die Mac- und Windows-Versionen herunterladen, die Skype-App gibt es im AppStore.

DIE SCHNELLE NACHRICHT: IMESSAGE UND SMS

Während sich Skype als Komplettangebot gibt, setzt Apple auf die Trennung von Telefonie und Chat. FaceTime für das Gespräch und die Nachrichten-App für die schnelle Botschaft, bei Apple heißt sie iMessage. Zugleich ist sie am iPhone – und nur dort – auch die Kommandozentrale in Sachen SMS und MMS, also die Kurzmitteilungstypen, die Sie vom Handy her kennen.

Eine neue Nachricht verfassen

Die wichtigste Grundfertigkeit für Textnachrichten haben Sie bereits erlernt: das Arbeiten mit Text und der Tastatur. Und wer E-Mails schreiben kann, für den ist das hier ein Klacks:

1 Öffnen Sie Nachrichten und mit einem Tipp auf das Piktogramm mit Stift und Block legen Sie eine neue, leere Nachricht an.

2 Adressieren Sie die Nachricht, indem Sie die Adresse eines anderen iMessage-Nutzers eintragen (Schon als Datensatz vorhanden? Dann genügt der Name!) Das iPhone verarbeitet hier auch Handynummern.

3 Schreiben Sie Ihre Nachricht in das Eingabefeld. Vielleicht ergänzen Sie sie um ein paar Symbole aus der Emoji-Tastatur (Globus-Taste)?

4 Und ein Foto? Mit Tipp auf Fotoapparat-Taste neben dem Nachrichtenfeld können Sie ein vorhandenes Bild einfügen oder genau jetzt eines aufnehmen. Unter iOS 8 ist es auch möglich, kurze Video- oder Audiomitteilungen zu senden - dazu gleich mehr.

5 Senden Sie ihre Nachricht.

Wenn Sie Ihr Gerät jetzt verriegeln, verpassen Sie trotzdem nicht die Antwort. Mit Tonsignal und einer Bildschirmmeldung macht iOS Sie auf die neu empfangene Nachricht aufmerksam.

Folgen Sie den Anweisungen und öffnen Sie die Nachrichten-App. Allmählich entwickelt sich eine Unterhaltung aus Sprechblasen. Beim Schreiben haben Sie – im Gegensatz zu früheren Handys – eine komplette Tastatur, was die Eingabe deutlich erleichtert (Querformat ausprobieren!).

Außerdem helfen die Argus-Augen von iOS bei der Rechtschreibung – die gesamte Palette der Textbearbeitung inklusive Kopieren und Einsetzen stehen Ihnen hier zur Verfügung. Dank Siri können Sie Ihre Antworten auch diktieren: Mit einem Tipp auf die Mikrofon-Taste in der unteren Reihe ist vieles schneller gesagt als geschrieben. Auch außerhalb der Nachrichten-App ist Siri bereit für iMessage & Co.: Bei der Spracheingabe: „Sage Justin: Ich komme eine Stunde später" legt Ihnen iOS dank der Cloudunterstützung eine korrekt adressierte Nachricht an die (vorab gespeicherte) Person zur Freigabe vor.

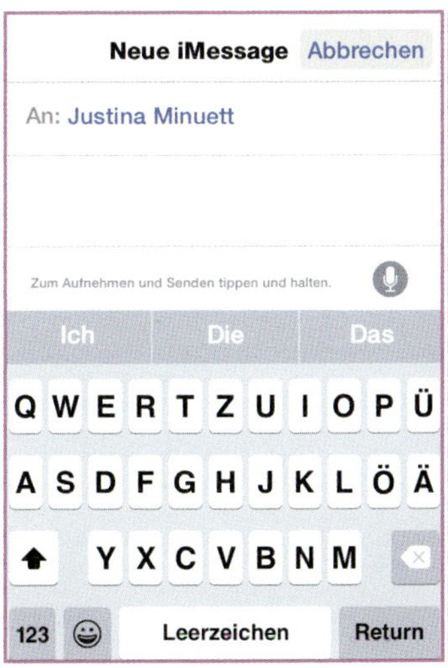

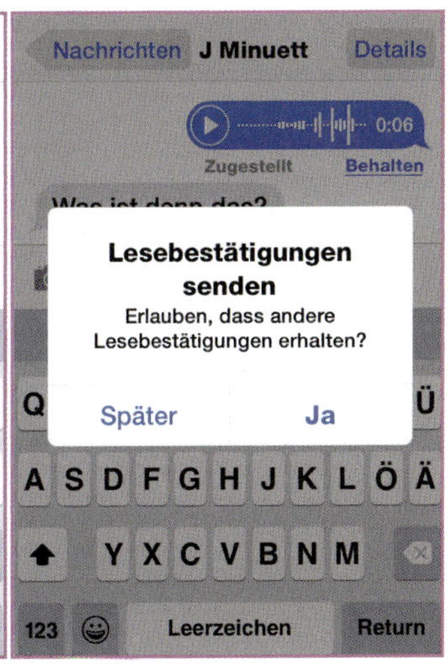

Nachrichten bearbeiten, Unterhaltungen löschen

Erhalten Sie selbst ein Foto, dann schauen Sie es sich zunächst in der Vollbild-Ansicht an. Dort haben Sie mit der Aktions-Taste die Möglichkeit, dieses Bild abzuspeichern, zu drucken oder Ihrerseits zu verschicken – mit welchem Dienst auch immer.
Lassen Sie Ihren Finger auf einer der Sprechblasen liegen, öffnet sich ein Kontextmenü: Sie können etwa den Text kopieren oder mit der Taste Mehr in den Bearbeitungs-Modus wechseln. Am linken Rand erscheinen nun Markierungsfelder, sodass Sie einzeln oder en gros Teile der Unterhaltung löschen oder weiterleiten können. Die komplette Unterhaltung tilgen Sie mit der Taste Alle löschen. Das hat dieselbe Wirkung wie ein kurzer Wisch von ganz rechts nach links in der Übersicht aller Unterhaltungen. Und auch diese Listenansicht können Sie bearbeiten und stapelweise Unterhaltungen einfach „vergessen".

INFO App-Tipp: WhatsApp und Threema

WhatsApp hat, so glaubt manch ein Experte, der SMS endgültig den Todesstoß versetzt. Großer Beliebtheit erfreut sich der Dienst vor allem unter Jugendlichen. Für sehr kleines Geld steht hier eine Plattform bereit, um über Geräte- und Netzgrenzen hinweg Dauergespräche in Textform zu führen. Funktioniert leider nicht am iPad und hat einige Sicherheitsmängel. Mehr Sicherheit verspricht der in der Schweiz beheimatete Dienst Threema, denn die Textnachrichten werden zunächst auf dem iGerät verschlüsselt, dann auf ihren Weg geschickt und erst beim Empfänger wieder entschlüsselt (Ende zu Ende). Da liest niemand auf der Leitung mit!

So wird es eine SMS oder MMS

iPhone-Anwender verwenden die Nachrichten-App auch für die 160 Zeichen langen SMS und deren Multimedia-Schwester MMS. Dann können Sie eine Nachricht auch so adressieren, dass Sie bloß die Handy-Nummer in das Feld am oberen Bildschirmrand eintragen.

DAS IST DER UNTERSCHIED ZWISCHEN IMESSAGE UND SMS

Die SMS ist genauso wie die MMS ein Dienst Ihres Providers, er berechnet dafür in der Regel zwischen 9 und 39 Eurocent, eine Auslands-MMS kann auch einen Euro kosten. Damit erreichen Sie garantiert jedes Handy. iMessage ist dem exklusiven Kreis der iOS- und Mac-Anwender vorbehalten und kostenlos.

Die Farbcodierung entlarvt die grüne, kostenpflichtige SMS von der blauen, kostenlosen iMessage. Auch die Farbe der Senden-Taste zeigt es Ihnen an. Sobald ein Foto mit ins Spiel kommt, macht iOS aus der SMS kurzfristig eine teurere MMS. Das können Sie verhindern, die MMS ist ohnehin aus der Mode gekommen: Home → Einstellungen → Nachrichten.

Mehr mitteilen mit iOS 8

Die Nachrichten-App beherrscht seit iOS 8 noch weitere Spezialitäten. So können Sie direkt aus der App heraus Ihren Standort als Geokoordinaten übermitteln und bei Bedarf Worte sprechen oder Bilder zeigen lassen, wenn das Tippen gerade unpraktisch ist.

Wo bin ich – und wie lange? Position per iMessage senden

Apple geht einen leicht anderen Weg als andere Anbieter und verschickt nicht bloß Geokoordinaten, sondern gibt den Anwender-Standort an eine andere Person frei. Dafür ist eigentlich die App Freunde (auch unter iOS 7) zuständig, aber die erfreut sich keiner

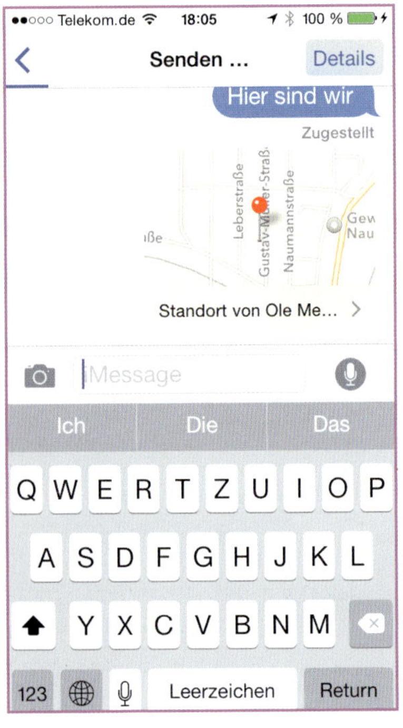

hohen Beliebtheit, weil sie für die gelegentliche Nutzung überdimensioniert ist und einen Beigeschmack von Überwachung hat. Mit diesem Wissen im Hinterkopf verstehen Sie folgenden Workshop gleich besser.

1 Beginnen Sie zunächst mit einer ersten Textnachricht, denn erst in einer laufenden Konversation können Sie mit dem nächsten Punkt fortfahren.

2 Die jetzt sichtbare Taste Details oben rechts öffnet weitere Informationen zum Gesprächspartner. Hier finden Sie auch die Befehle zur Standortfreigabe.

3 Ihren aktuellen Standort können Sie jetzt mit einem weiteren Tipp als Kurznachricht senden, am iPhone auch als SMS. Bekommen Sie selbst so eine Standortmitteilung, dann genügt ein Tipp auf die angezeigte Mini-Karte, um in die Karten-App mit all Ihren Navigationsmöglichkeiten zu wechseln.

4 Vielleicht bewegen Sie sich aber (zu Fuß, im Auto) und möchten sich mit der anderen Person „treffen“, dann spielt die Standortfreigabe (für eine Stunde, den Rest des Tages – oder bis auf Weiteres) ihre wahre Stärke aus. Jetzt kann der andere Sie in der Freunde-App virtuell verfolgen und erst dann zu Ihnen stoßen, wenn Sie nach der Shopping- oder Bierzelt-Tour tatsächlich dem vereinbarten Treffpunkt nahe sind. Von hier aus stehen natürlich auch alle anderen Kartendienste bereit.

Übrigens: Auch aus der Karten-App können Sie einen GPS-Standort versenden – und jeden anderen x-beliebigen Ort (Seite 105).

Sprechfunk reloaded: Kurzmitteilungen anreichern

Natürlich konnte das iPhone schon immer Sprachmemos, Fotos und Videos als Mitteilung oder zumindest als E-Mail versenden. Mit iOS 8 erhält dies jetzt eine wohltuende Flüchtig- und Leichtigkeit, denn erstmals integriert die Nachrichten-App einen Schnellbedienungsschalter. Tatsächlich sind es zwei:

Ein kurzer Tipp auf das Kamerasymbol links in der Eingabezeile öffnet unter iOS 8 wie schon unter iOS 7 den normalen Zugriff auf Foto-Bestand und die Kamera-Funktion. Legen Sie den Finger (tippen & halten) auf das Symbol, zaubern Sie Kontrollelemente für die Kamera hervor zum ganz schnellen Versenden eines Fotos oder zur Schnellaufnahme eines Videos. Noch können Sie abbrechen (x-Taster), denn einmal entschieden gibt es keinen Weg mehr zurück.

Auf der rechten Seite ist der Sprechfunk zu Hause: Sprechtaste drücken (tippen & halten) → reden → Sprechtaste lösen. Versenden Sie den „Ton" mit dem „Upload-Pfeil", hören Sie noch einmal hinein mit der dreieckigen Wiedergabe-Taste oder brechen Sie ab (x-Taster). Bekommen Sie selbst so einen Ton zugestellt, genügt es, das iPhone ans Ohr zu halten, um die Wiedergabe zu starten – ohne Zugriff auf den Abspielknopf.

Videos und Töne werden – und das ist das Besondere – nicht zur Speicherung angemeldet, Sie müssen im Nachrichtenfenster selbst den Befehl geben. Meist sind das ja keine Meisterwerke und darum sollen sie nach Apples Plan auch nicht den Medienspeicher vermüllen: Nach zwei Minuten sind sie beim Gegenüber schon weggelöscht, hat man die Standardeinstellungen nicht geändert (Einstellungen → Nachrichten → Audionachrichten oder → Videonachrichten).

Bei Fotos ist das System nicht so streng: Wieder hilft ein Tipp auf die Detail-Taste, um sich alle Bilder dieser Unterhaltung anzeigen zu lassen. Von dort können Sie selbst schalten, walten und löschen.

GENIESSEN & GESTALTEN

iPhone und iPad leisten in praktischen und pragmatischen Dingen tolle Dienste. Richtig verblüffend sind sie als Abspielgeräte für Videos, als digitales Fotoalbum, Spielkonsole und Lesegerät für E-Books. Mit den eingebauten Kameras können Sie Fotos knipsen oder kleine Videos drehen. Super: Gute Unterhaltung können Sie per Internet kostenfrei auf Ihr Gerät laden.

DIE LUST AM LESEN, HÖREN UND SEHEN

Die Lust am Lesen ist – gerade auch bei Kindern und Jugendlichen – hierzulande ungebrochen. E-Books tragen ihren Anteil dazu bei. Diese elektronischen Bücher sehen von der Seitengestaltung wie gedruckte Bücher aus und werden auf dem Online-Buchmarkt oft als Variante zum Papierbuch angeboten. Auch der Buchhandel vor Ort bietet mehr und mehr E-Books an – fragen Sie den Buchhändler Ihres Vertrauens. Und iPad und iPhone sind neben ihren vielen anderen Fähigkeiten gute E-Book-Lesegeräte.

Wenn Sie sich Medien wie Bücher oder Hörspiele aus dem Internet herunterladen, dann können Sie sich jederzeit und an jedem Ort daran erfreuen. Das ist ein großes Stück Freiheit, das uns das digitale Zeitalter geschenkt hat – sofern der Akku voll ist. Das gilt für „Max und Moritz“ genauso wie für die Bedienungsanleitung zu Ihrem Gerät.

Schlagen Sie auch in der Wikipedia etwas nach – Lesen macht Lust auf Wissen – oder hören Sie im Urlaub Ihren Heimatsender per App, dann benötigen Sie dafür immer eine Internet-Verbindung. Das ist zunächst gar nicht „tragisch“, denn Sie haben ja ein

internetfähiges Gerät. Aber wenn Sie sich in kein Netz einbuchen können, kein WLAN und keinen Mobilfunk haben, dann ist's mit der Wikipedia und Bayern 3 am Ostseestrand passé.
Das iPhone und die iPads mit Mobilfunk können natürlich die UMTS- und zum Teil die LTE-Netze für den Internetzugang nutzen – das macht ja den Charme dieser Geräte aus. Uncharmant sind dann aber die Mobilfunkprovider, denn die lassen sich – im Vergleich mit dem Internet aus der Wanddose – den Datenverkehr deutlich teurer bezahlen. Oder Sie drehen Ihnen nach Erreichen einer Mengengrenze, dem Inklusiv-Volumen – den Hahn zu. Im Ausland ist das alles noch viel komplizierter und darum finden Sie einige Tipps im letzten Kapitel (siehe Seite 177). Als Einsteiger sollten Sie sich aber nicht fürchten: iOS ist von Haus aus konservativ eingerichtet und lädt nicht hemmungslos Ihr kleines Inklusiv-Volumen beispielsweise mit lustigen Kätzchen-Videos leer. Immer wenn das System WLAN zur Verfügung hat, weicht iOS dahin aus. Wer kein WLAN, kein kabelgebundenes Internet zu Hause hat, muss sein Surf- und Ladeverhalten ein wenig im Auge behalten. Eine Stunde Video in TV-Qualität zu laden verbraucht etwa ein Gigabyte Datenvolumen, stattdessen könnten Sie wahrscheinlich sieben Musikalben in iTunes-Qualität über das Handynetz kaufen. Das sind auch die großen Brocken: Audio und besonders Video. Fotos fallen viel weniger ins Gewicht – und Texte in E-Mails oder E-Books fast gar nicht.

INFO Augen auf bei Medien und mobiler Nutzung

Wer kein WLAN (DSL, TV-Kabel, Router) hat, wickelt den gesamten Internet-Verkehr per Mobilfunk ab: Schnell sind die Inklusiv-Volumina aufgebraucht.
Empfehlenswert sind dann Tages- oder Monatspakete mit einem beziehungsweise fünf Gigabyte inkludiertem Highspeed-Volumen – und eine gute Netzabdeckung an Ihrem Standort (Bandbreite).

IBOOKS: BUCHREGAL MIT LADENANSCHLUSS

Elektronische Bücher und auch PDF-Dokumente lassen sich gut unter Apples eigener App iBooks lesen. Hier können Sie auch eine Auswahl an iBooks kaufen – einen ersten Eindruck haben Sie bereits bekommen. Da Apple aber nicht Verträge mit allen Verlagen unterhält, müssen Sie dort auf viele Bücher verzichten. Amazons Kindle-App oder die App des E-Book-Händlers Kobo sind beispielsweise gute Alternativen und Ergänzungen.
E-Books lesen ist sehr einfach und Sie brauchen sich kaum umzugewöhnen. Sie wischen eine Seite nach der anderen über den Bildschirm. Sie setzen Lesezeichen, können Textstellen kommentieren und über die Suchfunktionen zu Verweisstellen springen. Fast alle kostenpflichtigen Titel gibt es auch als Leseprobe – und über die Gratis-Bücher sind Sie bei Ihrem ersten Besuch bestimmt auch schon gestolpert.

INFO **App-Tipp: Kindle & Co.**

Ein umfangreiches Sortiment an elektronischen Bücher vertreibt der Internet-Gigant Amazon speziell für die bekannte Kindle-Plattform. Mit der gleichnamigen App für iOS haben Sie auf alle Ihre erworbenen Kindle-eBooks sofort Zugriff – Sie brauchen bloß Benutzernamen und Kennwort natürlich für das Amazon-Konto.
Ganz ähnlich agiert der Online-Buchhändler Kobo. Ausleihen geht aber auch: Mit „Onleihe" und „Bluefire" im Team aus dem Angebot der Stadtbüchereien oder aus dem kostenpflichtigen Angebot von „Skoobe".

Im Überblick: iBooks

Starten Sie die iBooks-App. Mit dem Antippen von Store treten Sie in Apples Bücherladen ein. Mit einem weiteren Tippen (jetzt heißt dieselbe Taste Bibliothek) kommen Sie wieder zurück.

Um in den Lösch- und Sortiermodus zu gelangen, müssen Sie die Taste Bearbeiten drücken.
Daneben liegt die Taste Sammlungen, mit der Sie zwischen Bücher- und PDF-Regal umschalten. Sie können sich später Ihre eigenen Sammlungen anlegen und horizontal-wischend zur nächsten gleiten.
Die Katalogordnung bearbeiten Sie über den letzten Schalter. Wechseln Sie in die Liste (drei Zeilen) und zurück ins Regal (vier Buchumschläge). Womöglich müssen Sie in Ihrer Ansicht den Bildschirminhalt noch ein bisschen tiefer wischen.
Nur in der Liste können Sie nach Titelnamen, Autoren und Genres (Kategorien) sortieren lassen. Sie eignet sich zum Löschen, Sortieren und Bewegen von Büchern in eigene Sammlungen besser als das Regal. Löschen von gelesenen Büchern schafft Platz auf dem Gerät für neue. Wiederholungsleser dürfen sich einmal gekaufte Bücher kostenlos immer wieder aus dem Store herunterladen.

Auf das Probelesen und den Einkauf eines neuen Buches brauchen wir hier nicht mehr einzugehen, das haben Sie ja bereits auf Seite 57 gelesen. Suchen Sie gezielt einen Titel oder Autor, dann ist die Suchfunktion im Store Ihr bester Freund. Auch das Lesen erklärt sich fast wie von selbst, es gibt aber einige nützliche Funktionen, die wir Ihnen vorstellen wollen.

So lesen Sie in einem elektronischen Buch

Fangen wir mit „Max und Moritz" an, dass Sie bereits heruntergeladen haben: Ein Antippen des Buchtitels genügt, um es zu öffnen. Sie „rollen" sich von unten nach oben durch den Text oder Sie blättern vor und zurück mit Wischbewegungen vom rechten oder linken Rand. Sie machen das intuitiv richtig. Ganz nach Lust und Laune halten Sie Ihr Gerät mal hochkant und mal quer.
Verändern Sie das Erscheinungsbild (Doppel-A-Symbol), wie Sie es in keinem gedruckten Buch machen könnten. Wählen Sie Ihre be-

vorzugte Größe und Schrifttype, probieren Sie das bei den ersten Büchern immer wieder aus. Durch leichte Unterhaltung blättert man sich einfach durch, bei wissenschaftlichen Texten hilft vielleicht eine kompaktere Darstellung, um besser im Kontext zu bleiben.
Wenn Ihnen das Standard-Thema von Büchern nicht zusagt, wechseln Sie in einen Vollbild-Modus ohne Schnickschnack oder in den Scroll-Modus. Dann lesen sich Texte wie von der Rolle.
Außerdem bestimmen Sie die Färbung des digitalen Papiers. Sepia gibt den vergilbten, Weiß den druckfrischen und Nacht einen Negativ-Eindruck wieder.
Kombinieren Sie die Themen mit der an das Umgebungslicht angepassten Helligkeit. Der Regler hierzu besitzt neben der system-

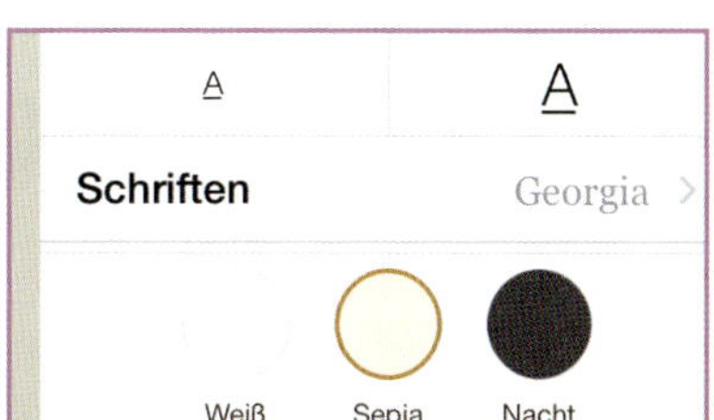

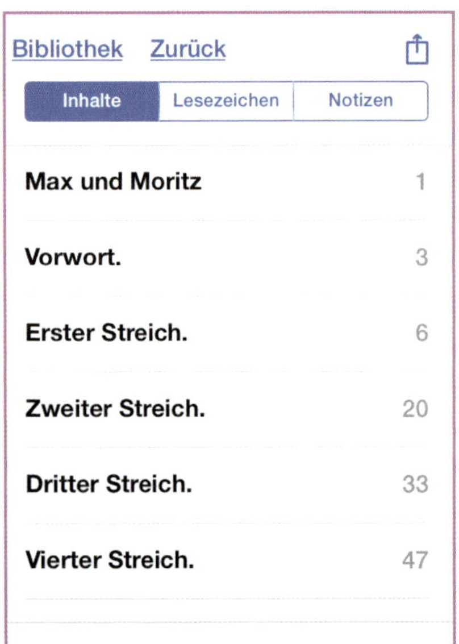

weiten Regulierung zusätzlich einen Grauschleier, um den Augen das Lesen in der Nacht noch entspannter zu machen.

Über die Lupe gelangen Sie in die Suchfunktion, um eine bestimmte Textstelle oder ein Schlagwort zu suchen. Fundstellen tippen Sie an und springen direkt an diese Position. Zugriff auf Wikipedia und die Internet-Suche klappt von hier aus auch.

Ein digitales Lesezeichen setzt die nächste Taste. Nützlich, wenn Sie erst Ihrer Pflicht als Vorleser nachgekommen sind (Lesezeichen setzen), um dann im spannenden Krimi (wo Sie zuletzt ein Lesezeichen gesetzt haben) weiter zu ermitteln. Diese Lesezeichen synchronisiert iCloud, sodass Sie den Thriller nicht bloß am iPad lesen können, sondern auch unterwegs am iPhone – und gleich richtig einsteigen.

Zugriff auf das Inhaltsverzeichnis, gesetzte Lesezeichen und notierte Kommentare erhalten Sie über die Gliederungs-Taste mit den drei Zeilen.

Zum schnellen Blättern eignet sich der Anfasser in der unteren Navigationsleiste. Vorhandene Kapitelüberschriften blendet er beim Bewegen zur Orientierung ein.

Abbildungen können Sie zoomen oder per Doppeltippen öffnen und so die gesamte Displayfläche ausnutzen. Drehen Sie Bilder mit Daumen und Zei-

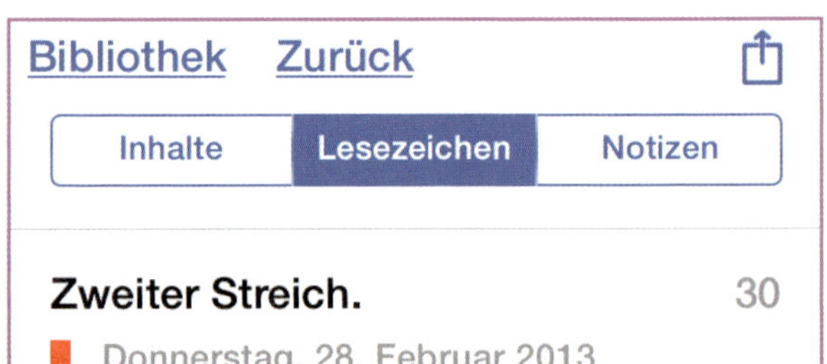

gefinger oder kippen Sie das Gerät. In einigen Büchern befinden sich möglicherweise auch eingebettet Filme. Den Bild-Modus beenden Sie über den „x“-Taster oben links.

Stichwort Notizen. Wie in einer gedruckten Ausgabe mit Bleistift können Sie Textstellen in digitalen Büchern markieren und zusätzlich mit einer Notiz versehen. Auch solche Kommentare synchronisiert iCloud von einer Buchkopie auf die andere.

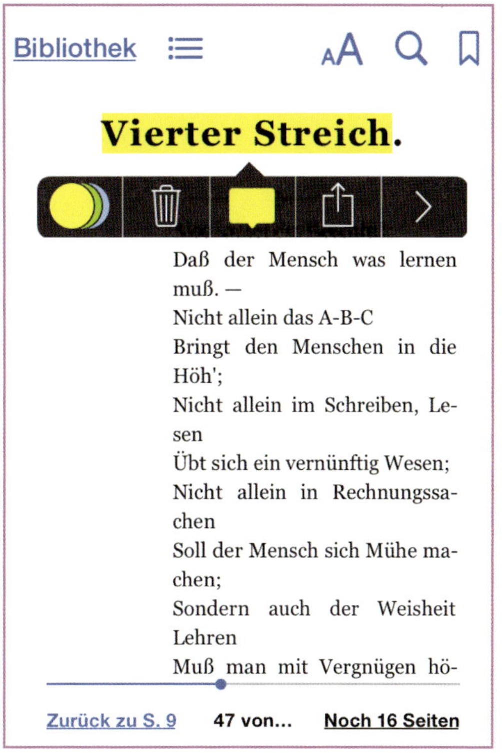

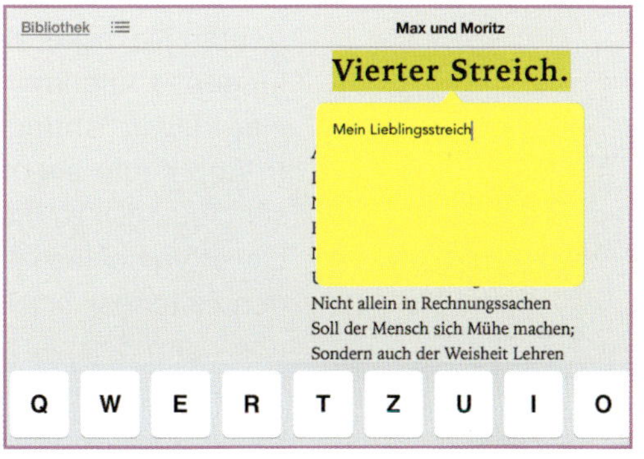

Genauso wie mit E-Books arbeiten Sie auch mit den PDFs in iBooks. Sie haben bloß weniger Optionen bei der Bildschirmanpassung. Bedienungsanleitungen für Fernseher und Eierkocher halten die Hersteller oft auf Ihren Internet-Seiten bereit und iBooks ist ein guter Ort, um all den Papierkram zusammenzufassen und dort zu horten. Was bringt Ihnen im Urlaub die gedruckte Anleitung zum Fotoapparat, wenn Sie sie zu Hause gelassen haben? Bei jedem PDF-Download oder beim Sichern eines PDF-Mailanhangs können Sie die Datei an iBooks übergeben. Hat sich Ihr gesuchtes PDF in einem eigenen Safari-Fenster geöffnet, dann tippen Sie es einmal an, um die Taste „In iBooks öffnen“ auf das Display zu zaubern. Ist es ein Anhang einer Mail, dann lassen Sie sich die Datei mit einem Tipp anzeigen. Mit der Aktionstaste können Sie dann das PDF übergeben.

ZEITUNGSKIOSK IM APP STORE: VON KÄSEBLATT BIS GOURMET-MAGAZIN

Im App Store finden Sie links oben unter Kategorie unter anderem auch den „Zeitungskiosk". In diesem bekommen Sie einen virtuellen Zeitschriftenladen geboten, in dem Sie sich ein digitales Abo Ihrer Regional-, Wirtschafts- oder Sportzeitung und zugehörige, automatische Aktualisierungen kaufen können.
Zunächst müssen Sie sich die App für Ihren Lieblings-Titel aus dem Store laden. Das ist meist noch kostenlos und verhält sich wie beim Kauf eines (Gratis-)Buches. Oft bieten diese Apps dann eine kostenlose Probeausgabe an sowie den Zugang auf ihre eigene Website, sodass Sie die App gar nicht verlassen müssen. Geld will der Verlag dann sehen, wenn Sie die hochwertigen journalistischen Inhalte auch lesen wollen. Ist das Kostenlos-Abo abgelaufen, können Sie sich meistens entscheiden, ob Sie zukünftig lieber Einzelausgaben kaufen oder ein kostenpflichtiges Abonnement für einen Zeitraum Ihrer Wahl abschließen – und das in der jeweiligen App. Diese In-App-Käufe sind hier ganz typisch und ein probates Mittel. In anderen Apps sieht das anders aus: Manch ein Spiel lockt als Gratis-Nummer, entpuppt sich aber als Groschengrab, weil der Game-Süchtige sich neue Leben oder höhere Spiellevel erkaufen will. Es rechnet immer Apple mit Ihnen ab – und immer über die Apple-ID. Achten Sie, besonders wenn Kinderhände im Spiel sind, in Einstellungen → Allgemein → Einschränkungen → Zulässiger Inhalt auf eine kürzere Abfragespanne für Ihr Kennwort und unterbinden Sie In-App-Käufe eventuell ganz. Mit aktiviertem Fingerabdrucksensor (TouchID) bleiben Kinderhände garantiert weg vom Store.
Unser Vorschlag ist an dieser Stelle: Betreten Sie den Store durch den Zeitungskiosk und suchen Sie sich zwei Titel heraus. Wie wäre es zum Beispiel mit dem optisch üppig aufgemachten und kostenlosen Lufthansa-Magazin und einer Zeitung Ihrer Wahl? Unsere fällt auf die „Welt" mit einem eingebauten 30-Tage-Schnupperabo ohne weitere Verpflichtungen. Ohne den Inhalt würdigen zu wollen: Beides sind sehr gut gemachte Apps.

Das Lufthansa-Magazin können Sie nur im Querformat lesen, das hat der Auftraggeber mit dem Entwickler so entschieden, damit die Gestaltung einschließlich der Bilder voll zur Geltung kommt. Berühren Sie Info-Flächen und eingebettete Filme, steigen Sie in Fotostrecken ein, zoomen Sie Details heran und erleben Sie, wie man ein gedrucktes Medium sehr elegant als App umsetzen kann.
„Die Welt" gibt sich deutlich konservativer – und doch innovativ. Der Versuch, das typische Zeitungsgefühl beim Leser auch in einer App zu erzeugen, gelingt im Hoch- und Querformat. Auch die Unterteilung in Zeitungs-Bücher (Kultur, Sport) über das Inhaltsverzeichnis (hinter dem Eselsohr) kommt der echten Qualitätszeitung sehr nahe.
Und dann vereinen sich die Vorteile Ihrer persönlichen Ortsunabhängigkeit mit der schnellen digitalen Auslieferung zu einem echten Traumpaar. In Ihrem dänischen Ferienhaus mit WLAN haben Sie die aktuelle Ausgabe nicht etwa nur am selben Tag, sondern noch vor dem frühesten Kiosk-Käufer im Heimatort. So lebt auch die – durch Radio und Fernsehen in Vergessenheit geratene – Tra-

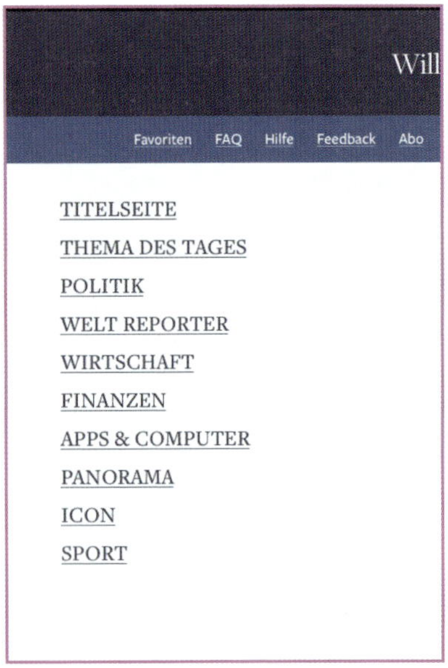

dition wieder auf, täglich mehrere Ausgaben (z. B. die „Mittagsausgabe") einer bestimmten Zeitung zu lesen: Namhafte digitale Zeitungen aktualisieren ihre Texte mehrmals am Tag.

Eines werden Sie womöglich schmerzlich vermissen: den Geruch nach frischer Druckerschwärze. Und auf noch eine Änderung dürfen Sie sich als digitaler Zeitungsleser einstellen: Nach dem nächsten Spaziergang im Platzregen fehlt Ihnen garantiert Material, um Ihr Schuhwerk zu trocken und wieder in Form zu bringen. Natürlich profitieren Sie auch: Sie produzieren weniger Altpapier und bezahlen oft weniger als für die Kiosk-Ausgabe oder das klassische Abo. Auch beides geht: Fragen Sie Ihren Zeitungsverlag, ob Sie als Abonnent nicht die Digital-Ausgaben zusätzlich zur Papierform erhalten können. Oft erklärt die App Ihrer Zeitung selbst, wie Sie das machen.

PODCASTS: MULTIMEDIA GRATIS LADEN

Bestimmt ist Ihnen dieser Begriff nicht nur beim Radiohören, sondern auch beim Fernsehschauen bereits über den Weg gelaufen. Aber was ist das – ein Podcast?
Der Begriff ist zunächst eine Kombination aus dem englischen Verb „to broadcast", zu Deutsch etwa „ausstrahlen". Wie Radio und Fernsehen, nur eben für den „Pod", also MP3-Player wie den iPod und seine Verwandtschaft, die von Haus aus gar nicht in der Lage ist, Ausstrahlungen aufzufangen. Man braucht halt ein Radio, um Radio zu hören. So war das im letzten Jahrhundert noch. Und hat man eine Sendung verpasst, konnte man sie aus dem Äther nicht zurückholen. Die Podcast-Technik stellt das alles auf den Kopf: Kommerzielle Radiostationen, die ARD-Sender und ganz einfache Menschen mit etwas technischem Hintergrundwissen können damit auf Sendung gehen und ein Programm zum Herunterladen anbieten. Nur eines sind Podcasts nie: live.
Apple hat schnell erkannt, welches Potenzial dahintersteckt, und bietet seit Jahren Podcast-Machern und ihrem Publikum an, den iTunes Store als Vertriebsweg zu nutzen. iTunes für Mac und PC besitzt eine Funktion zum gezielten Herunterladen solcher Beiträge (Episoden) einer Sendereihe (Podcast) – und iOS jetzt ebenfalls. Als unumstößliches Gesetz gilt: Podcasts sind kostenfrei für den Nutzer. Möchten Sie regelmäßig eine bestimmte Sendung laden, dann können Sie sie abonnieren, ohne dass Sie (abgesehen von den normalen Internet-Gebühren) nur einen Cent bezahlen. Apple verkauft also keine Podcasts und die Firma hostet sie auch nicht auf den eigenen Servern, sondern führt bloß einen Katalog und leitet Anfragen direkt an den Anbieter weiter, z. B. an den Westdeutschen Rundfunk oder an den Server einer Universität oder einer Privatperson.

Schritt für Schritt: Einen Podcast abonnieren

- Einen ersten Überblick über das breitgefächerte Angebot erhalten Sie gleich nach dem Öffnen der App und einem Antippen der Taste Topcharts.

- Wechseln Sie am oberen Bildschirmende zwischen Audio- und Video-Angeboten.
- Nun können Sie durch Auf- und Abwärtswischen die (nach Downloadzahlen) erfolgreichsten Angebote sehen, ein Tipp auf den jeweiligen Podcast öffnet die Detailseite.
- Das Berühren eines Eintrags reicht schon aus, um den entsprechenden Beitrag zu hören oder zu sehen. Hilfreich ist der blaue Informations-Taster ganz rechts: Er gibt eine kurze Programmzusammenfassung als Text aus.
- Möchten Sie jetzt diese Podcast-Episode herunterladen, berühren Sie dafür die „wolkige" Download-Taste.
- Ein (immer kostenfreies!) Abonnement gehen Sie ein, indem Sie die gleichnamige Taste drücken. Die aktuelle Folge lädt Ihr Gerät jetzt sofort, alle zukünftigen automatisch ohne Ihr weiteres Zutun.

Probieren Sie das doch einmal aus: Suchen Sie aus den Audio-Angeboten im Kategorien-Ast Kunst / Literatur den „ARD Radio Tatort". Das Abo lohnt sich für alle Hörspielfreunde!

Einen Podcast hören oder sehen

- Tippen Sie einen Episoden-Eintrag einfach an – und los geht's!
- Bei Video-Podcasts können Sie mit einem kurzen Tipp auf den Bildschirm die Bedienelemente ins Bild bringen: Lautstärke, Vor- und Rückspulen. Im oberen Bereich können Sie den Anfasser der Zeitleiste berühren und bewegen, um gezielt nach vorne oder zurück zu springen. Ganz rechts unten regeln Sie die Wiedergabegeschwindigkeit und die Zoomstufe. Letzteres können Sie auch mit den entsprechenden Gesten regeln.

- Audio-Podcasts haben ganz ähnliche Kontrollelemente zum Steuern des Redebeitrags oder des gewünschten Musikabschnitts. Neben der Wiedergabegeschwindigkeit – das kann besonders hilfreich sein, wenn man etwa Beiträge in einer Fremdsprache hört – und der Zeitleiste (hier mit feinem weißem Anfasser) können Sie die Wiedergabe auch per Ruhezustandstimer nach einer vorgegebenen Zeit beenden.
- Zu jedem Zeitpunkt können Sie über die Zurück-Taste oben links aus der Wiedergabe-Ansicht in die Navigation wechseln, jetzt läuft bringt Sie wieder dorthin.

Etwas genauer gehen wir auf die Bedienelemente in den sich anschließenden Abschnitten Musik und Video ein.

Noch mehr Podcasts finden

Sicher haben Sie die Taste namens Store schon längst in der oberen linken Ecke des Hauptfensters entdeckt – und mit einem Tipp entdecken Sie den ganzen Podcast-Katalog, den iTunes führt. Die Highlights und die Topcharts sind ein guter Einstiegspunkt zum Stöbern, natürlich können Sie auch gezielt suchen: nach dem Namen einer Sendung (mit der Maus), einem Schlagwort (Maus) oder einem Anbieter (WDR). Wir möchten Ihnen an dieser Stelle einige Empfehlungen geben:

- GEO Audio präsentiert ein Reisemagazin und als Extra eine vorgelesene Reportage aus einem der aktuellen Hefte.
- Zwischen Hamburg und Haiti vom NDR ist ein Reportagemagazin für Entdecker fremder Kontinente und unbekannter Welten gleich nebenan.
- Die regelmäßige „Chefvisite“ von Dittsche (Oliver Dittrich) in Ingos Imbiss funktioniert – welch eine Weltidee – auch als Tonspur.
- Neben dem Radio Tatort produzieren die Landesrundfunkanstalten auch das ARD Radio Feature zu einem aktuellen Thema.
- Der Podcast der Stiftung Warentest lässt Sie hinter die Kulissen schauen und informiert über die Themen des aktuellen Hefts.

■ Der Podcast von Quarks & Co ist die komplette Sendung aus dem WDR-Fernsehen mit einem weit zurückreichenden Archiv.

Wie lange eine Episode online zum Herunterladen bereitsteht, entscheidet der Anbieter selbst. Alle nicht vom Bayerischen Rundfunk stammenden Radio Tatorte etwa verschwinden nach vier Wochen wieder. Bei Video-Podcasts – das sind große Dateien – hört und sieht man häufig die Arbeit eines Kompressors zum Kleinrechnen der Datei und einige Angebote gibt es daher in zwei oder mehr Qualitätsabstufungen. Die Tagesschau ist dafür ein Beispiel – und auch dafür, dass nicht jeder alles senden darf: Die ARD-Nachrichten schneiden für die Internet-Ausgaben häufig die Bildberichte von großen Sportereignissen aus, weil die Übertragungsrechte für das Internet an andere Anbieter verkauft wurden.

Podcast-Episoden löschen, Abos verwalten und beenden

Podcasts können schnell den Speicher Ihres Gerätes verstopfen und bereits gespielte Episoden löschen sich mit den Standard-Einstellungen von iOS nicht von selbst.

■ Ändern Sie dieses Verhalten in Einstellungen → Podcasts außerhalb der App und beschränken Sie sich auf die nicht gespielten oder die letzten drei Folgen.

■ In der Podcast-App selbst können Sie für Ihre Lieblingsprogramme abweichende Einstellungen treffen. Wechseln Sie in der Ansicht Podcasts auf deren Detailseite und bestimmen Sie die Feinheiten oder beenden Sie das Abo. Wollen Sie Freunde auf Lieblingssendungen hinweisen, können Sie dies über die Bereitstellen-Taste direkt daneben.

■ Ein Wischen von rechts nach links löscht in der Listenansicht einzelne Episoden von Ihrem Gerät und mehr: So können Sie etwa ganz unterschiedliche Podcast-Episoden zu Ihrem persönlichen Schlummer-Programm in der On-the-go-Liste zusammenfassen und bei wachsenden

Sammlungen sowie über Gerätegrenzen hinweg eigene Favoriten-Sender definieren.
Die Technik, um Podcasts selbst zu machen, halten Sie übrigens in der Hand: Ton- und Videoaufnahmen sind für iPhone und iPad kein Problem und das Hochladen zu einem Anbieter geht auch. Nur der Feinschnitt ist hakelig, den macht man besser am Computer.

Für Studenten und Gasthörer: iTunes U

Das technische Vertriebsgerüst von Podcasts, basierend auf RSS-Feeds mit Dateianhängen, nutzt auch iTunes U. Bildungseinrichtungen haben schnell erkannt, dass Podcasts ein wertvolles Instrument sind, um Informationen an Studenten zu verteilen: Statt eines „Readers", den alle Kursteilnehmer kopieren müssen, verteilen immer mehr Lehrkräfte ihre Materialien digital und online als PDF über einen RSS-Feed. Und es gehört wenig dazu, ganze Sprachkurse mit Hörbeispielen und schriftlichem Begleitmaterial so für die Allgemeinheit zu veröffentlichen. Apple hat vor einiger Zeit die Plattform iTunes U dafür geschaffen und den Podcast-Bereich von solchen Bildungsangeboten getrennt. Auch hier gilt: Nicht Apple ist der Anbieter, iTunes stellt bloß die Kataloginformationen bereit. Die Dateien liegen auf den Servern der Bildungseinrichtungen.

ITUNES STORE: DER HAUPTEINGANG INS MEDIENKAUFHAUS

Sie haben bereits einige Seiteneingänge in Apples digitalen Laden entdeckt, viele Apps des Herstellers locken Sie mit der Taste „Store" in die jeweilige Fachabteilung Musik, Video, App oder auch Buch. Diese App ist sozusagen der Haupteingang in die bunte Medienwelt und lädt zum Stöbern ein. Vielleicht möchten Sie selbst ja einmal – zumindest im kostenlosen Ausschnitt – diese Musiktitel hören oder jene Filme ansehen von den Künstlern, deren Namen Sie immer in der Presse lesen. In der Regel lässt Sie Apple jedes

Musikstück 90 Sekunden Probe hören (auch alle Titel eines Albums „in einem Rutsch“, bei Filmen und TV-Serien gibt's immerhin einen Trailer zu sehen.

Verwechseln Sie bitte nicht „iTunes Store“ mit iTunes am Computer. Das Gratisprogramm für PC und Mac versteht sich als All-in-one-Lösung: Neben dem Verwalten eigener Medien und dem Synchronisieren von persönlichen Daten zu iOS-Geräten bietet das Programm dort ebenfalls den umfassenden Zugang in Apples Digital-Geschäft: Musik, Spielfilme, TV-Serien, auch Apps und E-Books können Sie dort kaufen und an iPhone oder iPad überspielen.

INFO **Abo als Alternative**

Immer größere Bedeutung gewinnen Film- oder Musik-Flatrates: Von Napster, Watchever und einigen anderen gibt es entsprechende Apps, die sogar den Download auf das iOS-Gerät ermöglichen. Sie erwerben aber kein Eigentum oder dauerhaftes Lizenzrecht, sondern können Musik nur so lange nutzen, wie Sie auch zahlen (ca. 10 €/Monat). Bei Amazon gekaufte Musik (auch Schallplatte oder CD) können Sie zum Teil über den Amazon CloudPlayer am iOS-Gerät ohne Digitalisieren und Umkopieren sofort hören.

MUSIK UND VIDEO: MEDIENPLAYER SUCHEN FUTTER

Das wäre ganz nach Apples Geschmack: Musik, Hörbücher und Filme kaufen Sie im iTunes Store ein. Dazu sind Sie aber nicht gezwungen. Sie können für Ihre Digitaleinkäufe auch andere Anbieter nutzen oder andere Quellen anzapfen, sofern die MP3- oder WMA-Dateien keinen Kopierschutz tragen. Selbst Ihre eigene Plattensammlung können und dürfen Sie auf die Geräte kopieren. Sie sind bloß daran gebunden, die kostenfreie iTunes-Software von Apple dafür einzusetzen (siehe www.apple.com/de/itunes/). Diese wandelt (konvertiert) Dateiformate so um, dass iOS sie abspielen kann.

Die Möglichkeiten, die iTunes für Mac und PC bietet, sind sehr umfangreich. Als Einsteiger sollten Sie einfach mit dem Rippen (engl. hier: Runterreißen vom Datenträger) einiger CDs beginnen und währenddessen die programmeigene Hilfe-Funktion aufrufen, um ein wenig mehr zu erfahren:

- Starten Sie iTunes am Mac oder PC.
- Die Standardeinstellungen sind für den Einstieg gut geeignet, legen Sie einfach eine CD Ihrer Wahl ein.
- iTunes versucht jetzt, die Titelnamen der CD über das Internet zu ermitteln. Das klappt sehr gut mit gekauften Tonträgern.
- Das Programm fragt Sie, ob Sie die Titel importieren möchten.
- Nach einigen Minuten haben Sie nun Audio-Dateien, mit denen iPhone und iPad etwas anfangen können.

Videos (etwa DVDs) kann iTunes nicht konvertieren und ist darauf angewiesen, dass Spielfilme oder TV-Mitschnitte bereits als MPEG-4-Datei vorliegen. Sie tragen Dateiendungen wie .mpg, .mp4, .mov, .m4v. Achtung: Bei Dateien des Typs .wmv oder .mkv sind iTunes und die iOS-Geräte ohne Tricks zunächst hilflos. Dann aber genügt es, Videos einfach in das iTunes-Programmfenster zu ziehen. Langspielplatten oder Audio-Kassetten müssen erst digitalisiert werden. Dazu kann man einen Computer an die Stereo-Anlage anschließen oder im Fachhandel Abspielgeräte erwerben, die eigenständig digitale Kopien von diesen analogen Quellen schreiben. Sie werden dann in der Regel gleich ins MP3- oder das iTunes-typische AAC-Format umgewandelt.

Sobald Sie Ihr Gerät mit Ihrem Computer verbunden haben, finden Sie in der linken Spalte von iTunes einen Eintrag zu Ihrem Gerät, den Sie bitte anklicken. iTunes führt Sie durch die erste Synchronisation, Sie müssen bloß auswählen, was Sie auf Ihr Gerät überspielen wollen und über die Schaltfläche „Anwenden" den Transport starten. Außerdem überträgt iTunes alle bereits erworbenen Medien (Max und Moritz, Radio-Tatort-Podcast, zusätzliche Apps) in die Mediathek des PCs. Und jetzt lohnt auch ein Blick in die beiden Apps Musik und Video.

Im Überblick: Musik-App auf iPhone und iPad

Mit Listen können Sie eigene Wiedergabelisten anlegen oder jene aufrufen, die Sie mit iTunes am Computer erstellt haben. Das ist praktisch, wenn Sie mehrere Titel oder ganze Alben nacheinander hören wollen, ohne zum Gerät zu greifen.
Mit der Taste Interpreten rufen Sie die alphabetische Ordnung der Künstler auf, um im nächsten Schritt die dazugehörigen Alben zu sehen und Titel abspielen zu können.
Ebenso geordnet sind die einzelnen Titel. Nutzen Sie das Register rechts, um gezielt zu einem Buchstaben zu springen oder das Suchfeld am Listenanfang aufzurufen. Auch die Alben zeigt die App in alphabetischer Ordnung an. Am iPhone können Sie gleich über den ersten Eintrag in die Titelliste springen.
Über die Taste Weitere finden Sie schnell Musik eines Komponisten, können gezielt nach einem Genre (Musikrichtung) oder einer Kompilation suchen, einem Album, das verschiedene Künstler bestritten haben. Mit Bearbeiten können Sie am iPhone die Tastenleiste nach Ihren Wünschen neu arrangieren.
Mit einem Tipp wechseln Sie in Apples Online-Store und zurück in Ihren eigenen Katalog.

Aus Platzgründen fehlen am iPhone zunächst alle Bedienelemente zur Wiedergabe, sie zeigen sich erst beim Anspielen eines Titels durch weiteres Antippen. Dafür besitzt es im Querformat den „Cover Flow"-Modus, mit dem Sie wie in einer Plattenkiste blättern können. Sicher kommen Ihnen die Symbole von Ihrer Stereoanlage bekannt vor – iOS setzt auf diesen Wiedererkennungswert.

INFO

App-Tipp: Shazam und SoundHound

„Was läuft denn da gerade?" Apps wie Shazam und SoundHound ermittelt das: einfach ans Radio halten, Tagging starten und nach wenigen Sekunden steht das Ergebnis oft fest. Bei der Ermittlung des sogenannten akustischem Fingerabdrucks hapert's aber bei Klassik, Live-Konzert und Party-Mix. Wer mag, kann sich von der App in den iTunes Store und von dort direkt ins richtige Plattenregal schicken lassen.

Pause und Wiedergabe: Je nach Betriebsart wechselt der Schalter seine Funktion.
Vor- und Rücklauf: Springen Sie per Antippen zum nächsten Lied oder zum Anfang des jetzigen Titels und noch weiter zurück. Halten Sie die Taste gedrückt, dann „spulen" Sie wie beim Kassettendeck.
Bei der Wiedergabe von Hörbüchern und Podcasts ergänzen Zeitsprungtasten den Vor- und Rücklauf: 10 Sekunden zurück oder eine halbe Minute vorwärts.
Nutzen Sie zur Anpassung der Lautstärke diesen virtuellen Regler oder die Tasten an der Geräteseite.
Halten Sie den Anfasser in der Zeitleiste, um gezielt zu springen: Je tiefer Sie dabei mit dem Finger fahren, desto kleiner

werden bei Links- und Rechtsbewegungen die Sprünge.
Außerdem können Sie die Zufalls-Wiedergabe und die Wiederholung aktivieren und wieder aufheben. Genius, das Symbol mit den umherfliegenden Elektronen, sucht zum gerade spielenden Titel passende weitere aus Ihrer Bibliothek und ist damit der Zufallswiedergabe deutlich überlegen; mit Neu rufen Sie diese Funktion auf. Die Genius-Funktion orientiert sich am Genre eines Interpreten und tauscht auch Informationen mit den Apple-Servern aus. Im iTunes-Programm am Computer können Sie Genius ein- und ausschalten.

INFO iTunes und die Privatkopie

Man fängt immer im eigenen Medien-Archiv an und kopiert dann die Schätze – zum Beispiel auf einen USB-Stick. Jetzt wechselt man den Computer oder zumindest das Benutzerkonto. Denn nun kann der Neuling seine eigene iTunes-Instanz befüllen. Jetzt müssen Sie nur noch alle (oder einzelne) Ordner in das iTunes-Programmfenster ziehen oder alternativ über den gleichlautenden Menübefehl zur Mediathek hinzufügen und schließlich per USB-Kabel zu synchronisieren.
Diese strikte Trennung ist etwas unkomfortabel, aber sicher: So kann der Computer des Juniors eine Hilfe für den Senior sein, der frei in seinem Benutzerkonto schalten und walten kann, ohne andere Daten, etwa für den Job, zu gefährden. Das sei ihm erlaubt, denn ein iPad-Backup am Computer speichert mehr Daten und ist sicherer als allein iCloud.

Sicher haben Sie beim Ausprobieren schon festgestellt, dass der kleine eingebaute Lautsprecher ganz ordentlich klingt, sogar noch besser, sobald das Gerät flach mit dem Rücken auf einem Tisch liegt und diesen als Resonanzkörper nutzt. Stereo-Eindruck vermitteln aber nur Kopfhörer oder Zusatzlautsprecher.

Gehen iPhone und iPad in den Standby-Modus und ist der Bildschirm gesperrt, brauchen Sie nicht jedes Mal Ihr Gerät zu entsperren. Ein einfacher Druck auf die Home-Taste zaubert die wichtigsten Controller auf den Sperrbildschirm. Außerdem besitzen viele Kopfhörer (auch der zum iPhone mitgelieferte) im Kabel zudem eine kleine Fernbedienung mit drei Knöpfen: Oben und unten zur Lautstärkeregulierung und der mittlere für Start und Stopp. Drücken Sie sie zwei- oder dreimal, springen Sie einen Titel vor oder zurück.

Im Überblick: Video-App auf iPhone und iPad

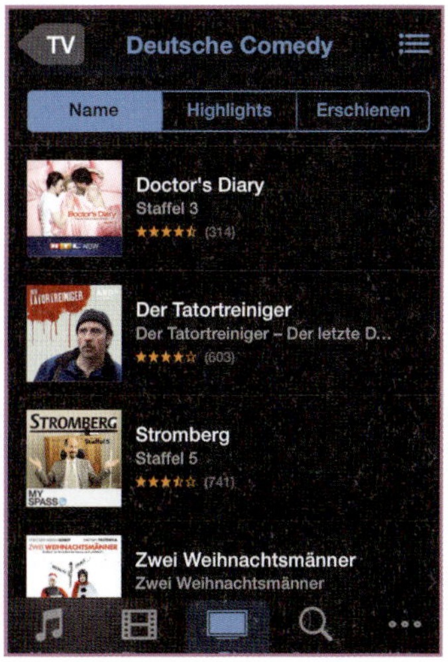

Im Wesentlichen bedient sich die App Videos derselben Controller wie die Musik-App – alles andere wäre unlogisch und Apple-untypisch. Aber natürlich gibt es einige Unterschiede:

Am iPad präsentieren sich Videos ähnlich wie Alben, wechseln Sie zwischen Filmen und TV-Sendungen in der oberen Leiste. Durch Antippen eines Titels öffnen Sie zunächst ein Informationsfenster. Von dort aus starten Sie direkt die Wiedergabe oder springen zu einem bestimmten Kapitel eines Films oder zur Folge einer TV-Serie.

Das iPhone präsentiert stets eine Listenansicht, Zugriff auf Kapitel bietet erst das Listen-Symbol im Controller bei der Wiedergabe.

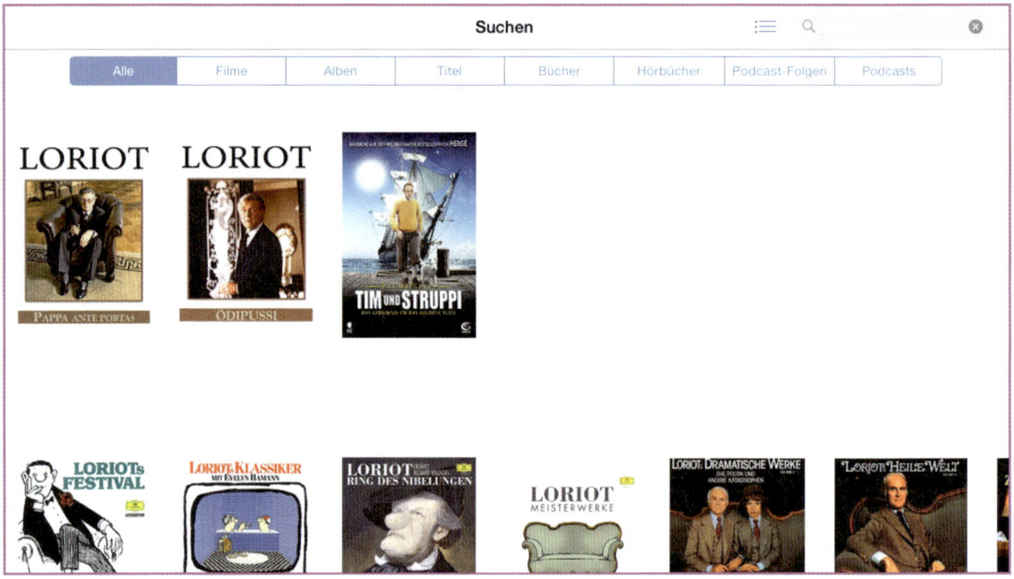

Hat ein Film mehrere Tonspuren (Synchron- und Originalfassung), macht dies ein Sprechblasen-Symbol deutlich.

Stören Sie sich an schwarzen Balken? Die Zoomstufe ändern Sie über den Schalter oben rechts, durch Doppeltippen in das Videobild oder per Zoomgeste.

Die Helligkeit regeln Sie stets systemweit in der Einstellungen-App (und das fix übers Kontrollzentrum).

INFO **App-Tipp: Fernsehen aus dem Internet**

ZDF und alle ARD-Sender empfängt die App Zattoo, erfordert aber eine Registrierung. Ein breites Angebot halten auch die Mediatheken der TV-Stationen im Internet oder als App bereit. Ein Besuch dort lohnt sich – aber besser nicht per Mobilfunk: Gestreamte Videos fordern – Flatrate hin oder her – Ihre Bandbreite und Ihr Inklusiv-Volumen.

AKKU-STROM IST VERGÄNGLICH

Die Video-Wiedergabe insbesondere bei hoher Helligkeit ist sehr energiehungrig. Bei einer längeren Tagesreise sollten Sie immer das Ladegerät samt Kabel dabeihaben, um im ICE nachtanken zu können. Bei Flugreisen und im Regionalexpress empfiehlt sich ein externer Akku-Pack (USB Power Bank), im eigenen Auto ein USB-Ladegerät für den Zigarettenanzünder.

Fernsehen mit iPhone und iPad

Dank der Umstellung auf das digitale Fernsehen DVB-T können Sie überall dort gut mobil fernsehen, wo ein starkes Funksignal zu empfangen ist – ohne Internet-Kosten und per Antenne! Tizi go von Equinux und Elgatos EyeTV Mobile werden einfach an den Lade-Anschluss gesteckt und mit einer Gratis-App bedienen Sie dann Ihren neuen Fernseher. Für die iPhone- und iPad-Modelle mit Lightning-Anschluss brauchen Sie die „neue" Version. Oder Sie setzen auf eine Funk-Lösung: Beide Hersteller haben auch DVB-T-Tuner im Sortiment, die auf der Fensterbank positioniert ein besseres Signal auffangen und das Programm dann per WLAN an die Gratis-App weitergeben. Für Kabel und Satellit gibt es ebenfalls Lösungen: Die integrieren sich dann in das Heimnetzwerk, sind nicht transportabel und deutlich teurer als die 80 bis 120 Euro für die vorgestellten Empfänger.

FÜR JEDEN ZWECK GIBT'S EINE APP

Über eine Million nützlicher, witziger oder total überflüssiger Mini-Programme hält Apples Software-Geschäft für die Nutzer von iOS bereit – und jedes Dritte macht von den Darstellungsmöglichkeiten des iPads Gebrauch.

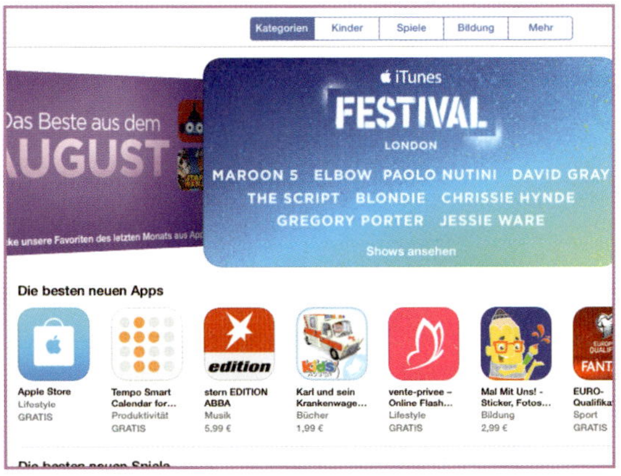

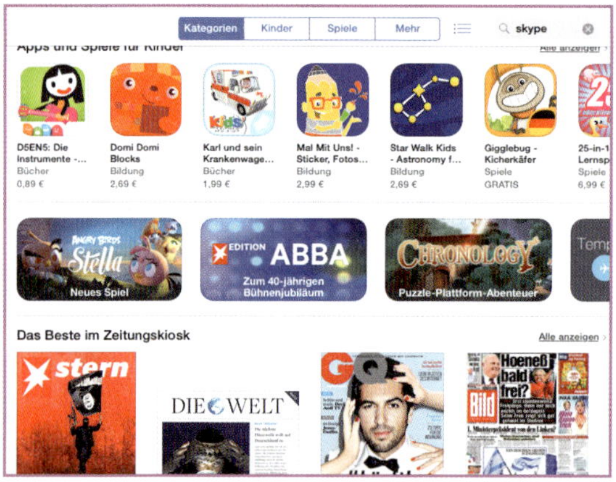

Die unglaubliche Vielfalt im App Store trägt ganz maßgeblich zum Erfolg von iPhone und Co. bei, keine andere mobile Plattform bietet solch eine Auswahl. Für Sie als Anwender bietet der App Store zudem Gewissheit, dass die Programme geprüft sind – absoluten Schund werden Sie dort nicht finden.

Es gibt aber auch Grund zur Kritik: Bei diesem Angebot kann man rasch den Überblick verlieren, viele Apps machen dasselbe und unterscheiden sich nur im Preis. Und die Allgemeinen Geschäftsbedingungen (AGB) von Apples App Store sind so unglaublich lang, dass kaum ein Verbraucher dieses juristische Kauderwelsch liest – geschweige denn versteht. Frühere iOS-Versionen machten es zudem zahlreichen App-Anbietern viel zu einfach, sensible Daten zum Anwenderverhalten auszuspähen: Einige lasen ohne deutliche Rückfrage das gesamte Adressbuch aus oder übermittelten den genauen Aufenthaltsort des Nutzers.

Mittlerweile hat Apple – auf Druck von Verbraucherschützern und Internetaktivisten – bessere Schutzmechanismen in iOS integriert. Seitdem werden Sie als Anwender um Zustimmung gebeten, wenn etwa die Facebook-App Ihre Kontakte durchforstet, um Ihre Freunde im sozialen Netzwerk zu finden. Auch der DB Navigator kann nur noch auf Rückfrage Zugverbindungen in Ihren Kalender schreiben. Das sind zwar nützliche Funktionen, aber nicht jeder will das. Und wer sich erst später umentschied und den fleißigen Datensammlern – zu denen auch Apple selbst gehört – den Zugriff auf solche Informationen verwehren wollte, musste die ganze App löschen. Schon seit iOS 6 hat sich die Lage für uns Anwender deutlich verbessert. So gibt die Einstellungen-App zentral unter dem Punkt Datenschutz uns die Entscheidung zurück, welche App auf welche Daten zugreifen darf. Findet eine GPS-Ortung statt, dann zeigt dies die Statusleiste mit einem Kompassnadel-Symbol auch an. Natürlich soll eine Navigations-App für Straße oder Schiene unseren gegenwärtigen Aufenthaltsort ermitteln, warum aber möchten das Apps, die wir für Preisvergleiche im Internet oder für die Musikerkennung aus dem Radio verwenden? Hier hat meist der Anbieter einen Nutzen und weniger der Verbraucher. Letzten Endes haben Sie es in der Hand, ob Sie der handel- und werbetreibenden Wirtschaft kostbare Informationen über Ihr Konsumverhalten überlassen wollen – und das gilt genauso für die vielen Bonus-Karten, die Sie für diese Informationen mit schäbigen Prämien entlohnen.

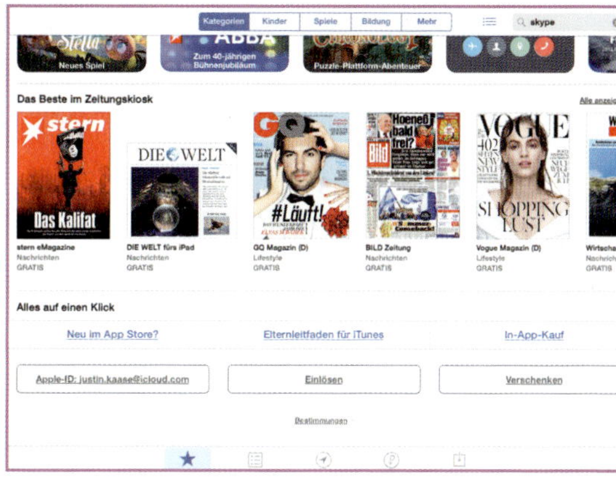

Die Spreu vom Weizen trennen

Gute Apps zu finden ist genauso leicht oder schwierig wie gute Hotels, gute Autos oder gute Lebensmittel. Persönliche Empfehlungen von Freunden oder Kollegen sind eine wertvolle Quelle, ebenso die vielen Fachzeitschriften am Kiosk – und Ihr gesunder Menschenverstand hilft ebenfalls enorm. Darum lassen Sie uns einen weiteren Ausflug in den App Store unternehmen.

Im Überblick: Der App Store und seine Abteilungen

Beim ersten Aufruf des App Store präsentiert er sich mit den Highlights. Die beliebtesten Fachabteilungen listet das iPad gemeinsam mit dem Suchfeld im oberen Bereich, am iPhone wechseln Sie die Abteilung stets über die Taste Kategorien. Die momentan erfolgreichsten Apps finden Sie in den Topcharts – unterteilt nach Gratis-Angeboten, kostenpflichtigen Apps und solchen, die umsatzstark sind. Letzteres bedeutet: Die App kostet reichlich Geld und wird fleißig gekauft (kann so schlecht wohl nicht sein) und/oder die (möglicherweise kostenlose) App generiert durch In-App-Käufe hohen Umsatz.

Ganz typische Vertreter sind Spiele und Zeitungs-Apps: Jedes Level oder jede Ausgabe kostet extra. Alle Abteilungen haben eigene Charts, der Massengeschmack kann auch Sie leiten. Achten Sie auf die Preisschilder: Ein kleines „+“ zeigt an, dass die App sowohl auf dem iPhone als auch am iPad optimal läuft. Haben Sie jetzt oder später mehrere iOS-Geräte, sparen Sie mit diesen Universal-Apps nicht nur Geld, sondern auch Einarbeitungszeit. Programme für das iPhone arbeiten stets auch auf dem iPad – aber in der Darstellung nicht optimiert. Umgekehrt wird kein Schuh draus. Mit In der Nähe zeigt Ihnen Ihr Gerät lokal beliebte Apps an, an Bahnhöfen im Ausland bestimmt Apps der dortigen Eisenbahnen. Alle Ihre gratis geladenen oder gekauften Artikel sehen Sie hier auf einen Blick. Haben Sie eine App mal gelöscht, können Sie sie hier wieder laden – ohne Zusatzkosten und auch auf anderen iOS-Geräten, die mit Ihrer Apple-ID verknüpft sind.

Über Systemaktualisierungen macht Sie iOS in der Einstellungen-App aufmerksam – diese Updates hingegen betreffen neue Versionen Ihrer Programme. Mal werden kleine Fehler beseitigt, dann sind Anpassungen an neue iOS-Versionen nötig, oft lernen Apps mit Updates neue Funktionen hinzu. Am bequemsten ist es mittlerweile, Updates vollautomatisch zu laden und zu installieren (→ Einstellungen → iTunes & App Store → autom. Downloads für Updates). Mit Tipp auf „Mehr“ bei den einzelnen Updates erfahren Sie, was sich geändert hat. Diese Updates sind immer kostenlos. Deutlich weiterentwickelte Apps stellt der Entwickler in der Regel als neue Version zum Kaufen in den App Store ein.

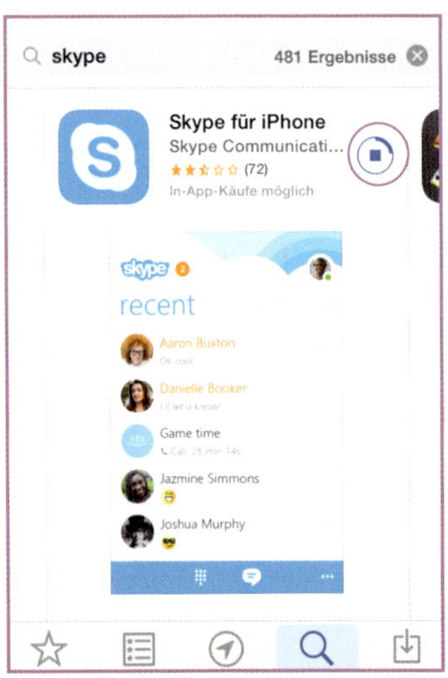

Sobald Sie eine interessante App gefunden haben, sind Bewertungs-Sterne und Rezensionen anderer Nutzer sehr hilfreich. Zwar zeugen viele Beiträge von Unverständnis, aber aus der Menge lässt sich gut ein Trend ablesen: Hat nur die aktuelle Version Probleme oder stößt das Produkt seit Monaten auf unzufriedene Kunden? Funktioniert die App auf älteren Geräten schlecht?

Was sagt eigentlich die App-Beschreibung? Ist Sie bloß in Englisch oder holperigem Deutsch? Die App selbst muss deswegen nicht schlecht sein, aber lassen Sie Vorsicht walten bei kostenpflichtigen Titeln. Schauen Sie nach, ob es eine Kostenlos-Version gibt, die zwar nicht alles kann oder mit Werbung nervt, Ihnen aber einen Eindruck vermittelt, ob die Umsetzung (und Übersetzung) gefällt.

Neue App – neue Fragen

Sobald eine App den Weg vom Store auf Ihr Gerät gefunden hat, ist sie bereit zur Arbeit. Beim ersten Aufrufen werden Sie aber oft gefragt, ob Sie Push-Benachrichtigungen erlauben wollen, GPS-Ortung oder einer Lockerung des Datenschutzes auf Ihrem Gerät zustimmen wollen – etwa weil eine Chat-App auf das Mikro oder die Facebook-App auf die Kontakte-Datenbank zugreifen möchte. In → Einstellungen → Datenschutz können Sie das jederzeit nachträglich regeln.

ANFASSEN UND ABHEFTEN: DRUCKEN MIT IPAD UND IPHONE

Statistisch gesehen verbraucht jeder Mensch in Deutschland jährlich fünfeinhalb Zentner Papier – 275 Kilogramm. Anfang der 1970er-Jahre waren es gerade mal 125 Kilogramm, weniger als die Hälfte also. Zwar ist die Papier-Recyclingquote heutzutage mit etwa 75 Prozent beachtlich, aber es geht beim Papierverbrauch längst nicht nur um die Abholzung von Wäldern, sondern auch um Energie und die kostbare Ressource Wasser. Unser Tipp: Überlegen Sie, ob Sie wirklich jede E-Mail oder längere Texte von Webseiten ausdrucken müssen.

Sich vom Papier zu trennen bedarf einiger Umgewöhnung und fällt niemandem leicht, der nicht mit Compu-

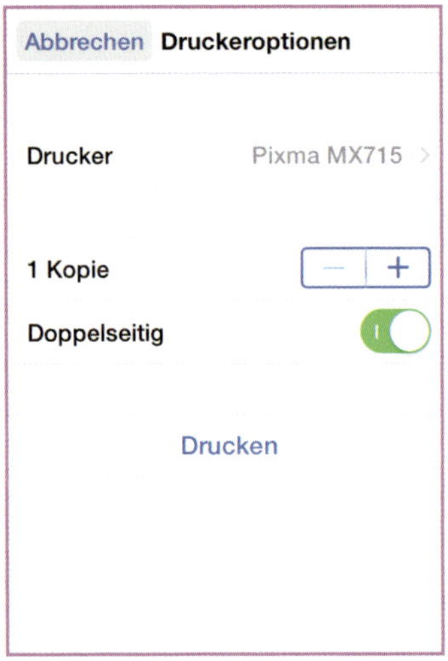

ter, Mail und Internet aufgewachsen ist. Sich allein auf die digitale Technik zu beschränken ist aber auch keine ausgereifte Idee, solange Sie nicht für Datensicherungen sorgen und wichtige Daten zusätzlich an anderen Orten – in der Cloud oder als USB-Speicherstick bei verlässlichen Personen – deponieren. Und jeder Ausdruck kostet: Besonders bei Fotos geht das an Ihr Geld, deshalb ist es in vielerlei Hinsicht günstiger, digitale Bilder über Online-Dienste auszubelichten oder mit dem iPhone samt dem Verbindungskabel zum Fotohändler zu gehen. Alle iOS-Geräte verhalten sich gegenüber einem Computer (ohne iTunes) so wie eine Digitalkamera.

Auch Apple dachte bei der Entwicklung von iOS und iPhone, dass wohl kaum jemand direkt vom mobilen Endgerät ausdrucken wolle. Die Kunden waren anderer Meinung und der Hersteller hat 2011 diese Funktion mit iOS 4.2 nachgerüstet. Das Ausdrucken funktioniert aber nur drahtlos – Apple nennt es AirPrint – und nur mit speziellen Druckern, die ihrerseits WLAN- und damit Netzwerk-fähig sind. Als Faustregel kann gelten: Alle Tintenstrahldrucker (oder Kombi-Geräte) namhafter Hersteller mit WLAN, die seit Sommer 2012 neu auf den Markt gebracht wurden, sind AirPrint-fähig. Eine genaue Liste führt Apple online auf http://support.apple.com/kb/HT4356.

INFO AirPrint mit älteren Drucken

Auch ältere Drucker finden Kontakt zu iPhone und iPad, aber nur dann, wenn ein Computer dazwischen geschaltet ist. Dafür müssen Sie sich aber eine Zusatzsoftware herunterladen, die Apple offiziell nicht unterstützt. Mit Hilfe von seriösen Anbietern wie www.heise.de oder www.chip.de und deren Software-Verzeichnissen finden Sie sicher und zügig „Printopia" und „Fingerprint".

Eine Installation von Treibern wie am PC sonst üblich fällt weg, Druckaufträge schicken Sie einfach über die Aktionstaste ab und wählen allenfalls den richtigen Drucker und die Anzahl der Kopien aus. Feineinstellungen wie die Intensität des Tintenauftrags oder die Papierzufuhr von einem weiteren Schacht sind nicht vorgesehen – und das ist die Schwäche des treiberlosen Drucks. Für welches Modell Sie sich auch entscheiden, Stiftung Warentest hat im Frühjahr 2013 zahlreiche Modelle getestet und auch zukünftige Ergebnisse stehen online www.test.de/thema/drucker/ bereit.
Ein Tipp: Wenn auch Sie vom Papier auf digitale Speicherung umsteigen wollen, sparen Sie nicht am falschen Ende und gönnen Sie sich ein Kombinationsgerät mit duplexfähigem Einzugsscanner. Sie können dann mehrseitige, auf Vorder- und Rückseite bedruckte Briefe schnell und bequem als PDF einscannen, auf Ihrem PC speichern und von dort aus je nach Wunsch auch bei einem der Cloudanbieter oder im Speicher Ihres WLAN-Routers speichern. Das Papier-Original kann danach fast immer in den Reißwolf.

PIXELFÄNGER: DIE EINGEBAUTE KAMERA

Eigentlich kann jeder ein Foto knipsen. Aber machen wir uns nichts vor: Wer ein leidenschaftlicher Fotograf mit Spiegelreflexkamera ist und ständig das Objektiv wechselt, wird mit einem Handyfoto nie wirklich zufrieden sein. Kurz: Die eingebaute Kamera ist kein Ersatz für einen hochwertigen Fotoapparat, kann im Ergebnis dennoch mehr als zufriedenstellend sein und ersetzt ab dem iPhone 4 durchaus eine billige Knipse. Und das Beste: Sie können die Bilder nicht nur an Ort und Stelle mit entsprechenden Apps bearbeiten, sondern vor allem auch gleich verschicken.

Doppelt schießt besser

Seit iPhone 4 und iPad 2 besitzen die Apple-Geräte zwei Kameras. Die eine Kamera liegt auf der Rückseite der Geräte, links oben in der Ecke. Um zu fotografieren, richten Sie die Linse bei geöffneter Kamera-App auf ein Motiv, sehen durch die Anzeige den Ausschnitt, tippen auf die Stelle, die scharf gestellt werden soll, und drücken dann auf den runden Auslöseknopf.
Alternativ können Sie auch die Lautstärketasten am Gehäuserand als Auslöser verwenden – da kommt sogar ein wenig Fotoapparat-Feeling auf uns zu. Sie halten die Kamera auch stabiler. Die andere Kamera wiederum hat nur Sie im Blick und liegt oben über dem Bildschirm. Damit können Sie Selbstporträts anfertigen oder einen schnellen Schnappschuss mit einem Liebsten im Arm. Mit einem kleinen Schieber in der App stellen Sie die Kamera von Foto auf Video um.

Fix die Kamera klarmachen: Sie können die Kamerafunktion auch direkt aus dem Sperrbildschirm aufrufen. Schieben Sie einfach das Kamerasymbol aus der rechten unteren Ecke hoch. Ohne Code-Eingabe und Herumsuchen.

Im Überblick: Kamera-Funktionen

Blitz: Wahlweise ein- und ausschaltbar, bislang nur beim iPhone.
HDR: ist ein spezieller kontrastverstärkender Modus. Toll in der Dämmerung!
Kameras mit Pfeilen: Hier wechseln Sie die Perspektive von außen nach innen und umgekehrt.
Foto: Miniaturansicht des letzten Fotos und Zugriff auf das Fotoalbum.
Filter für spezielle Effekte
runde Taste: der Auslöser.
Schieberad: Wechsel zwischen den Kameramodi (je nach iPhone-Modell) Slowmotion-Video, HD-Video, Foto, Quadratfoto und Panorama.
Schieberegler im Sucher: Damit können Sie ein Bild näher heranholen (Zoom).

Der digitale Zoom und die Optik

Im Vergleich mit einer analogen Kleinbildkamera fällt die Optik, also der Linsenapperat zwischen Gehäuseunterseite und dem Bildsensor, geradezu liliputanisch aus. Da aber der Bildchip auch viel kleiner ist als eben der Kleinbildfilm (24 x 36 mm), kann so eine kurze Optik überhaupt mit den Gesetzen der Physik d'accord laufen. Die große fixe Blende (*f* 2,2 beim iPhone 5S) garantiert hohe Lichtausbeute und kurze Verschlusszeiten im Halbdunkel. Wo professionelle Kameras abblenden und so auch mit der Tiefenschärfe spielen können, kann das iOS-Gerät allenfalls die ISO-Empfindlichkeit herunterstufen.

Schade ist bei Handykameras generell, dass sie keinen optischen Zoom besitzen, aber das stellt bei der Größe der Optik unerhörte Anforderungen an jeden Gerätehersteller und ist Zukunftsmusik. So müssen Handykameras mit einer festen Brennweite arbeiten, im Vergleich zum Kleinbildsystem 30 – 35 mm, also ein weitwinkeliges Objektiv. Irgendwie sehen alle Menschen im Porträt dann leicht nach Frosch aus – noch schlimmer ist's mit der Frontkamera. Und in solchen Situationen hilft auch kein Digitalzoom: Er rechnet bloß den gewünschten Bildausschnitt groß – das könnten Sie am PC mit Photoshop & Co. auch selbst machen.

Gut zu haben: der Digitalzoom

1 Wählen Sie Ihr Motiv aus.

2 Mit Spreiz- und Kneifgesten steuern Sie die Vergrößerung. Etwas feiner gelingt das über den jetzt eingeblendeten Zoomregler. Ruhig halten, Bild komponieren, eventuell ein weiteres Mal autofokussieren lassen und auslösen.

Gegen das Verwackeln: das iOS-Gerät auf einen festen Untergrund stellen, damit das Bild nicht verwackelt. Aber bitte nicht das Gehäuse verkratzen!

Schon entwickelt: der digitale Schnappschuss

Tippen Sie noch in der Kamera-App auf die Taste mit der letzten Aufnahme (unten links im Hochformat). Von hier aus entscheiden

Sie weiter, was Sie mit dem Ergebnis machen, zum Beispiel über die Aktionstaste Fotos gleich per Mail zu versenden oder in Farbe auszudrucken. Sie können mit dem Finger schnelle Wischbewegungen nach links und rechts machen, um die letzten Schnappschüsse zu sichten. Seien Sie hart mit sich: Fotos, die nichts geworden sind, gehören sofort in die Tonne, sonst überrollt Sie bald eine Flut von eigentlich schlechten Bildern auf dem Computer.

Bessere Bilder machen

Die Handhabung von iPhone und besonders iPads beim Fotografieren ist für unsere Hände ziemlich unpraktisch, da wünscht man sich genau den „guten" Apparat herbei, den man leider zu Hause vergessen hat. Dieses Manko ist nicht wegzureden – aber auch mit guten Kameras kann man hervorragend schlechte Fotos schießen, trotz aller Drehknöpfe und Halbautomatiken. Ausschlaggebend für ein besseres Foto und ein gutes Video ist, den richtigen Moment richtig einzufangen:

- Ran ans Motiv. Wildschweine im Freigehege dicht kommen lassen, nicht die Rotte aus der Ferne fotografieren. Das schwarzbraune Hauptmotiv sackt in den kontrastarmen Herbstfarben sonst völlig ab. Geduld. Denn dicht dran am Motiv ergeben sich aufregend neue Perspektiven.
- Vordergrund macht Bilder rund. Jedes übliche Foto hat mindestens zwei Ebenen, Motiv (Person) und Hintergrund (Tapete, Himmel, Schrankwand). Für den Eindruck von Räumlichkeit braucht unser Hirn eine dritte Ebene – den Vordergrund. Das kann auch ein verrosteter Fahrradlenker im Anschnitt vor einem prächtigem Gebäude mit dahinterliegender Straßenschlucht oder der Strandhafer vor dem verträumt auf das weite Meer blickende Lebenspartner sein.
- Goldener Schnitt: Achten Sie bei der Bildkomposition darauf, dass nicht das Hauptmotiv vertikal bildmittig und nicht der Horizont in der Waagerechten bildmittig sind. Die meisten Fotos profitieren in unserer Wahrnehmung vom sogenannten Goldenen Schnitt und lassen besonders Landschaftaufnahmen harmonisch

aussehen. Legen Sie den Horizont entweder auf Höhe 1/3 oder 2/3 und positionieren Sie sich dann für das Motiv so, dass es vertikal betont links oder betont rechts im Bild ist. Für gute Tierfotos geht man auch mal in die Hocke – Perspektive wechseln.

- Stürzende Linien vermeiden: Der ehrwürdige Dom vom Vorplatz aus im Hochformat irgendwie ins Display gequetscht sieht immer unnatürlich aus. Wir nehmen den Dom als sich gerade emporstreckend wahr, im Bild sieht er dann aus wie eine Mittelstreckenrakete. Bei der Architekturfotografie im Stadturlaub heißt es mindestens „Arm mit iPhone hoch!", um durch die Höhe gegenzusteuern. Oder gar „Weg vom Motiv!", damit gerade Säulen und rechte Winkel nicht zu sehr zur Bildmitte „stürzen", also perspektivverzerrend sind. Neue Chancen für die Bildkomposition nutzen: Querformat mit Vordergrund.
- Licht, Licht und nochmals Licht. iPhone-Besitzer dürfen sich freuen, dass sie eine Foto-Leuchte haben. Das ist schon eine große Hilfe! Noch besser: Tageslicht, künstliches Deckenlicht und spontan umfunktionierte Spots und Punktstrahler, auch LED-Taschenlampen.

Bei der Bildkomposition kann ein (im späteren Foto unsichtbares) 3x3-Raster sicher helfen. Aktivieren Sie es außerhalb der App in Home → Einstellungen → Kamera. Dort legen Sie auch fest, ob bei den Hochkontrastaufnahmen (HDR) alle Einzelbilder (drei pro HDR-Aufnahme) oder nur die errechneten Ergebnisse gespeichert werden.

Fotos lernen laufen: Videos drehen

Ein gelangweilter Ingenieur könnte ihnen jetzt sagen: „Filmen? Ja, das ist genauso wie fotografieren, nur dass Sie zweimal auf den Auslöser tippen müssen – zum Starten und zum Stoppen." Und das mit bis zu 120 Bildern pro Sekunde am iPhone 5S in der Superzeitlupe, aber auch schon mit dem Modell 4S in HD-Qualtät und mit Bildstabilisator.

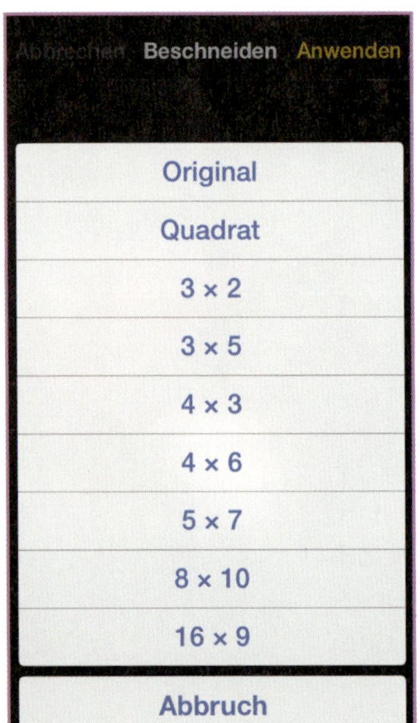

Um in den Video-Modus zu schalten, müssen Sie lediglich das Modus-Wahlrad von einem der Foto-Modi auf Video drehen. Das war's auch schon – und nicht vergessen, das Modus-Rad wieder auf den Foto-Modus umzustellen, sonst ärgert man sich beim nächsten Schnappschuss.

Gute Schwenks und die Dramatik von Bildausschnitt und Zoom wollen gelernt sein, grundsätzlich gelten aber auch unsere Foto-Tipps. Und: Drehen Sie Videos nie im Hochformat. Wollen Sie zu Hause den Fernseher umwuchten?

Ihre selbstgedrehten Filme finden Sie anschließend in der Video-App wieder (auf unserem Home-Screen abgelegt im Ordner „Mediaplayer") – und die Fotos in der Fotos-App. Dort können Sie auch einige wichtige Bearbeitungen vornehmen.

FOTOS: DIE GALERIE DER MEISTERWERKE

Die App mit Farbfächer ist Ihr Fotoalbum für unterwegs. Darin tragen Sie nicht nur die Bilder herum, die Sie gerade geknipst haben, sondern können über die Synchronisation via iTunes Ihre Lieblingsbilder oder Urlaubsaufnahmen vom Computer übertragen. Das ist bestimmt hübscher als im Portemonnaie!

Beginnen Sie, indem Sie einen Schnappschuss von vorhin aufrufen: Home →Fotos → Alben → Aufnahmen → Foto wählen

In der Detailansicht können Sie jetzt die Taste → Bearbeiten wählen – oder wieder einen Schritt zurück gehen.

Im Überblick: die kleine Bildbearbeitung

Abbrechen: Sie können den Vorgang jederzeit abbrechen.
Sichern: Speichern Sie die Änderungen.
Drehen: Damit kippen Sie das Bild in verschiedene Richtungen.
Verbesserungen: Kann flaue Bilder bezaubernd aufpeppen.
Rote Augen: Beseitigt rote Augen bei Blitzlichtaufnahmen. Zoomen Sie ins Bild hinein, um das Auge genau zu treffen.
Beschneiden: Hilft Ihnen beim Festlegen eines Ausschnitts.
Beim iPad gibt es außerdem die Funktionen Widerrufen, um den letzten Schritt zurückzunehmen, und Zurück zum Original. Das iPhone müssen Sie dafür kräftig schütteln – lachen Sie bitte nicht, sondern schlagen Sie „Widerrufen" im Glossar nach.

Natürlich können die Fotos auch über die Aktionstaste ausbrechen und von Ihnen mit anderen Facebook- oder Flickr-Freunden geteilt werden. Per Mail geht das auch genauso wie per iMessage/MMS. Außerdem können Sie

- ein Foto nachträglich einem Kontakt zuweisen – dann sehen Sie Ihren Gesprächspartner schon vor dem Abheben,
- ein Hintergrundbild für Ihren Home-Screen festlegen,
- via AirPrint drucken,
- mehrere markierte Bilder in der Auswahlleiste als Diaschau präsentieren,
- auch auf dem Fernseher via AirPlay,
- und kopieren, um es in einer anderen App (Pages, Keynote) weiterzuverwenden.

Auf zwei Möglichkeiten des Teilens möchten wir Sie an dieser Stelle besonders hinweisen.

AirDrop: Schnell mal rüberbeamen

Bis iOS 6 war das Tauschen von Bildern und anderen Dateien von einem iOS-Gerät zum anderen eher mühselig, das hat Apple mit einer Kombination aus Bluetooth, WLAN und Kontoakte-Verzahnung extrem erleichtert, AirDrop funktioniert aber nur mit den leistungsstärksten, neuen Modellen und mit Mac-Computern.

iCloud-Fotomediathek und Fotostream

Sie nutzen nach Standardeinstellungen auch die iCloud-Fotomediathek (iOS 8) oder den iCloud-Dienst Fotostream (iOS 7). Beide sorgen dafür, dass neue Fotos und Videos kabellos über den Umweg der Apple-Server vom Mobilgerät auf den Computer wandern. Sie können sich das auch auf www.icloud.com gerne ansehen – die Fotos bleiben in der Wolke, unter iOS 7 immerhin 30 Tage lang. Wenn nun Ihre Fotos sowieso schon für Sie persönlich ganz privat im Internet liegen, warum nicht eine Auswahl der schönste Urlaubsfotos anderen zeigen? E-Mail ist dafür ungeeignet, schon wenige angehängte Fotos in feiner Qualität können ein Postfach verstopfen und eine Filmdatei braucht Bandbreite – aber die Freunde in der Heimat könnten sich die Online-Kopien ansehen. Die schlanke E-Mail-Benachrichtigung gibt's automatisch dazu. Probieren Sie das mit Testbildern ruhig aus.

FOTOLABOR UND SCHNITTRAUM

Neben dem Office-Paket (siehe Seite 113) Pages, Numbers, Keynote) legt Apple seit iOS 7 auch noch eine mobile Version der Mac-Bildbearbeitung iPhoto sowie die Schwester iMovie für Ihre selbstgedrehten Filme. Ohne iMovie können Sie Ihre Drehs aber auch ein wenig bearbeiten: Anfang und Ende, die meistens verwackelt sind, wegschneiden, also auf das Wesentliche trimmen, so der Fachausdruck. Basis-Funktionen der Bildbearbeitung haben Sie gerade selbst in der Fotos-App ein wenig ausprobiert.

Warum wir den Verzicht predigen? Mit allen fünf Gratis-Apps belegen Sie ein Zehntel Ihres Flash-Speichers bei 16-Gigabyte-Varianten. Das ist happig, allein iMovie nimmt ein Gigabyte für sich in Anspruch – Platz, der Ihnen vielleicht für Fotos, Musik oder Kartenmaterial fehlt. Informieren Sie sich bei Apple unter www.apple.com/de/support/ios über diese wirklich tollen Programme, die sonst zusammen neun Euro kosten. Löschen Sie sie nach einiger Zeit ruhig, wenn Sie feststellen, dass Sie mit diesen Apps gar nicht arbeiten. Und wenn Sie es doch wieder möchten, installieren Sie sie kostenfrei aus dem AppStore nach.

GUT VERBUNDEN MIT BAHN UND BANK

Kennen Sie diesen ohnmächtigen Ärger vor dem Fahrkartenautomaten der Deutschen Bahn? Oder diesen Missmut, wenn die Hausbank beim Quartalsabschluss satt Gebühren einstreicht? Tun Sie etwas dagegen – mit Ihrem iOS-Gerät.
Wir möchten Ihnen anhand von zwei Apps demonstrieren, welche neuen Möglichkeiten für Sie persönlich in Ihrer Wunderflunder stecken. Stecken Sie Bahn und Bank einfach in Ihre Tasche. Nach kurzer Gewöhnung gewinnen Sie nicht nur an Freizeit und Mobilität, Sie können auch bares Geld sparen!

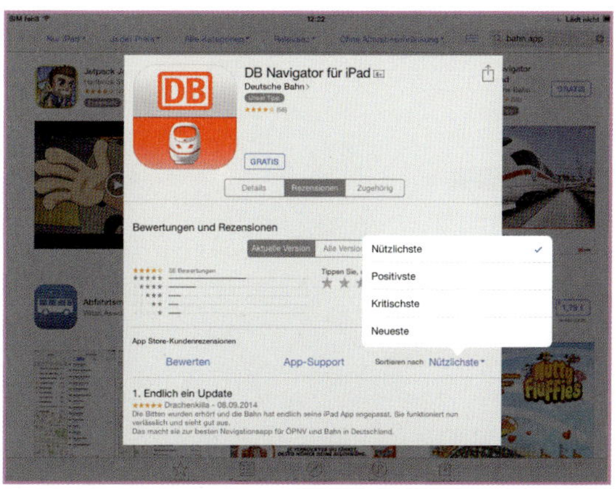

DB Navigator & Handy-Ticket

Viele Menschen fahren gar nicht mehr gerne Auto, egal ob es am rücksichtslosen Verkehr, zunehmender Nachtblindheit oder dem ökologischem Gewissen liegt. Die Bahn wäre schon reizvoll, wenn da nicht das manchmal mühselige Warten im Reisezentrum oder der gemeine Fahrkartenautomat wäre. Die Bahn-App DB Navigator mit ihren Schwester-Apps macht Sie davon unabhängig.

Günstig wäre es, Sie hätten bereits ein Benutzerkonto bei der Bahn, holen Sie das sonst bitte nach auf www.bahn.de im Bereich „Meine Bahn & Login". Hinterlegen Sie dort – geschützt durch Benutzernamen (Ihre E-Mail-Adresse?) und ein gutes Kennwort – auch Ihre Zahlungsinformationen zum Lastschrifteinzug und Ihre BahnCard-Nummer in den Ticket-Einstellungen. Aktivieren Sie auch Ihr iPhone oder ein anderes MMS-fähiges Handy unter Ihrer Mobilrufnummer für das praktische und papierlose Handy-Ticket. Mit iPad oder Computer ist das alles jetzt in einigen Minuten erledigt – und in Zukunft sparen Sie viel Zeit.

Die geladene App öffnen Sie und können am iPhone nach wenigen Sekunden unter → Mehr → Einstellungen → ihr Benutzerkonto hinterlegen. Schon sind Sie in der Lage, mit dem iPhone Tickets zu kaufen. Für das iPad bietet die Bahn eine andere App-Version an ohne Handy-Ticket-Funktion (denn das iPad kann keine MMS empfangen). Trotzdem können Sie am iPad Ihren Trip komplett buchen und entweder als Online-Ticket per AirPrint ausdrucken, als Handy-Ticket an ein MMS-fähiges Gerät übergeben oder an die iPhone-App. Kehren Sie zurück zu → Reiseauskunft.

Fangen Sie ruhig so an, dass Sie morgens gegen 11 Uhr von Ihrem aktuellen Ort „abfahren" zu einer entfernt in Deutschland lebenden Freundin. In unserem Beispiel wollen wir zügig Berlin in Richtung Ostsee verlassen mit Ziel Sellin-Ost auf Rügen. Geben Sie die Straßenadresse Ihrer Freundin als Ziel ein oder den Namen, wenn der Datensatz schon gespeichert ist. Darum möchte die App auf Kontakte, Kalender und Geoposition zugreifen. Einige Verbindungen werden Ihnen dann angezeigt und der erfahrene Bahnfahrer schaut aufmerksam auf Dauer und

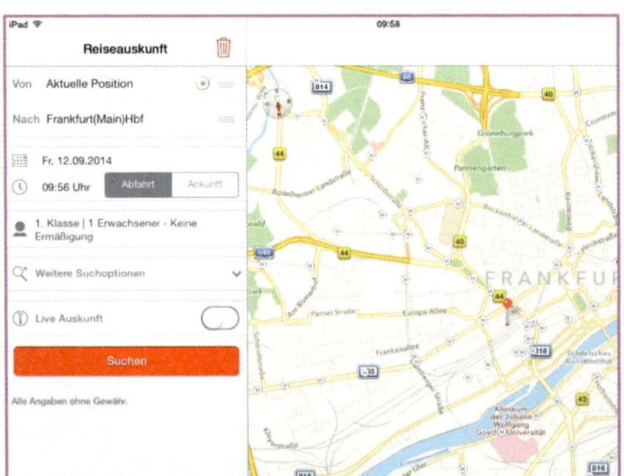

Zahl der Umstiege. Unsere erste Suche ergab viele hektische Verkehrsmittelwechsel innerhalb Berlins. Das geht bequemer.
Zurück in der Reiseauskunft: Aktivieren Sie die erweiterten Suchoptionen, deaktivieren möglicherweise die Bevorzugung von schnellen Verbindungen und verändern die Umsteigezeit, weil Sie gerade schlecht zu Fuß sind. Wir wissen, dass unsere Züge gen Norden durch den nahegelegenen Bahnhof Südkreuz laufen und bevorzugen ihn als Einstiegspunkt, tragen ihn als Via-Bahnhof ein. Neue Suchanfrage. Und siehe da: gar nicht viel länger und weniger Umstiege. Das passt – und darum speichern wir uns diese Verbindung gleich in den Kalender ab – für einen selbst und für andere. Außerdem sparen wir uns den Weg zum Automaten und kaufen das Ticket nach einigen Schritten gleich online. Stimmt der BahnCard-Rabatt? Fahren Sie alleine? Und wenn Sie sich beim ersten Mal nicht trauen? Dann buchen Sie sich zumindest eine Sitzplatz-Reservierung, um mit bereits gültigem Ticket dieses Prozedere einmal durchzuspielen.
Achten Sie in den Optionen auf Ihr Reiseprofil: Sie können teure Verkehrsmittel wie den ICE aus- oder die Fahrradmitnahme einschließen. Während der Fahrt informiert Sie die App über den Streckenverlauf und live über Verspätungen, auch die der Anschlusszüge und mögliche Ausweichrouten. Dank der genauen Gleis-Angaben und den Karten mit grob markierten Fußwegen findet man sich auch beim Umsteigen zum Bus in einer fremden Stadt zurecht. Und wollen Sie doch einen Ortskundigen fragen, dann können sich gezielt nach der Buslinie 20 oder dem RE23456 mit Ziel Neustadt Hbf erkundigen. Alles Infos vom iPhone-Display. Dass Sie selbst kurz vorher im unbekannten Kleinkleckersdorf aussteigen wollen, verwirrt nur andere.
So meistern Sie selbst kritische Situationen wie den Weihnachtsbesuch bei der Familie in Sparpreis-Eigenanfahrt. Aber auch alltägliche Aufgaben: Wie fahren jetzt die nächsten Stadtverkehr-Busse an der Haltestelle vor dem Haus? Wie umfahre ich die Streckensperrung meiner Stamm-U-Bahn? Kommt der Besuch mit

dem Zug pünktlich am Hauptbahnhof an und wenn nicht, warum eigentlich?

So ergeben sich seit recht kurzer Zeit ganz neue Mobilitäts-Konzepte auch ohne eigenes Auto. Mit dem Touch&Travel-Projekt der Bahn können Sie heute schon per iPhone beim Einsteigen in den Zug ein Ticket lösen und melden sich am Zielbahnhof aus der Fahrt ab – abgerechnet wird anhand von GPS-Daten und Echtzeit-Fahrplänen einmal monatlich. Trend ist in deutschen Großstädten auch das Car-Sharing geworden. Heute schaut man in seiner App nach, wo der nächste freie Wagen steht, reserviert ihn und fährt einfach los. Der Preis für solchen Komfort ist die ständige Überwachung durch die Computersysteme der Anbieter, solange man dessen Dienst aktiv nutzt. Das ist nicht nach jedermanns Geschmack.

Online-Banking: Gesichert durch Apps

Immer mehr müssen wir als Verbraucher selbst erledigen: zwischen abgepackter Wurst auswählen, Fahrkarten am Automaten kaufen und auch Überweisungen im Selbstbedienungs-Bereich der Hausbank in den Computer eingeben. Für Service, den es früher selbstverständlich dazu gab, zahlen wir heute drauf – manchmal unvermeidlich beim Preis-Druck im Dienstleistungsbereich. Girokonto ohne Kontoführungsgebühr – so etwas gab es für Normalbürger früher nicht. Heute schon, weil die Banken dank Computer- und Internetverbreitung das Erfassen von Aufträgen in Maschinenschrift an den Kunden auslagern können. Er gewinnt neben dem Preisvorteil die neue Flexibilität, jederzeit und an fast jedem Ort seine Bankgeschäfte zu erledigen.

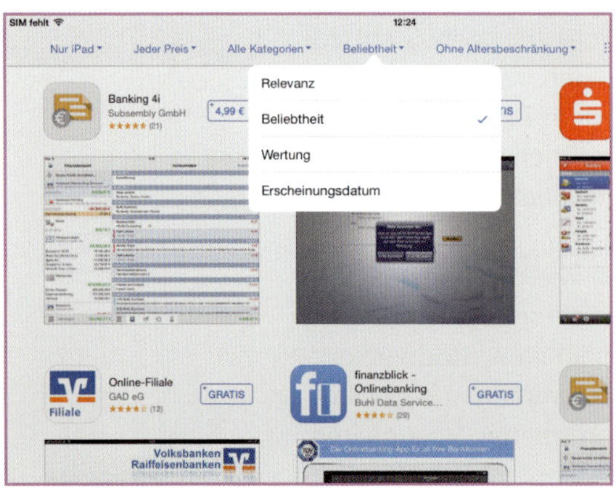

Und die Sicherheit? Das ist ein zweischneidiges Schwert: Für Sie als Kunde ist es ein Stück Sicherheit mehr, dass Sie unberechtigte Buchungen zeitnah sehen und nicht erst auf den

Kontoauszug warten müssen. Allerdings sind die vielen Betrugs-Versuche durch das sogenannte Phishing mit gut getarnten E-Mails und verkleideten Webseiten ein schlagkräftiges Gegenargument. Es gibt aber für Sie als Kunden und Anwender einige Möglichkeiten, Betrüger abzuwehren. Die erste ist: Bankgeschäfte möglichst nicht im Browser (Safari, Explorer, Chrome etc.) abzuwickeln, sondern hierfür eine eigene Software zu verwenden, die über andere Kanäle und Protokolle mit dem Bank-Großrechner kommuniziert. Und die zweite: Verwenden Sie Transaktionsnummern (TANs) mit Verfallsdatum, die Ihnen die Bank als SMS aufs Handy schickt.

Fragen Sie also Ihre Bank, ob Sie auf das Online-Banking umsteigen können – oder wagen Sie den Wechsel zu einer neuen, günstigeren Bank. Zu Anfang werden Sie sicher einige Male die Webseite per Browser besuchen müssen, im Alltag aber „bedienen" Sie Ihre Konten, auch die bei anderen Banken und Kreditkartenherausgebern, einfach per App. Macht es einen Unterschied, ob Sie nun am SB-Terminal oder am iPad eine Überweisung eintippen? Ja: Sie haben alle Daten maschinenlesbar auf Ihrem Gerät gespeichert, können quer über alle Konten Ihren persönlichen Saldo errechnen lassen und müssen nie wieder Kontoauszüge durchkopieren.

Viele Banken bieten im AppStore Lösungen an – oder Sie greifen zu einer unabhängigen App. Bei iOS-Anwendern in Deutschland erfreut sich OutBank großer Beliebtheit – auch wegen des als sicher einzustufenden iCloud-Abgleichs zu anderen OutBank-Instanzen, etwa auf einem Mac-Notebook. Bei der Ersteinrichtung an einer App tragen Sie bloß Kontonummer, Bankleitzahl, sicherlich eine (Start-)PIN und eventuell eine weitere Benutzerkennung zusätzlich zur Bankverbindung ein: Dann dauert es nur noch ein paar Sekunden und Sie können alle Umsatzdaten der letzten Wochen sehen.

Zusätzlichen Schutz bietet Ihnen das TAN-Verfahren. Jeden Auftrag müssen Sie mit einem einmaligen Code bestätigen, am Geld-Automaten weisen Sie sich stattdessen mit Ihrer ec-Karte und Ihrer PIN aus. Doch das alte Verfahren war nicht sicher genug, heute benutzt man durchnummerierte TANs einer Liste oder bekommt die TAN als SMS zugeschickt. Letztes Verfahren ist besonders sicher, denn während Sie über das Internet den Auftrag bearbeiten, kommt der nötige „Schlüssel" über eine andere Leitung: per Handy-SMS, nicht durchs Netz und ist nur wenige Minuten gültig. Das iPhone kann diesen Schutz natürlich unterlaufen, denn es vereinigt beide „Leitungen" in einem Gerät. Darum untersagen die Banken auch die Auftragsabwicklung mit beiden Schritten auf einem Gerät. Umsätze checken ist okay, Aufträge erteilen ist grob fahrlässig. Erledigen Sie also am iPad Ihre Bankgeschäfte und lassen Sie sich vom Handy oder iPhone die TANs durchzwitschern. Und: Schützen Sie Ihre App mit einem besonders sicheren Passwort.

WIE GEHT'S WEITER?

Herzlichen Glückwunsch, Sie haben die Abenteuerreise nach „Digitalien" gemeistert und dürfen stolz auf sich sein. Bleiben Sie am Ball und geben Sie Ihre neuen Kompetenzen nicht wieder her, schulen Sie sie täglich und machen Sie iPhone und iPad zu Dingen des täglichen Lebens. Denn das sind sie: Maschinen, die uns dienen, im digitalen und zwischenmenschlichem Alltag besser zurechtzukommen.
Wir haben – neben der Bedienungsanleitung in Ihrer iBooks-Sammlung – einige weitere Anregungen für Sie, um selbstständig Ihre Kenntnisse zu festigen und zu vertiefen:

- Auf den folgenden Seiten geben wir Ihnen im Glossar und bei der Erläuterung der Einstellungen noch viele Tipps für einen individuelleren Umgang mit iOS und schärfen Ihr Verständnis zum vielschichtigen Thema Sicherheit.
- Vielleicht möchten Sie unseren Kursus ein weiteres Mal von null durchspielen – oder ein Angehöriger. Beschäftigen Sie sich bitte

im Glossar mit dem Thema Backup und wagen Sie dann selbstbewusst das Zurücksetzen auf Werkseinstellungen. Sie üben damit auch, ein Backup Ihrer Daten auf Ihr Gerät zurückzuspielen. Solange wenig Daten gespeichert sind, ist es ein guter Zeitpunkt zum Training.

- Stöbern Sie im echten oder digitalen Zeitschriftenkiosk: Viele Fachverlage geben spezielle iOS-Titel heraus, ihre Webseiten sind genauso wie das Support-Portal von Apple ein guter Anlaufpunkt für weitere Informationen.
- Erleben Sie Ihr iOS-Gerät unterwegs: Planen Sie ganz bewusst elektronisch einen Ausflug (Karten, Kalender, DB Navigator oder Auto-Navigation) und erfahren Sie mit der Wikipedia unterm Arm mehr über die Sehenswürdigkeiten Ihres Ausflugziels. Nehmen Sie Familienmitglieder mit oder teilen Sie Ihre Erlebnisse zum Beispiel per Fotostream. Bestimmte Sachen kann man gut unterwegs erledigen, für andere möchte man lieber konzentriert zu Hause arbeiten.
- Folgen Sie Ihrer Neugierde und lassen Sie Ihren gesunden Menschenverstand walten. Viel Spaß!

DAS GROSSE ABC

Auf den nächsten Seiten finden Sie jede Menge Hinweise und Tipps, wie Sie iPhone und iPad nach Ihren eigenen Wünschen anpassen. Dazu gehören auch Tipps für schwache Augen und müde Ohren. Außerdem erfahren Sie Wichtiges zu den Themen Sicherheit und Internet-Nutzung – zu Hause und unterwegs.

GUT ZU WISSEN VON A BIS Z

Die Menschen sind verschieden und haben unterschiedliche Bedürfnisse. Aber oft ist es so, dass wir unsere Bedürfnisse gar nicht richtig artikulieren können, weil uns schlicht die Worte fehlen. So möchten wir diesen Teil des Buches verstanden wissen: als eine Art Grundwortschatz für Ihren Aufenthalt in Digitalien.
Wenn Ihnen ein Fachbegriff fremd vorkommt oder Sie zu einer bestimmten Einstellung in iOS mehr erfahren wollen, dann sind Sie hier richtig. Denn zum Glück lassen sich viele Details bei iPhone und iPad den spezifischen Wünschen anpassen. Wir sagen Ihnen auch, ob das überhaupt sinnvoll ist. Zur Erinnerung: Bei iPad-Modellen ohne Mobilfunk und dem iPod touch fehlen natürlich die spezifischen Einstellungsmöglichkeiten für das Unterwegs-Internet. Und einige Einstellungen fehlen bei manchen Providern gänzlich.

2G (GPRS, EDGE)

Die zweite Generation (2G) des Mobilfunks ist die erste der digitalen Ära. GPRS erweiterte die Internetfähigkeit des Mobilnetzes auf Festnetz-Modem-Geschwindigkeit (33 kBit/sec), jüngste Innovation ist EDGE mit 220 kBit/sec in der Praxis. Die iOS-Geräte zeigen diese Varianten mit O bzw. E in der Statuszeile an.

3G (UMTS, HSPA)

Der Mobilfunk der dritten Generation ab 2004 war und ist für Sprache und Daten gleichermaßen konzipiert. UMTS erlaubt Datenverkehr mit rund 350 kBit/sec. Die Weiterentwicklung HSPA sorgt mit typischen 7000 kBit/sec beinahe für DSL-Geschwindigkeit. Nutzen viele Anwender in einer Funkzelle gleichzeitig das Internet, sinkt die Bandbreite für jeden einzelnen Teilnehmer deutlich. Zur Feierabendzeit regelmäßig zu beobachten.

4G (LTE)

Jüngster Spross des Mobilfunks. Die Frequenzbereiche unterscheiden sich regional wie global, was besondere Anforderungen an die End- geräte stellt. So sind das iPad mini und das iPhone 5 nur in der Lage, wenige Frequenzbänder zu nutzen. Erst iPhone 5S/5C und die neuesten iPad-Modelle verstehen sich auf weitere Frequenzen.

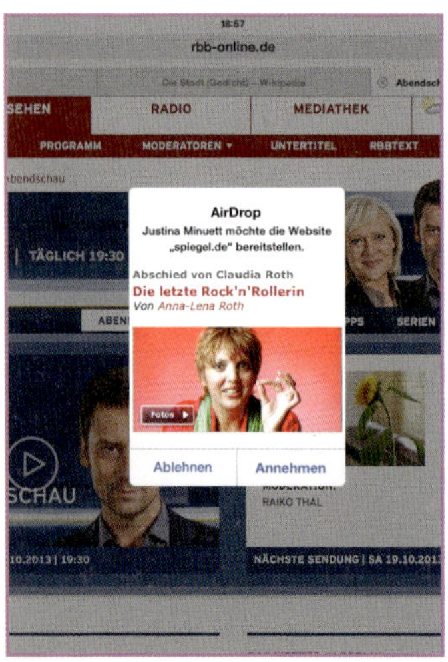

AirDrop

Das ist eine neue Apple-Technik zum einfachen „Beamen" von Dateien jeder Art auf einen Mac oder iOS-Gerät. Sie rufen es in Verbindung mit einer Aktionstaste auf, es benötigt Bluetooth und WLAN. Sie können Ihre AirDrop-Bereitschaft auf Ihre Freunde und Kollegen in der Kontakte-Datenbank einschränken.

AirPlay

AirPlay beherrscht die synchrone Wiedergabe von Musik auf mehreren Geräten – so als würden Sie in mehreren

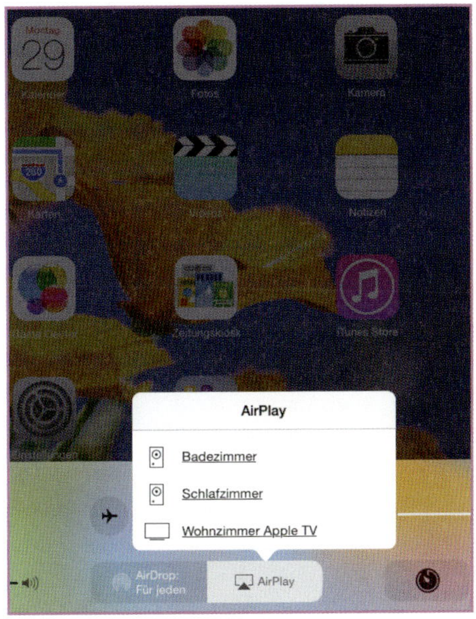

Räumen die Radios anmachen und denselben Sender hören. Dafür braucht es aber kompatible Gegenstellen: Aktiv-Lautsprecher, Hifi-Reciver oder Fernseher, die ebenfalls AirPlay beherrschen. Die Musik- oder Videodaten werden per WLAN oder Netzwerkkabel übertragen, am iOS-Gerät aktiviert man es in der Kontrollzentrum. Apples WLAN-Router Airport Express und die Set-Top-Box Apple TV sind ein kostengünstiger Einstieg in diese Technik.

App

Ein Programm aus dem App Store oder von iOS mitgeliefert. Apps besitzen meistens Einstellungen innerhalb der App selbst, können aber wie die iOS-Apps auch ihre Schalter in der Einstellungen-App ablegen. Häufig ist es so, dass Apps dann dort Wartungsfunktionen hinterlegen. Wenn beispielsweise die interne Datenbank des DB Navigator von der Bahn ins Straucheln kommt, können Sie möglicherweise in den Einstellungen dort gar nichts mehr richten, weil die App ständig abstürzt. Dann ist man froh, hier einen Schalter zu finden, um dem hinkenden Programm mal so kräftig den Marsch zu blasen.

Apple-ID

Die Apple ID ist Ihr persönliches Benutzerkonto bei Apple. Sie besteht aus Ihrer E-Mail-Adresse (nicht zwingend von iCloud) und wird geschützt von einem Kennwort. Alle Käufe bei Apple – ob mit oder ohne DRM – sind an diese ID gebunden und nur für Sie persönlich nutzbar. Erst iOS 8 erweitert die Nutzung per Familienfreigabe. Siehe auch iTunes & App Store (siehe auch Seite 32 ff.).

Apple-TV

Die Set-Top-Box verbinden Sie mit einem HDMI-Anschluss (nicht SCART!) Ihres Flachbildfernsehers und ggf. mit dem digital-optischen Toneingang des Hifi-Receivers. Nach kurzer Konfiguration (WLAN, Apple-ID) können Sie nahezu alle Inhalte vom iOS-Gerät an Apple-TV übergeben, sehen also aus den ARD- und ZDF-Mediatheken Lieblingsserien „in groß" und können auch Surround-Ton genießen.

Apple Watch

Sie wird in Deutschland wohl erst ab Mitte Februar 2015 erhältlich sein. Mit dieser „Smartwatch" (schlaue Armbanduhr) in drei Ausführungen (eine in Gold) und zwei Größen betritt Apple gleichzeitig den Schmuck- und den Fitness-Markt. Leider ist das Gehäuse nicht wasserdicht, sondern „nur" spritzwasserfest. Sie spielt ihre Stärken erst in Kombination mit einem iPhone (ab Modell 5) aus, mit dem es per Bluetooth und WLAN gekoppelt ist. Sensoren ermitteln Bewegung, Beschleunigung und Herzschlag und geben diese auch weiter an Apps wie etwa „Health". Als „verlängerter Arm" eines iOS-Geräts kann es auf dies auch fernwirken und Sie damit etwa Musikwiedergabe steuern (AirPlay), SMS beantworten oder Telefonanrufe annehmen oder abweisen. Ohne einen iOS-Partner ist es „bloß" eine elegante Digitaluhr mit Sportfunktionen, aber ohne Mobilfunknetz- und Internetzugang. Für das Einstiegsmodell ist ein Preis von 400 Euro zu erwarten, Links- und Rechtshänder können die Uhr gleichermaßen gut bedienen.

Ausland

Innerhalb Deutschlands ist die Tarifstruktur für Mobilfunk vergleichsweise überschaubar, im Ausland lauern mit Roaming und Datenroaming gemeine Kostenfallen. Passen Sie besonders außerhalb der EU auf.

Ausrichtungssperre & Ton aus

→ Einstellungen → Allgemein → Ausrichtungssperre

An dieser Stelle können Sie dem Schalter am Gehäuse des iPads entweder die Funktion zuweisen, dass der Bildschirm nicht mehr automatisch gedreht wird, oder festlegen, dass hiermit die Tonwiedergabe unterdrückt wird. Für Ausrichtungssperre und Lautstärke gibt es auch virtuelle Schalter im Kontrollzentrum.

Automatische Sperre

→ Einstellungen → Allgemein → Automatische Sperre

Um Ihr iPhone oder iPad zu nutzen, müssen Sie es fast jedes Mal entriegeln. Nach einer Weile ist es dann wieder gesperrt. Stellen Sie den genauen Zeitraum ein, wann das Gerät nach der Nutzung automatisch in Schlummer fallen und den Bildschirm vor Fehleingaben schützen soll. „Nie“ saugt den Akku leer uns ist sicherheitskritisch.

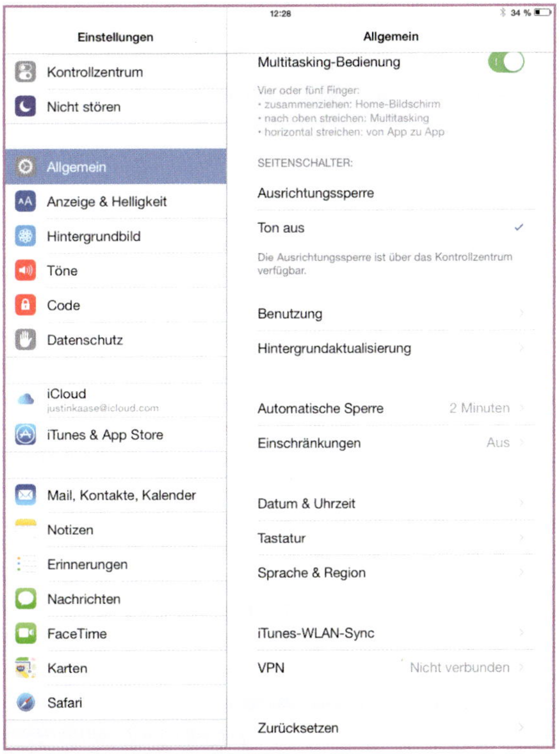

Backup

Per iCloud macht Ihr Gerät im Schlummermodus regelmäßige Backups, sobald es mit einem WLAN und dem Netzteil verbunden ist. Manuell stoßen Sie das in den Einstellungen zu iCloud an. Empfehlenswert ist immer in regelmäßigen Abständen und vor einer iOS-Softwareaktualisierung oder dem Zurücksetzen ein zusätzliches Backup mit einem Computer per iTunes. So werden noch mehr Daten gesichert, das wiederherstellen ist einfacher, auch weil alle Kennwörter mitgespeichert werden. Dazu ist aber notwendig, mit einem zusätzlichen Klick in iTunes das Backup zu verschlüsseln. Mit Hilfe von iTunes können Sie dann dasselbe oder ein neues Gerät mit den alten Daten wiederherstellen.

Balance

→ Einstellungen → Allgemein → Bedienungshilfen

Für die Benutzung mit Kopfhörern gleichen Sie hier mit dem Links- und Rechtsschalter das Defizit des schwächeren Ohrs aus. Vertauschen Sie dann aber nicht die Kopfhörerseiten!

Bandbreite

Sagt aus, wie viel Daten Sie empfangen (Downlink) oder senden (Uplink) können. Bei einem Standard-DSL-Anschluss sind dies 16 MBit (down) und 1 MBit pro Sekunde (up). Bei mobilen Daten-Verbindungen und über TV-Kabel häufig eine technisch bedingte Diskrepanz zwischen Theorie und Praxis. Siehe auch Inklusiv-Volumen.

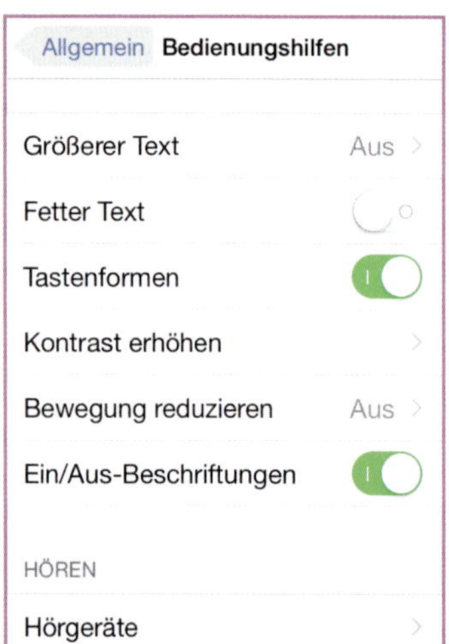

Bedienungshilfen

→ Einstellungen → Allgemein → Bedienungshilfen

Von der kleinen Nützlichkeit bis hin zum Ausgleich schwerer körperlicher Handicaps kann iOS das System anpassen. Nicht als Bedienungshilfe gezählt werden der Querformat-Modus, die Textkorrektur und der Safari Reader, obwohl sie große Hilfen sein können. Ausführlich geht das iOS-Handbuch auf alle Bedienungshilfen ein.

Bedienungshilfen-Kürzel

→ Einstellungen → Allgemein → Bedienungshilfen

Das bestimmt, welche Bedienungshilfe bei einem Dreifachklick der Home-Taste aufgerufen wird.

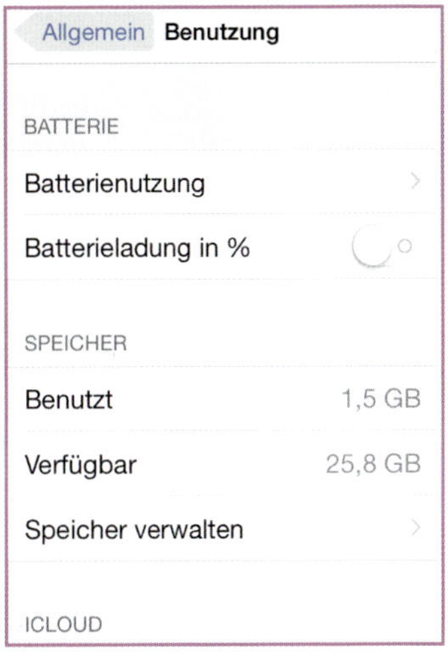

Benutzung

→ Einstellungen → Allgemein → Benutzung

Prüfen Sie an dieser Stelle, wie viel Speicher Ihre Apps in Beschlag nehmen, ob der iCloud-Speicher ausreicht und wie viel Daten über das Mobilfunk-Netz geflossen sind – auch im Ausland. Bei akutem Platzmangel ist dies die beste Anlaufstelle, um großen Ballast loszuwerden. Für viele Apps (Videos, Podcasts) werden hier die Dateien samt Größe gelistet und Sie können auch von hier einige löschen, um Platz für neue Podcasts oder iBooks zu schaffen. Außerdem können Sie den iCloud-Speicher auch insofern verwalten, als Sie einzelne Apps mit Ihren Daten vom Backup ausschließen oder das ganze Backup löschen können.

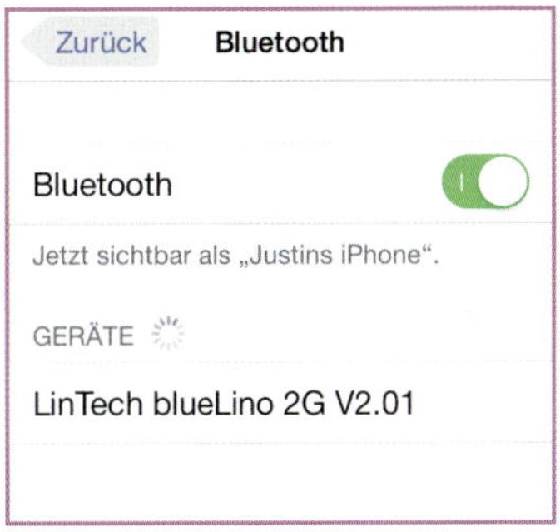

Bluetooth

Bluetooth ist ein gut eingeführtes kabelloses Funkverfahren, wenn Sie mit iPhone oder iPad eine Freisprechanlage oder schnurlose Kopfhörer nutzen. So können Sie auch eine Tastatur anschließen. Bluetooth 4.0 LE ist besonders stromsparend und nur in aktuellen Geräten zu finden. Trotzdem können diese Geräte z.B. mit Lautsprechern zusammenarbeiten, die ihrerseits „nur" Version 2.1 verwenden. Anders herum funktioniert es nicht.

→ Einstellungen → Bluetooth

Neue → Geräte müssen einmalig gekoppelt werden, aktivieren Sie dafür am anderen Gerät den Pairing-Modus oder schalten Sie es aus und wieder ein. Meistens benötigen Sie ein Kennwort, oft ist es bloß „0000". Bluetooth verbraucht immer ein wenig Akkustrom, ohne Bluetooth funktioniert aber z.B. AirDrop nicht.

Cloud

Cloud, engl. für „Wolke", steht für das Auslagern von Daten oder Programmen und Prozessen weg vom eigenen Gerät hin zu einem

Großrechner. Ziel ist es, die Datenbasis auf mehreren Geräten synchron zu halten (Termine), Dienste wie E-Mail oder Textverarbeitung auch im Browser abzubilden und Anwendern mehr Speicherplatz zu geben, als das eigene Gerät möglicherweise besitzt. Apples Wolke heißt iCloud.

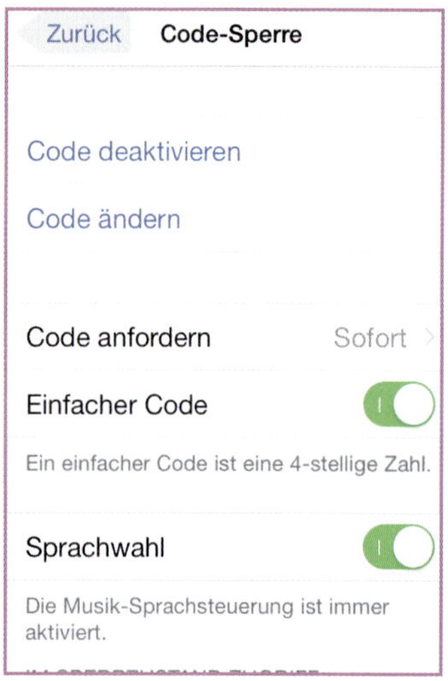

Codesperre

→ Einstellungen → Allgemein → Code

Der „einfache" Code ist ein kurzes Kennwort aus vier Ziffern, dass Ihr Gerät quasi abschließt. Oder ein echtes Kennwort aus mehreren alphanumerischen Zeichen – das bietet noch mehr Sicherheit. Außerdem entscheiden Sie hier, wie lange eine Pause sein muss, damit Code oder Kennwort abgefragt werden. Am iPhone sollte der Wert fünf Minuten nicht übersteigen, ein iPad, das überwiegend zu Hause genutzt wird, verträgt auch bis zu einer guten Stunde. Natürlich gilt: Kürzere Zeiten sind sicherer – aber das nervt über kurz oder lang. Wägen Sie selbst ab, aber verzichten Sie nicht darauf. Bequem und sicher zugleich ist die Code-Sperre mit langem Kennwort und dem Fingerabdrucksensor TouchID in Kombination (ab iPhone 5S).

Continuity

iOS 8 und Mac OS X 10.10 Yosemite integrieren unter diesem Namen verschiedene Techniken zur besseren Zusammenarbeit von Mac, iPhone (ab Modell 5), iPad (ab Modellen 4 bzw. Retina oder mini Retina) und dem jüngsten iPod touch. In der Praxis dient ein iPhone als Zentrale (Hub) und ermöglicht damit einem Mac oder iPad, SMS zu versenden oder per Handynetz zu telefonieren (als Freisprechtelefon), was diese Geräte von Haus aus gar nicht können (siehe auch Handoff).

Daten-Roaming

Am iPhone: → Einstellungen → Mobiles Netz. Datenverbrauch im Ausland weist iOS dort ebenfalls getrennt aus. Nicht nur zum Zwecke des Telefonieren dürfen Sie zu Gast in ausländischen Netzen sein (Roaming). Auch Unterwegs-Internet, also Mobile Daten steht oft zur Verfügung. Von Haus aus nutzen iPhone und iPad ausländische Netze nicht zum Surfen: Das ist noch viel teurer als zu telefonieren. Weichen Sie besser auf Hotspots aus, wenn Sie keine speziellen Auslands-Daten-Tarife gebucht haben. Nach dem Urlaub Daten-Roaming unbedingt wieder abschalten.

Daten-Roaming in der EU

Am iPhone: → Einstellungen → Mobiles Netz.
Erst mit iOS 8 ist dieser Schalter hinzugekommen und bekommt seinen vollen Sinn im Sommer 2015, denn dann fällt im europäischen Binnenmarkt der Roaming-Aufschlag. Aktivieren Sie zunächst das Daten-Roaming und dann beschränken Sie es auf EU-Internet.

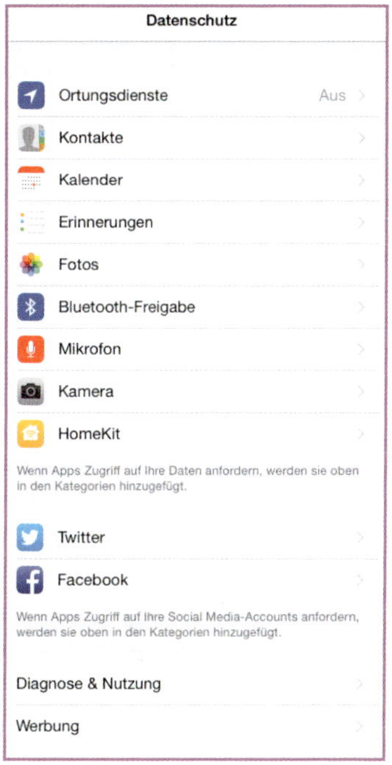

Datenschutz

→ Einstellungen → Datenschutz
Der zentrale Anlaufpunkt, um Apps den Zugriff auf persönliche Daten zu beschränken. Viele Apps greifen auf Systemfunktionen und Daten anderer Apps zu, die Skype-App etwa auf Ihre Kontakte – weil es für Sie vieles einfacher macht. Aber insbesondere Ihre Geoposition (siehe GPS) ist eine schützenswerte Information. So können Sie hier die Ortungsdienste ganz oder für einzelne Apps abschalten. Den Systemdiensten Diagnose und iAds sollten Sie das Recht entziehen.

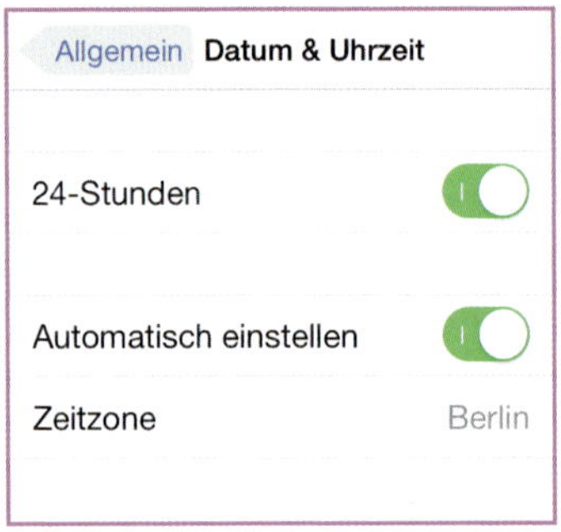

Datum & Uhrzeit

→ Einstellungen → Allgemein → Datum & Uhrzeit

Hier korrigieren Sie die Uhrzeit und das Datum manuell. Aber eigentlich brauchen Sie das nie: Das Gerät wertet Zeitsignale aus Mobilfunk und der gegenwärtigen Position automatisch aus.

Diebstahl

→ Einstellungen → iCloud → Mein iPhone suchen

Wenn Sie Ihr iPhone oder iPad weder zu Hause noch im Auto oder bei Freunden vermuten, können Sie es orten. Dafür brauchen Sie Zugang zu einem PC, um iCloud.com zu besuchen – oder ein anderes iOS-Gerät mit der App „Mein iPhone finden". Über Ihr iCloud-Konto können Sie das Gerät auf einer Karte sehen, auch bei deaktivierter Lautstärke klingeln lassen und aus der Ferne löschen. Probieren Sie das am besten einmal aus. Ein ehrlicher Finder kann sich über das Gerät bei Ihnen melden – wenn es denn noch eingeschaltet ist. Darum ist es sinnvoll, den „letzten Standort" vor dem Akkutod an Apples Server zu senden (nur iOS 8).

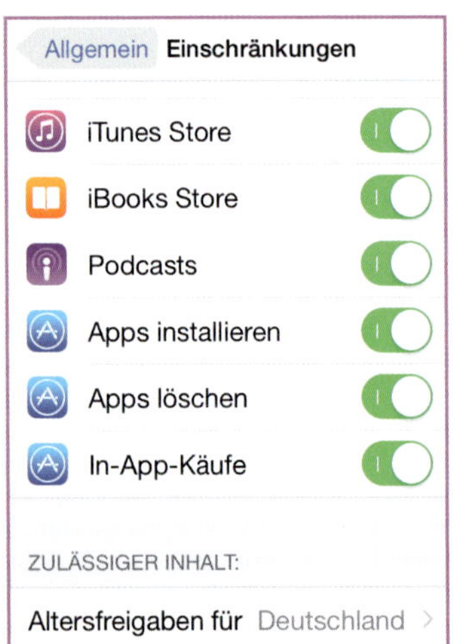

DRM

Digitales Rechte-Management – oder einfach: Kopierschutz. Gekaufte Mediendateien sind oft kopiergeschützt und können nur von bestimmten Systemen abgespielt werden. iOS versteht nur Apples DRM namens FairPlay und das von Audible, das von Microsoft aber nicht.

DSL

Internetzugang mit unterschiedlichen Bandbreiten, der über Telefonkabel und einen Telefon-Provider meist im Rahmen einer Flatrate abgewickelt wird.

Einschränkungen

→ Einstellungen → Allgemein → Einschränkungen

Ihre Vorgabe (oder die eines Administrators im Firmenumfeld) für den Ausschluss bestimmter Funktionen, insbesondere als Kindersicherung, wenn Sie Ihre Enkel mit dem iPhone oder iPad spielen lassen.

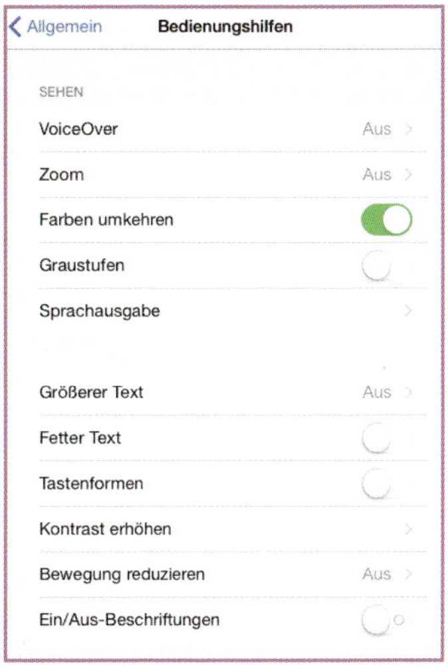

Erinnerungen

Für Ihre App Erinnerungen legen Sie hier fest, welche (bei mehreren) To-Do-Liste das System (z.B. Siri) standardmäßig verwenden soll und wie weit in die Vergangenheit der Datenabgleich erfolgen soll.

Familienfreigabe

→ Einstellungen → iCloud, auch online unter www.icloud.com in den dortigen Einstellungen.

Dies weicht (ab iOS 8) den von Apple (und der Medienindustrie) eingeführten Kopierschutz wieder auf. Bis zu sechs Personen (mit jeweils eigener Apple ID) können Apps, Musik und Filme gemeinsam nutzen. Auch Kinder: Wollen Minderjährige etwa In-App-Käufe auf Ihrem eigenen Gerät tätigen, so muss das Familienoberhaupt der Abbuchung vorab zustimmen. Hierzu poppt dann bei Papa oder Mama eine Nachricht auf deren Gerät auf. Die Möglichkeiten reichen aber noch weiter: Innerhalb der Gruppe sind auch Fotos, Termine oder Aufgaben gemeinsam nutzbar.

Farben umkehren

→ Einstellungen → Allgemein → Bedienungshilfen

Manche Menschen können eine weiße Schrift auf einem dunklen Hintergrund besser lesen. Hier ändern Sie die Ansicht wie bei einem Foto-Negativ systemweit.

Flatrate

Das Prinzip, für einen bestimmten Zeitraum „einmal zahlen – unbegrenzt nutzen". Mobilfunk-Flatrates haben meist den Pferdefuß des Inklusiv-Volumens, bei DSL oder TV-Kabel ist das nicht üblich.

Flugmodus

→ Einstellungen → Flugmodus

Die Mobilfunk-Verbindung müssen Sie nicht nur bei Flügen unterbinden, sondern oft auch in Krankenhäusern. Sobald Sie den Flugmodus aktivieren, werden radikal alle Funkverbindungen Ihres Geräts unterbrochen: Das bedeutet kein Telefonieren, keine neuen SMS oder E-Mails und kein Internet. Alle anderen Funktionen wie Musik hören, Schreiben oder Lesen klappen weiterhin. Die gute Nachricht: Sie sparen mit dieser Einstellung Strom, wenn Sie mal das Netzteil vergessen haben, und sind nachts vor Überraschungsanrufen sicher. Ihr Wecker funktioniert trotzdem. Bequem ist die Aktivierung über die Kontrollzentrum oder per Siri. Wer mag, kann WLAN und Bluetooth wieder dazuschalten und so wieder AirDrop und Internet nutzen.

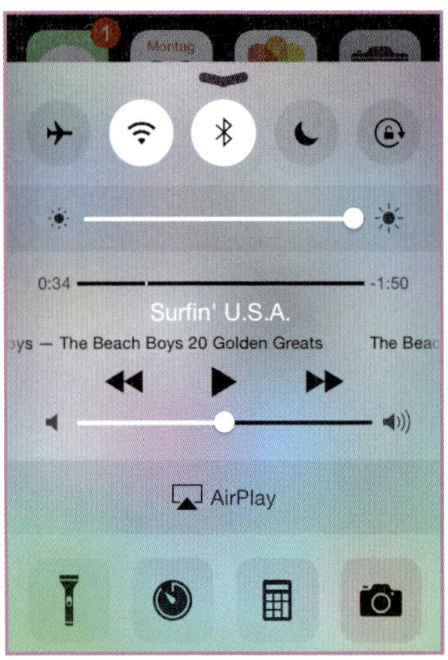

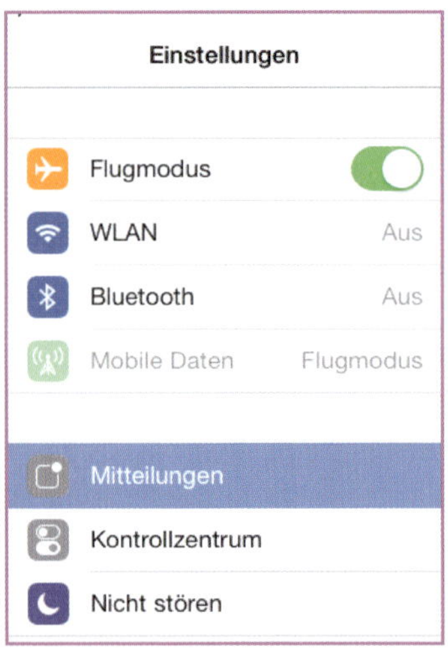

Garantie

Als Privatverbraucher haben Sie neben einem Jahr Herstellergarantie 12 weitere Monate Gewährleistung durch Ihren Händler, oft Apple selbst. Händler bieten auch Garantieverlängerungen an, bei Apple heißt es Apple Care. Wie bei allen Versicherungen ist eine Garantieverlängerung eine Wette auf das Eintreten eines Schadenfalls, die zunächst bares Geld kostet

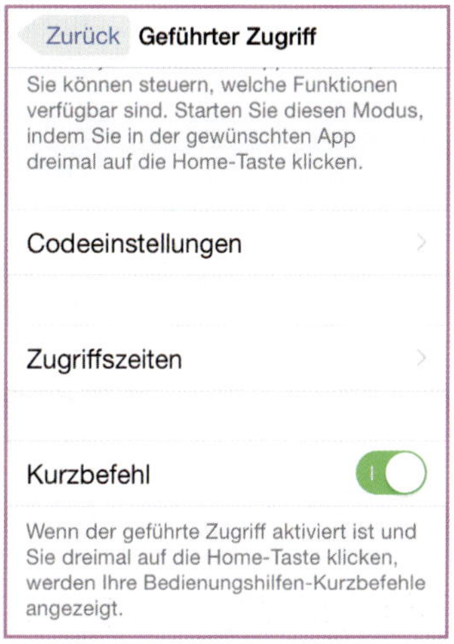

Geführter Zugriff

→ Einstellungen → Allgemein → Bedienungshilfen

Sperrt den aktuellen Anwender wie ein Kind aus anderen Apps und vom Home-Screen aus. Nützlich, wenn man häufiger anderen Personen ein iPad „nur kurz ausleihen" will – darum ein Kandidat für den Dreifachklick unter Bedienungshilfen-Kürzel.

GPS

Die satellitengestützte Ortung ist sehr genau und dank Auswertung von Mobilfunksignalen auch sehr schnell am iOS-Gerät. Aber nicht die Satelliten orten Sie, sondern Sie orten die Satelliten. Ihre Signale wertet der GPS-Empfänger aus und berechnet daraus Koordinaten etwa zu Anzeigen auf einer Karte. Alle Ortungsdienste (Datenschutz) nutzen dieses Verfahren, können in Siedlungsgebieten aber auch auf WLAN-Ortung zurückfallen.

Graustufen

→ Einstellungen → Allgemein → Bedienungshilfen

Nicht jeder mag bunt und fehlsichtige Menschen interpretieren Farben anders als Graustufenunterschiede. Den systemweiten Grauschleier aktivieren Sie hier.

Handoff

→ Einstellungen → Allgemein → Handoff & App-Vorschläge

Handoff ist Teil von Continuity: Diese Funktion sorgt für einen ständigen Abgleich Ihrer Tätigkeiten zwischen allen Geräten, so dass Sie die jüngste Tätigkeit (z.B. Surfen auf www.test.de/thema/handy mit Safari) am Mac (mit OS X) abrupt aufgeben und am iOS-Gerät dank eines kleinen Symbols links unten im Sperrbildschirm sofort wieder aufnehmen können. Klappt natürlich auch zwischen reinen iOS-Geräten.

HealthKit

Das ist seit iOS 8 eine Ansammlung mehrerer Systembestandteile mit Schnittstellen zu Apps und Zubehör. Die App Health, die Apple Watch und viele zukünftige Geräte aus Sport und Medizin werden dies nutzen können.

Helligkeit & Hintergrund

→ Einstellungen → Anzeige & Helligkeit

Üblicherweise regeln Sie die Displayhelligkeit (und damit auch einen wichtigen Faktor des Energieverbrauchs) über das Kontrollzentrum. In der Einstellungen-App können Sie zudem den Automatismus abschalten, der die Displayhelligkeit an das Umgebungslicht anpasst.

Hintergrundaktualisierung

→ Einstellungen → Allgemein → Hintergrundaktualisierung

Einige Apps möchten Daten für Ihren Komfort auch dann laden, wenn Sie die App gar nicht aktiv nutzen. Dieser Komfort kostet Akkustrom und reduziert womöglich ungewollt Ihr Inklusiv-Volumen.

Hintergrundbild

→ Einstellungen → Hintergrundbild

Hintergrundbilder tragen zum individuelleren Aussehen bei. Das ist auch gut, wenn zwei sonst gleich aussehende iPhones nebeneinander auf dem Tisch liegen. So lässt sich rasch das eigene am persönlichen Bild ausmachen. Sie können dem Sperrbildschirm auch ein anderes Bildmotiv geben als dem des Home-Screens, gerne auch ein selbst aufgenommenes Foto.

Home-Bildschirm

Der Home-Screen ist wie der Windows-Desktop der Ausgangsort aller Ihrer Tätigkeit, denn dort finden Sie auch alle Ihre Apps. Nutzen Sie stets die Home-Taste, um dorthin zurückzukehren (siehe Seite 58).

HomeKit

Wie HealthKit zunächst nur eine Schnittstelle in iOS 8. Sobald Hersteller Lösungen anbieten, können Sie mit iPad und iPhone etwa die Heizung steuern oder das Licht einschalten.

Hörgerät

→ Einstellungen → Allgemein → Bedienungshilfen

Hörhilfen der Oberklasse können Sie direkt mit dem iPhone koppeln – per Bluetooth. Der Schalter Hörgerätbetrieb kann zudem Störgeräusche eliminieren.

Hotspot

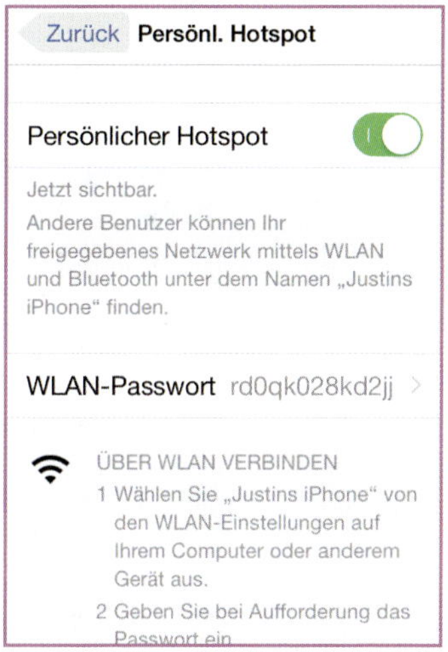

Ein WLAN-Router, der Fremden Internet bereitstellt. Dieser WLAN-Gastzugang kann kostenlos sein, kommerzielle Anbieter möchten z. B. von der Handyrechnung oder Kreditkarte abbuchen – Sie müssen sich meist zusätzlich registrieren (und damit verschlüsseln). iOS startet in solchen Fällen einen Assistenten und führt Sie. Als persönlicher Hotspot bezeichnet iOS die Tethering-Funktion (siehe Tethering).

iBooks

→ Einstellungen

Das Leseprogramm von Seite 135 für E-Books hat besonders im Deutschen Schwächen bei der Silbentrennung. Falls Sie sich daran stören, können Sie sie deaktivieren oder vom Buch-typischen Blocksatz auf den Flattersatz (linksbündig) umschalten.

iCloud

iCloud ist Apples Cloud-Angebot für Privatanwender. Es ist kostenlos, setzt aber ein iOS-Gerät (ab iOS 5) oder neueren Intel-Mac (ab OS X 10.7) voraus. Arbeitet auch mit Windows (ab Vista) und ohne zusätzliche Installation von Software am PC in jedem modernen Browser. Besuchen Sie www.icloud.com und melden Sie sich

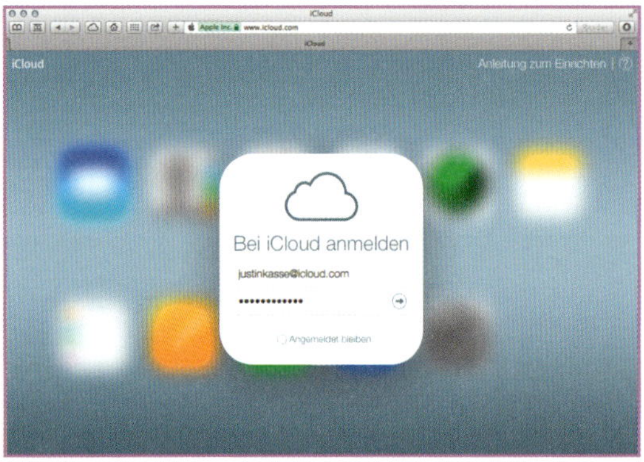

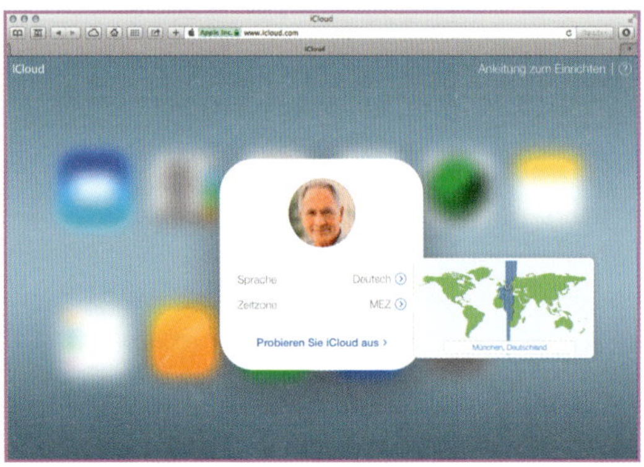

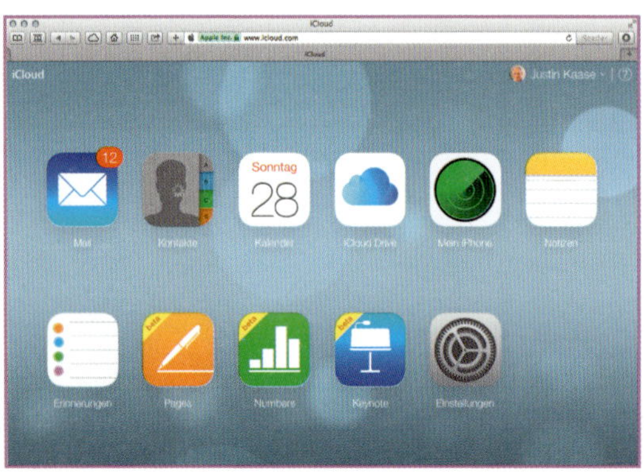

mit Ihren bekannten Daten an, um einen Überblick zu gewinnen. Oft ist die Dateneingabe auf diesem Weg bequemer als am iOS-Gerät.

→ Einstellungen → iCloud
Regeln Sie hier ganz genau, welche Daten von diesem Gerät an Ihr persönliches Konto bei Apples Onlinedienst und folglich an Ihre weiteren iOS-Geräte oder Ihren Computer weitergegeben werden sollen. Es gibt für Einsteiger keine plausiblen Gründe, Dienste abzuschalten. Nur bei Synchronisationsproblemen kann es sinnvoll sein, Dienste zu deaktivieren, dadurch die entsprechenden Daten auf dem Gerät zu löschen, um Sie daraufhin bei Reaktivierung „frisch" von Apples Servern zu laden. Speicher & Backup führt Sie an denselben Punkt wie unter → Einstellungen → Allgemein → Benutzung → iCloud-Speicher verwalten (siehe auch Familienfreigabe).

iCloud.com

Das funktioniert nicht nur auf iOS-Geräten und beschränkt sich nicht bloß auf die Datensynchronisation mit Macs und PCs. Online von jedem modernen Browser aufrufbar sind auch viele „Apps" zu finden: So können Sie (nach dem Anmelden) Ihre Kontakte bequem mit einer großen Computertastatur eingeben oder einen am iPad angefangenen Brief mit Pages zu Ende schreiben.

Das ist praktisch im Internetcafé oder am Arbeitsplatz-PC. Bitte melden Sie sich von iCloud.com auch wieder ab, um Dritten keinen Zugang zu Ihren Daten zu ermöglichen. Für mehr Sicherheit aktivieren Sie bitte die Zwei-Faktor-Autorisierung.

In-App-Kauf

Viele Apps sind kostenlos, bieten dann aber oft nur eingeschränkte Funktionen. Wer Hunger auf mehr hat, kann in der App selbst z.B. ein Zeitungs-Abo abschließen, die 14-Tage-Wetter-Vorhersage freischalten oder Extra-Leben in Spielen nachkaufen.

Info

→ Einstellungen → Allgemein → Info

Erfahren Sie auf einen Blick, wie viele Musikstücke, Bilder, Videos oder Apps sich auf Ihrem Gerät befinden. Hilfreich für den Fall der Fälle: Hier finden Sie auch Ihre Seriennummer und die Mobilfunk-Rufnummer Ihrer SIM-Karte. Verbieten Sie gerne unter Werbung das Tracking und das Senden von Daten für Diagnose & Nutzung. Soll Ihr Gerät einen anderen Namen tragen, können Sie dies hier ändern.

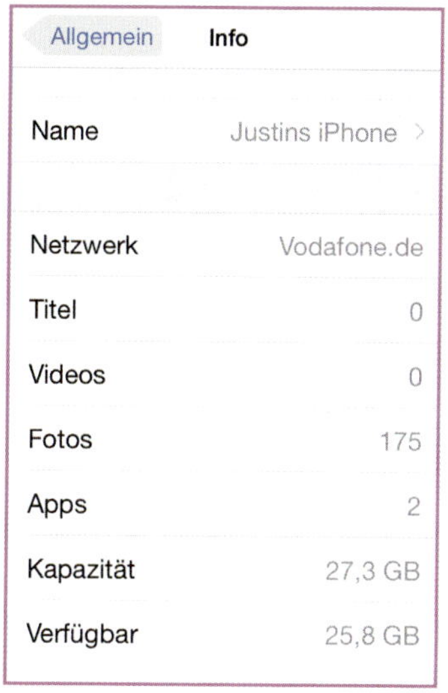

Inklusiv-Volumen

Bei WLAN-Versorgung zu Hause reichen für iPhone-Anwender häufig schon 300 MByte aus. Wer sein iPad oder iPhone ohne WLAN benutzen muss, braucht deutlich mehr: typischerweise 5 GByte zum (Auf-)Preis um 20 Euro pro Monat bei Mobilfunk-Verträgen und Prepaid-Anbietern.

Inklusiv-Volumen (High-Speed-Volumen)

Bei Daten-Flatrates im Mobilfunk bezeichnet dies die Menge an Daten, die Sie mit voller Bandbreite innerhalb eines Zeitraums (z. B. Monat) laden können. Danach drosselt der Provider bis zum Zeitraumende die Bandbreite meist auf 2G/GPRS-Niveau. Das

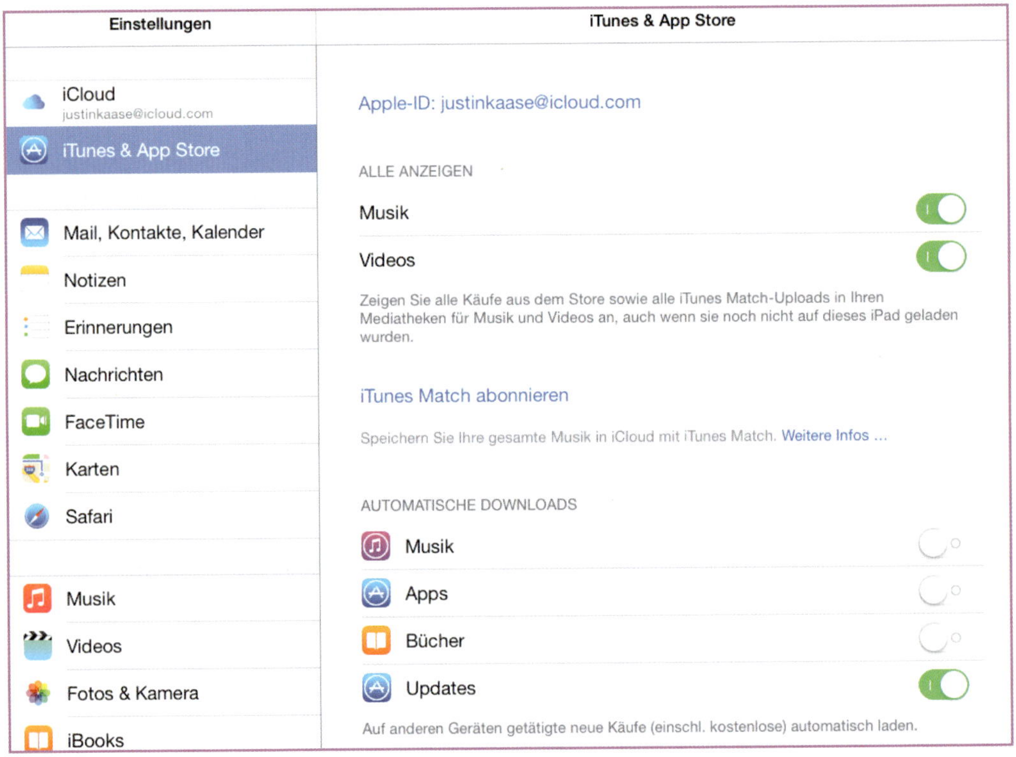

entspricht etwa Modemgeschwindigkeit (33,6 kBit/s). Manche Tarifmodelle beenden gar die Sitzung ganz, oft kann man weiteres High-Speed-Volumen fallweise nachkaufen.

iTunes

Version 11.4 bzw. Beta 12; Name der kostenlosen Software von Apple für Intel-Macs und Windows-PCs (mind. XP SP 3), die Sie zum Einlesen und Verwalten digitaler Medien verwenden und diese mit iPhone oder iPad abgleichen können (siehe Seite 147). Via iTunes und PC ist auch ein umfangreiches, verschlüsseltes Backup von iPhone oder iPad per USB-Verbindung möglich und ratsam.

iTunes & App Store

→ Einstellungen

Hier ist Ihre Apple-ID für Einkäufe in den vielen Fachabteilungen des iTunes-Store hinterlegt. Rufen Sie weitere Informationen zu Ihrem Konto durch Antippen auf und steuern Sie bei Besitz mehrerer Geräte das praktische automatische Download-Verhalten von gekauften Medien – und ob dies auch über Mobile Daten vonstatten gehen darf.

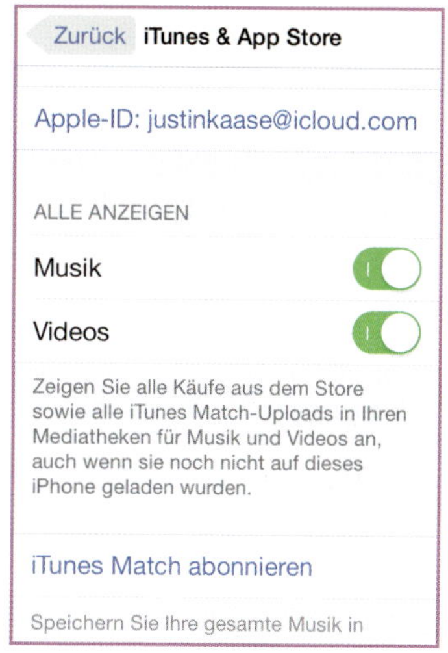

iTunes-WLAN-Sync

→ Einstellungen → Allgemein → iTunes-WLAN-Sync

Statt per USB kann Ihr Computer auch Musik und Videos per WLAN mit iTunes abgleichen

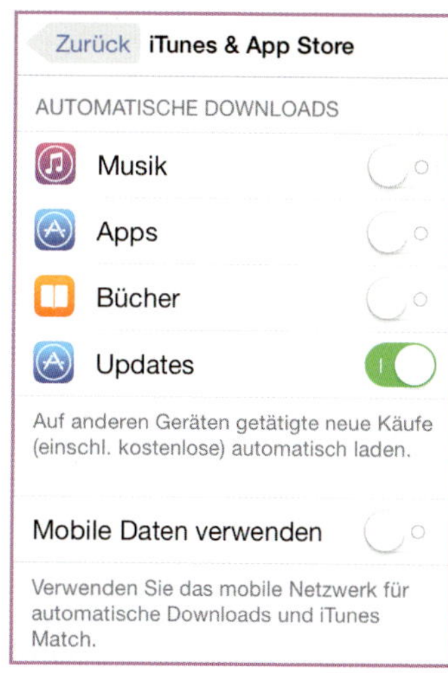

Jailbreak

Apple schützt iOS mit strengen Regeln, ein Jailbreak hebelt diesen Schutz aus. Vorteil: Man kann noch mehr Apps installieren, auch welche ohne Apples Gnaden. Nachteil: Bei unsachgemäßer Handhabung wird das Gerät defekt und weniger sicher gegen digitale Angriffe. Nur etwas für mutige Experten.

Kennwort

Weil das Ausspähen von Benutzernamen und Kennwörtern mittlerweile zum bevorzugten Ziel von Betrügern geworden ist, kommt einem sicheren Kennwort eine besondere Bedeutung zu. Sicher heißt:

- Das Kennwort steht in keinem Wörterbuch.
- Das Kennwort ist keinesfalls ein Name, etwa der Name Ihres Haustieres.
- Das Kennwort ist ausreichend lang. Je länger ein Kennwort ist, desto schwieriger ist es zu knacken. Acht Zeichen sollten es mindestens sein.

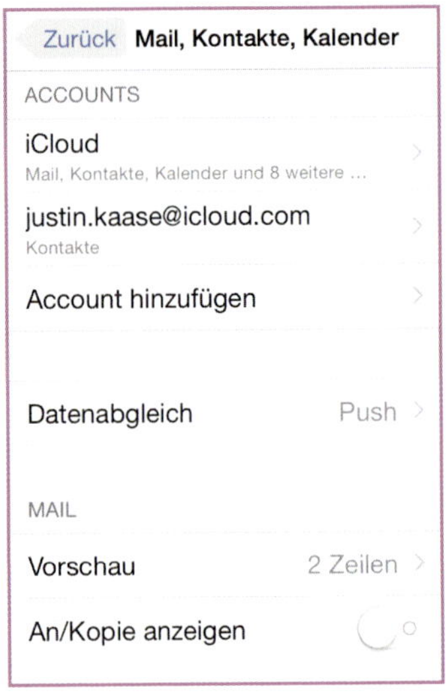

■ Das Kennwort besitzt große und kleine Buchstaben, mindestens eine Zahl und gerne ein Sonderzeichen.
Tipps für ein gutes Kennwort:
1 Nehmen Sie eine Phrase (Zeile eines Gedichtes oder Liedes: Mein schönes Fräulein, darf ich wagen // Meinen Arm und Geleit Ihr anzutragen?)
2 Verkürzen Sie es (nur 1. Buchstabe; „und" zu „+": MsfdiwMa+gia?). Finden Sie Ihre eigenen Tricks, auch durch das Au5tau5ch3n von 8uch5ta83n mit Ziffern: M5fd1wMa+g1a? Haut Sie das vom Hocker?

Klick-Tempo

→ Einstellungen → Allgemein → Bedienungshilfen
Glauben Sie, dass Ihre Motorik die Geschwindigkeit für den Home-Doppel- oder Dreifachklick nicht aufbringen kann, können Sie hier komfortablere Werte einstellen.

Kontrollzentrum

→ Einstellungen → Kontrollzentrum
Ist ein Schnellzugriff ähnlich der Mitteilungszentrale, man ruft ihn mit einem Wisch vom unteren Bildschirmrand auf. Es bietet schnellen Zugriff auf Einstellungen wie WLAN, Bluetooth, Ruhezustand und die Ausrichtungssperre sowie die Helligkeit. Außerdem: Timer, Taschenrechner, Kamera und am iPhone die Taschenlampen-Funktion.

LED-Blitz bei Hinweisen

→ Einstellungen → Allgemein → Bedienungshilfen
Blitzen statt klingeln finden nicht nur hörgeschädigte Menschen elegant: Anrufe und neue Nachrichten können (auch zusätzlich) mit dem iPhone-Kamera-Blitz signalisiert werden. Völlig unnütz ist diese Funktion allerdings, wenn Sie Ihr iPhone stets mit der Rückseite auf den Tisch legen.

Mail, Kontakte, Kalender

→ Einstellungen

Sie können weitere Accounts hinzufügen, etwa einen E-Mail-Account von Google, mit dem Sie ebenfalls Termine und Notizen abgleichen können.

Mit Entfernte Bilder laden werden Fotos und Grafiken in einer Mail immer angezeigt, was praktisch ist, aber auch etwas mehr Datenverkehr verursacht und einem bösen Absender (Achtung: Spam-Mails) signalisiert, dass eine Mail tatsächlich gelesen (weil ein Bildelement geladen) wurde. Eine wichtige Einstellung findet sich relativ weit unten: die Signatur Ihrer E-Mails (siehe auch ab Seite 85).

Mitteilungszentrale

→ Einstellungen → Mitteilungen

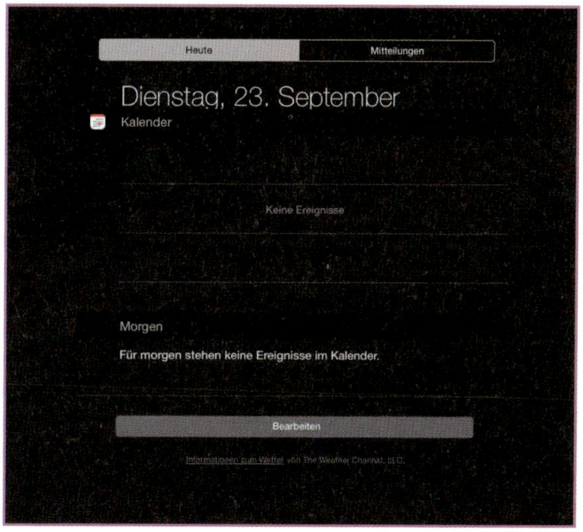

Einen aktuellen Überblick über Wetter, die Terminlage und neueste Nachrichten wie verpasste Anrufe bietet die Mitteilungszentrale. Wischen Sie dieses zunächst unsichtbare „Rollo" vom oberen Bildschirmrand herunter und berühren Sie Einträge, um direkt in die jeweilige App zu springen. In den Einstellungen verändern Sie die Reihenfolge oder unterbinden Push-Mitteilungen von Apps ganz. Unter Nicht Stören können Sie zudem auch eine planmäßige Klingelsperre definieren und trotzdem für wichtige Personen erreichbar bleiben. Außerdem können Sie für jede App einzeln ihre Aufdringlichkeit regeln.

Mobile Daten

Für das iPad: → Einstellungen → Mobile Daten. Am iPhone unter: → Allgemein → Mobiles Netz.

Unter diesem Stichwort fasst iOS den Datenverkehr zusammen, der über WLAN und per Mobilfunk und damit kostenintensiver abgewickelt wird. Außerdem erhalten Sie hier einen Überblick über den Datenhunger der Apps, die Mobile Daten nutzen dürfen. Wer kein WLAN benutzen kann, aber das Internet voll ausschöpfen will, muss vielerorts in den Einstellungen den Punkt Mobile Daten verwenden einschalten, um etwa Videos laden zu können. Das reduziert das Inklusiv-Volumen einer Flatrate und benötigt Bandbreite.

Aktivieren Sie mit 3G / LTE das schnelle Datennetz. Schalten Sie mit Daten-Roaming den Zugriff auf das Unterwegs-Internet im Ausland frei. Verändern Sie mit APN-Einstellungen Zugangsparameter für das Unterwegs-Internet nach den Vorgaben Ihres Providers (gelegentlich bei Prepaid-Karten notwendig). Kopieren Sie evt. vorhandene Telefonnummern von der SIM-Karte in Ihr Adressbuch. Ändern Sie die SIM-PIN, das „Kennwort" Ihrer SIM-Karte.

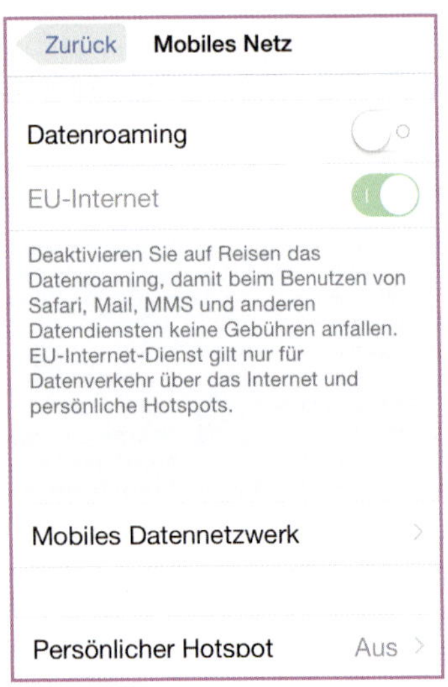

Mobile Daten verwenden

→ Einstellungen → Mobile Daten

Diese Einstellung in einzelnen Apps deaktiviert den Schutzmechanismus von iOS, intensiven Datenverkehr nur über WLAN abzuwickeln. Trotzdem weicht das System bei WLAN-Versorgung (z. B. Hotspot) dahin aus.

Mobiles Netz

→ Einstellungen → Mobiles Netz

Einstellung nur am iPhone, siehe auch Mobile Daten.

Mobilfunk-Vertrag

Bringt für den Kunden den Vorteil der Subventionierung und den Nachteil einer Laufzeit von bis zu 2 Jahren, in denen zum Teil hohe monatliche Kosten auch ohne Verbrauch anfallen können. Kosten werden vom Konto bezahlt, keine Vorkasse, durchgängige Erreichbarkeit. Mit Bestands-Vertrag ist es auch möglich, ein neues Gerät mit einer zweiten

SIM-Karte (Multi-SIM, Twin-Card) auszustatten. Macht eine zusätzliche Prepaid-Karte oder gar einen Neuvertrag überflüssig. Vergleiche finden Sie unter www.test.de/thema/telefontarife/.

Mono-Audio

→ Einstellungen → Allgemein → Bedienungshilfen schaltet Stereo-Ton systemweit ab.

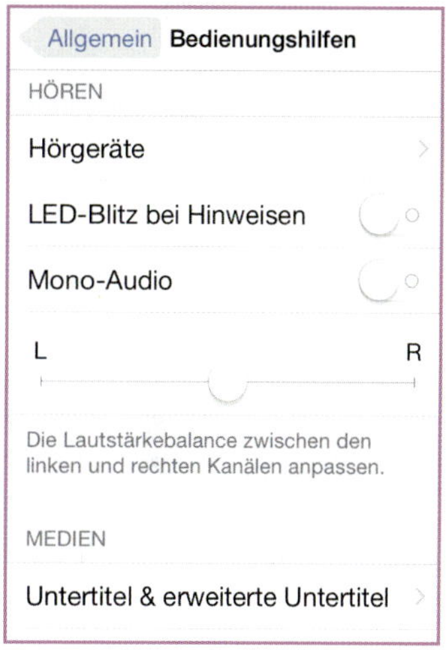

Multitasking-Bedienungen

→ Einstellungen → Allgemein → Multitasking-Bedienungen

Ein- oder Ausschalten der abkürzenden Gestensteuerung beim iPad, um rascher zwischen Anwendungen hin- und herzuwechseln.

Musik- und Video-Wiedergabe

→ Einstellungen

iPhone und iPad sind ja auch Musikabspielgeräte: Sie können die Lautstärke anpassen, um Schwankungen zwischen Liedern zu harmonisieren. Der Schalter Maximale Lautstärke soll Hörschäden vermeiden. Die Privatfreigabe ermöglicht den Zugriff per WLAN auf das iTunes-Programm Ihres Computers mit sämtlichen Medien – vorteilhaft bei Geräten mit wenig Speicher und großen Musik- und Filmsammlungen.

Nachrichten

→ Einstellungen

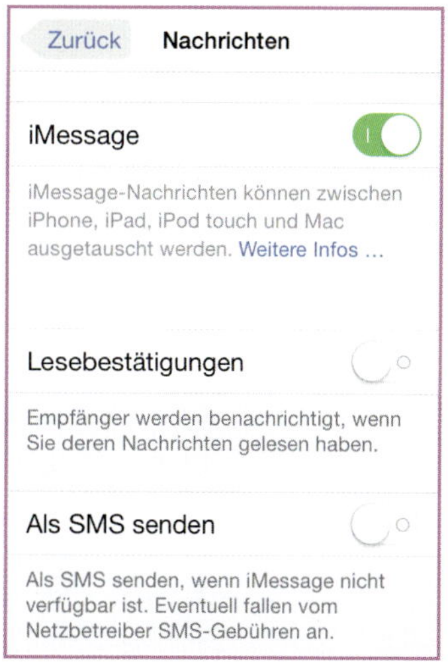

Aktivieren Sie – falls bei der Ersteinrichtung nicht passiert – den kostenlosen iMessage-Dienst von Apple zu anderen iOS-Nutzern und geben Sie Ihr O.K., dass diese Nachrichten im Falle eines Falles auch als kostenpflichtige SMS (nur iPhone) geschickt werden. Lassen Sie sich – wichtig bei SMS – die Zeichenanzahl anzeigen, ab dem 161. Zeichen beginnt (abrechnungstechnisch) eine zweite SMS. Mögen Sie gerne per iMessage Bilder verschicken, können Sie bei Bedarf (besonders im Ausland) MMS deaktivieren, um nicht in eine Kostenfalle zu laufen.

Netzbetreiber

→ Einstellungen → Netzbetreiber

Deaktivieren Sie die automatische Netzwahl nur bei Bedarf, zum Beispiel in Nähe der Landesgrenze, um nicht fälschlicherweise per Roaming in ein Auslands-Netz zu geraten.

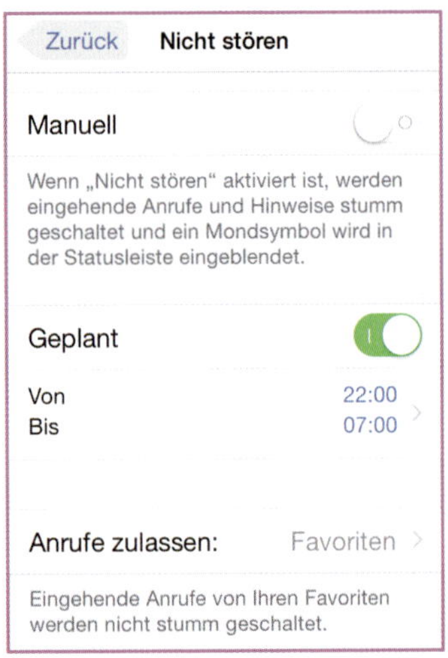

Nicht stören

→ Einstellungen → Nicht Stören

Eine Klingelsperre für die Nacht oder Besprechungen, um nur solche Anrufe und Signale zuzulassen, die Sie unter → Einstellungen → Mitteilungen eingestellt haben. Eine Mondsichel in der Statuszeile erinnert Sie daran.

Passwort

Siehe Kennwort.

Persönlicher Hotspot

→ Einstellungen → Persönlicher Hotspot

Aktivieren Sie hier bei Bedarf das Tethering per WLAN, Bluetooth und/oder USB. Vergeben Sie ggf. ein anderes WLAN-Kennwort.

Phishing

Darunter versteht man den kriminellen Versuch, persönliche und sensible Daten z.B. mit getürkten Massenmails von verunsicherten Verbrauchern abzufischen: Bankdaten, PINs und TANs, Postadresse und Geburtsdatum. Wenn eine E-Mail, angeblich von Ihrer Bank, Sie nur als „Sehr geehrter Kunde" und nicht per Namen anspricht, seien Sie besonders wachsam!

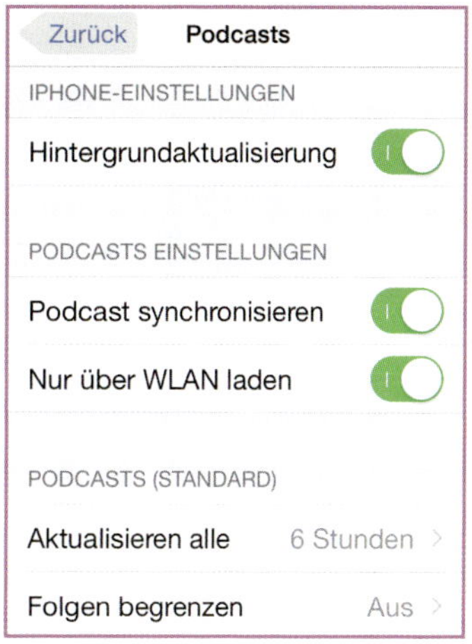

Podcasts

→ Einstellungen

Die kostenlosen Downloads von TV- und Radiosendungen (siehe Seite 143) können Sie mit anderen iOS-Geräten synchronisieren und auf iPhone und iPad stets einen identischen Stand haben. Hier legen Sie außerdem das Standardverhalten der App fest: ob sie generell neue Folgen automatisch herunterladen soll, wie viele Episoden (Folgen) Ihr Gerät vorhalten soll und ob dies alles auch dank Mobiler Daten passieren darf. Für Ihre Lieblings-Podcasts können Sie individuelle Einstellungen in der App selbst tätigen.

Prepaid

Ist eine Art der Vorkasse: Durch Kauf und Aktivierung eines Gutscheins (z.B. Supermarktkasse) füllen Sie ein Guthaben bei einem Provider auf und können dessen Dienstleistungen etwa im Mobilfunk nutzen. Eine lange Bindung durch Verträge gibt es nicht, die Preise sind günstig. Der Pferdefuß ist: Provider subventionieren in dem Fall keine Geräte, Sie müssen sie voll bezahlen.

Provider

Englisches Wort für Anbieter, meint meist den Netzbetreiber im Mobilfunk. An ihn binden Sie sich für bis zu 2 Jahre. Provider und ihre Wiederverkäufer erbringen Dienstleistungen aber auch im günstigen Prepaid-Verfahren ohne langfristige Bindung.
Welcher Tarif und welcher Provider passt zu mir? Kaum eine Frage ist schwieriger zu beantworten als diese. Wohnen Sie in einer Stadt, werden Sie sicher alle vier Netze in guter Qualität empfangen können. Meistens sind die Netze von Telekom und Vodafone stärker in der Bandbreite, deren Tarife aber auch teurer. Fragen Sie ruhig einen Nachbarn (der ebenfalls ein Smartphone nutzt) oder den örtlichen Elektrohändler, bevor Sie sich für einen Provider entscheiden. Generell schwache Leistungen in Sachen Unterwegs-

Internet zeigt das E-Plus-Netz, O2 bietet nach neuen Untersuchungen gute und günstige Netzqualität.

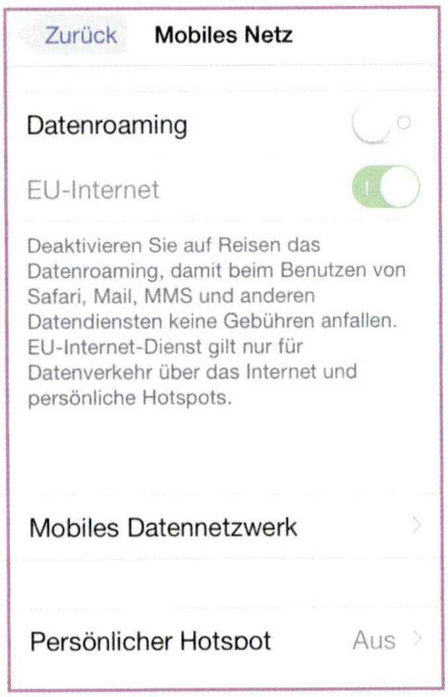

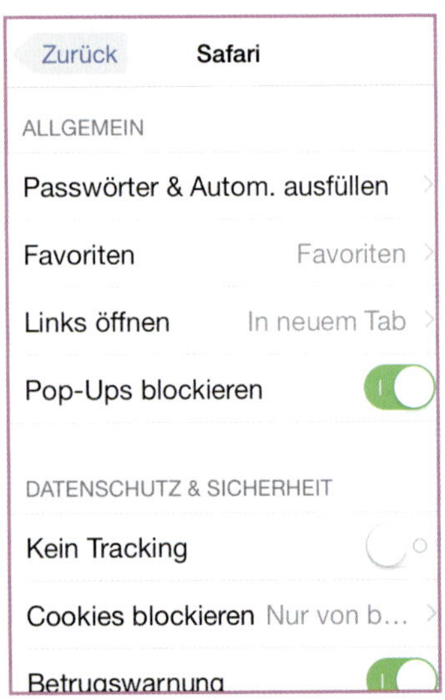

Roaming

Im Urlaub zu telefonieren kann recht teuer werden – besonders außerhalb der Europäischen Union. Der ausländische Provider erlaubt Ihnen gerne das Einbuchen in sein Netz, den Aufwand und die Kosten für dieses Roaming stellt er Ihrem heimischen Provider in Rechnung – und der Ihnen. Darum einige Tipps: **1.** Telefonieren Sie nur mobil, wenn es nicht anders geht. **2.** Fassen Sie sich kurz, auch wenn Sie angerufen werden. **3.** Verzichten Sie auf das Versenden von MMS mit Bildern. **4.** Schalten Sie die Voicemailbox wie auf Seite 120 ganz ab.

Safari

→ Einstellungen → Safari

Hier können Sie von Google zu Bing, Yahoo oder DuckDuckGo als Suchmaschine umschalten. Unter Automatisch ausfüllen können Sie Formularfelder auf Webseiten mit den Daten Ihrer Visitenkarte vervollständigen und Benutzernamen und Kennwörter speichern, um bei erneutem Besuch den Anmelde-Vorgang zu beschleunigen. Am Listenende können Sie den Leselisten-Abgleich über Mobile Daten abschalten. Unter → Erweitert lässt sich JavaScript deaktivieren.

Viele Einstellungen in Safari sind für Ihre Sicherheit beim Surfen relevant, die Standardeinstellungen aber ein wenig lasch: Aktivieren Sie gerne → Kein Tracking, um sich vor zu neugierigen Seiten ein wenig besser zu schützen. Den Verlauf Ihrer Internet-Touren können Sie hier mit einem Tipp und einer Bestätigung löschen, ebenso wie Cookies: Diese kleine Dateien ermöglichen es Webseiten, Sie zu identifizieren. Das ist sehr praktisch, aber nach Expertenmeinung manchmal auch sicherheitskritisch.

Schaltersteuerung

→ Einstellungen → Allgemein → Bedienungshilfen
Ausgangspunkt, um adaptives Zubehör bei Körperbehinderungen in die Bedienung einzubinden.

Sicherheit

Für Ihre Sicherheit im Umgang mit iOS und dem mobilen Internet bieten die Einstellungen Code-Sperre, TouchID, Safari, Datenschutz, SIM-PIN und Automatische Sperre wichtige Anlaufpunkte. Das A&O sind aber gute Kennwörter.

SIM-Karte

Der Schlüssel, um ein Handy oder Tablett mit dem Mobilfunknetz und Ihrem Kundenkonto beim Provider zu verbinden. Neuere iPhones und iPads brauchen die sehr kleine und noch seltene Nano-SIM (4FF), iPad 2 und iPhones bis 4S die Micro-SIM (3FF).

SIM-PIN

iPad: → Einstellungen → Mobile Daten → SIM-PIN, am iPhone unter → Einstellungen → Telefon → SIM-PIN.
Das ist das Kennwort zu Ihrer SIM-Karte, ein vierstelliger Zahlencode. Vergessliche sollten die PIN ändern und mit der Code-Sperre gleichsetzen.

Siri

iPhone und ab iPad 3: → Home-Taste länger drücken sowie für Einstellungen: → Einstellungen → Allgemein → Siri
Ihr persönliches Assistenzsystem, dass viele Befehle quasi auf Zuruf für Sie ausführt. Ausführlicher auf Seite 107 ff.
Siri versteht auf Englisch deutlich mehr, Sie können die Sprache ändern. Außerdem gibt es Siri seit iOS 7 auch mit einer Männerstimme. Verknüpfen Sie unter → Meine Info Siri mit Ihrem eigenen Kontaktdatensatz.

Softwareaktualisierung

→ Einstellungen → Allgemein → Softwareaktualisierung

Hier (und durch Meldungen auf dem Bildschirm) erfahren Sie, ob ein iOS-Update bereitsteht und können es von hier aus laden und installieren. Hüten Sie sich besser vor Aktualisierungen, deren Zähler auf „.0" endet, aber auch bei 8.0.1 mussten gleich Fehler behoben werden (mit dem Update auf 8.0.2) Informieren Sie sich im Netz und in der Tagespresse. Denn zuviel Vorsicht schadet auch: Updates bereinigen Sicherheitsprobleme und spendieren neue Funktionen.

Soziale Netze

→ Einstellungen

Anwender von Twitter, Facebook, Flickr und Vimeo können hier die Anmeldedaten für diese sozialen Netze hinterlegen. iOS 7 räumt ihnen bei Bedarf systemweite Rechte ein, sodass Sie beim Surfen mit Safari ohne Umwege den Tweet-Knopf bzw. Das Gefällt-mir-Icon auf bestimmten Seiten drücken können.

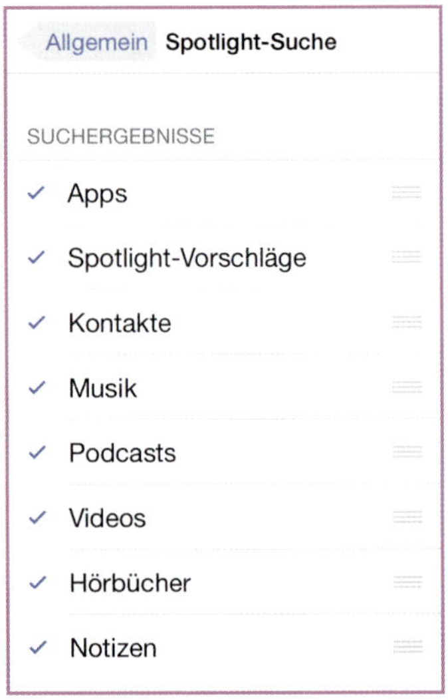

Spotlight

→ Auf Home-Screen mit einem Finger nach unten wischen

Spotlight ist die eingebaute Suchmaschine von iOS und durchforstet die lokalen Daten (z. B. E-Mails, Apps, Ihre Ordnerstrukturen) anhand Ihrer Suchbegriffe, falls Sie etwas auf Ihrem Gerät suchen. Siehe auch Seite 51.

Spotlight-Suche

→ Einstellungen → Allgemein → Spotlight-Suche

Hier legen Sie die Reihenfolge fest, wie Spotlight die Suchergebnisse bündelt, und können bestimmte Datei-Typen aus den Treffern ausschließen.

Sprache & Region

→ Einstellungen → Allgemein → Landeseinstellungen

Legen Sie Zahlenformate und Kalenderverhalten gemäß Ihrem Sprachraum fest. Bei der Erstinbetriebnahme haben Sie dies bereits richtig eingestellt, könnten aber – um eine Fremdsprache zu trainieren – Änderungen vornehmen. Auch hier können Sie Tastatur-Einstellungen vornehmen.

Subventionierung

Provider locken Kunden oft mit sagenhaft günstigen Gerätepreisen in Mobilfunk-Verträge, die für den Kunden oft überdimensioniert sind und hohe monatliche Kosten verursachen. Je günstiger die Tarife werden, desto geringer fällt auch diese Subventionierung aus, trotzdem kann sich das mit einem iPhone rechnen. Bei iPads lohnt es meist nicht, Prepaid ist unterm Strich günstiger.

Support

www.apple.com/de/support

Umfangreiche Unterstützung erhalten Sie im Internet sowie telefonisch unter 0800 – 6645451. Halten Sie die Seriennummer (→ Einstellungen → Allgemein → Info) bereit und außerhalb der 90-Tage-Gratis-Unterstützung ggf. Ihre Kreditkarte.

Tastatur

→ Einstellungen → Allgemein → Tastatur

Hier schalten Sie Autokorrektur ein oder aus oder legen sich eine zweite, fremdsprachliche Tastatur zu, die Sie dann auf Knopfdruck wechseln. Noch eine nützlich Eigenschaft sind die Kurzbefehle, die etwa aus „mfg“, die korrekte Grußformel zaubern oder per selbstdefiniertem Kürzel Ihre persönliche Grußformel einfügen (siehe Seite 76).

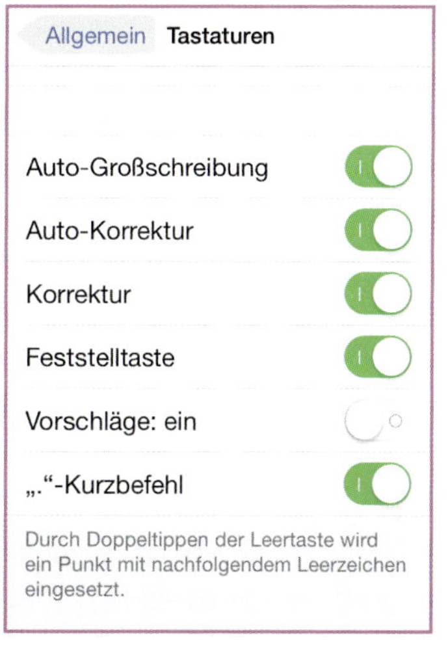

Telefon

→ Einstellungen

Stellen Sie hier einiges zum Handy-Verhalten des iPhones ein, ob Sie makeln oder nicht makeln, also zwischen zwei Anrufern hin- und herwechseln wollen. Sie regeln an dieser Stelle auch, ob der andere Teilnehmer Ihre Nummer sehen soll. Aktivieren Sie die Wählhilfe, wenn Sie vom Ausland aus Anschlüsse in der Heimat wegen Vorwahlproblemen nicht erreichen können. Hier können Sie außerdem Ihre SIM-PIN ändern und SMS-Texte definieren, die Sie beim Ablehnen eines ankommenden Gesprächs netterweise dem Anrufer als Antwort schicken. Mehr Details dazu finden Sie auch ab Seite 121.

Tethering

→ Einstellungen → Persönlicher Hotspot

Bezeichnet das Teilen (Umsetzen) der Mobilfunk-Datenverbindung mit anderen Geräten über WLAN, Bluetooth oder USB als sogenannter persönlicher Hotspot.

Textgröße

→ Einstellungen → Anzeige & Helligkeit

iOS und sehr viele Apps unterstützen „dynamischen Text". Bestimmen Sie hier systemweit Ihre bevorzugte Textgröße. Davon abweichend besitzen einige Apps (z.B. iBooks, Zeitungs-Apps) selbst eine Textgrößensteuerung. Noch größere Buchstaben erzeugen Sie über die Bedienungshilfen. iOS 7 nennt die Option noch „große Zeichen".

Töne

→ Einstellungen → Töne

Dort Regulieren Sie Klingeltöne und andere Klänge. Stellen Sie ein, ob Ihr Gerät klingeln soll, mit welchem Ton und in welcher Lautstärke. Auch die Vibration am iPhone verstellen Sie hier und ob beim Tippen auf der Tastatur leise Klicks zu hören sind. Am besten richten Sie sich Ihr Tonprofil da ein, wo Sie andere nicht stören.

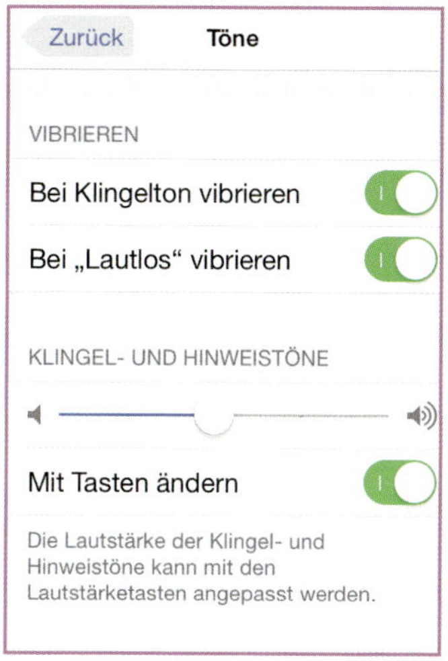

TouchID

→ Einstellungen → Allgemein → Code

Bei Geräten mit Fingerabdrucksensor in der Home-Taste (bislang nur iPhone 5S, 6 und 6 Plus) kann der eigene Daumen das Gerät aufsperren – ohne Passwort. Das wird dann nur noch ganz selten abgefragt.

TV-Kabel

Bietet in Ausbaugebieten ähnlich wie DSL Internetzugang mit z. T. höheren, aber schwankenden Bandbreiten.

USB

Kabelverbindung zwischen Computer und anderen Geräten. iOS-Geräte benötigen hierfür das spezielle, mitgelieferte Kabel, um etwa per iTunes Musik vom PC zu laden oder Fotos abzuspeichern. Erkennt der PC das iOS-Gerät nicht, ist oft ein defektes Kabel oder ein Hub Schuld.

VoiceOver

→ Einstellungen → Allgemein → Bedienungshilfen

Wenn alle Wege zur Vergrößerung der Schrift nicht ausreichen, lesen iPhone und iPad auch vor. Vielerorts funktioniert das durch Markieren des Textes und den Befehl Sprechen. Wenn Sie VoiceOver aktivieren, schaltet iOS eine umfangreiche akustische Benutzerführung hinzu: Das geht los bei den einzelnen Menüs und Befehlen. Punkt für Punkt wird benannt, was Sie mit den Fingern berühren. Hörbare Signale deuten darauf hin, dass Sie einen anderen Teil des Bildschirms erreicht haben. Darüber hinaus stellen Sie hier ein, was genau vorgelesen werden soll.

VoiceOver benötigt sehr viel Einarbeitungszeit und richtet sich an Menschen mit signifikanter Sehschwäche. Durch die Vorlesefunktion verändert sich auch die bisherige Navigation stark. Da alles vorgelesen wird, reagieren iPhone und iPad anders, Sie müssen zur Steuerung nun mehr Schritte vollziehen. Das bedarf sehr viel Training, versetzt aber auch Blinde in die Lage, am modernen digitalen Leben teilzuhaben. Aktivieren Sie VoiceOver zunächst nur, wenn Sie einen Computer mit iTunes haben. Möglicherweise verbauen Sie sich sonst den Weg zurück! Ist Ihr iOS-Gerät mit dem Computer per USB verbunden, können Sie dort in iTunes ebenfalls die Bedienungshilfen und damit VoiceOver ein- und ausschalten.

VPN

→ Einstellungen → Allgemein → VPN

Virtuelle Private Netzwerke sind eine besondere, besonders sichere Verbindung zu Firmennetzwerken. Erscheint nur nach Konfiguration. Dient aber auch dazu, gegenüber einigen Webseiten von TV-Sendern den eigenen Aufenthaltsort zu verschleiern, um als „Ausländer“ auf bestimmte Inhalte trotzdem zugreifen zu können.

WLAN

Mit WLAN bezeichnen wir häufig den heimischen Internet-Anschluss. Das greift aber zu weit, denn die Abkürzung steht für ein drahtloses (wireless) lokal angelegtes Netz, etwa so weit wie die

Reichweite eines Schnurlos-Telefons. Dieses Netz kann dank eines Routers mit dem Internet verbunden werden, per DSL, TV-Kabel oder seinerseits drahtlos, etwa mit dem Mobilfunknetz (Tethering). Die iOS-Geräte setzen ganz auf WLAN, verbinden automatisch mit bekannten Netzen und haben für kabelgebundenes Netz gar keinen Anschluss.

→ Einstellungen → WLAN

Hier stellen Sie für iPhone und iPad Ihre WLAN-Verbindung her. Üblicherweise merkt sich das System Ihre Eintragungen. Manchmal müssen Sie das Kennwort trotzdem noch einmal eingeben. Auch unterwegs oder auf Reisen finden Sie WLAN-Netze, die Ihnen einen Internetzugang ermöglichen.

Mit Hotspots und anderen WLANs etwa bei Freunden verbinden Sie sich, indem Sie in der angezeigten Liste den Namen des Netzes antippen und sich dann mindestens mit einem Kennwort autorisieren.

WLAN „vergessen"

→ Einstellungen → WLAN

Wenn Sie das automatische Verbinden mit einem bestimmten WLAN nicht mehr wollen, dann rufen Sie über den i-Taster die Detailseite zu diesem WLAN auf, um zukünftig → Dieses Netzwerk zu ignorieren.

WLAN-Gastzugang

Moderne Router bieten die Möglichkeit, digitalen Gästen zu Hause ein eigenes WLAN aufzuspannen. Schützt Ihr privates Netz und Sie müssen nicht das private Kennwort verraten. Viele Cafés stellen so ihren Gästen Internet bereit. Fragen Sie nach Netzname und -kennwort.

WLAN-Reichweite zu kurz

Mit Repeatern und Powerline-Zubehör können Sie die Reichweite vergrößern. Häufig sind aber andere Netze in Ihrer Nachbarschaft mitschuld: Man stört sich gegenseitig, besonders in den Städten.

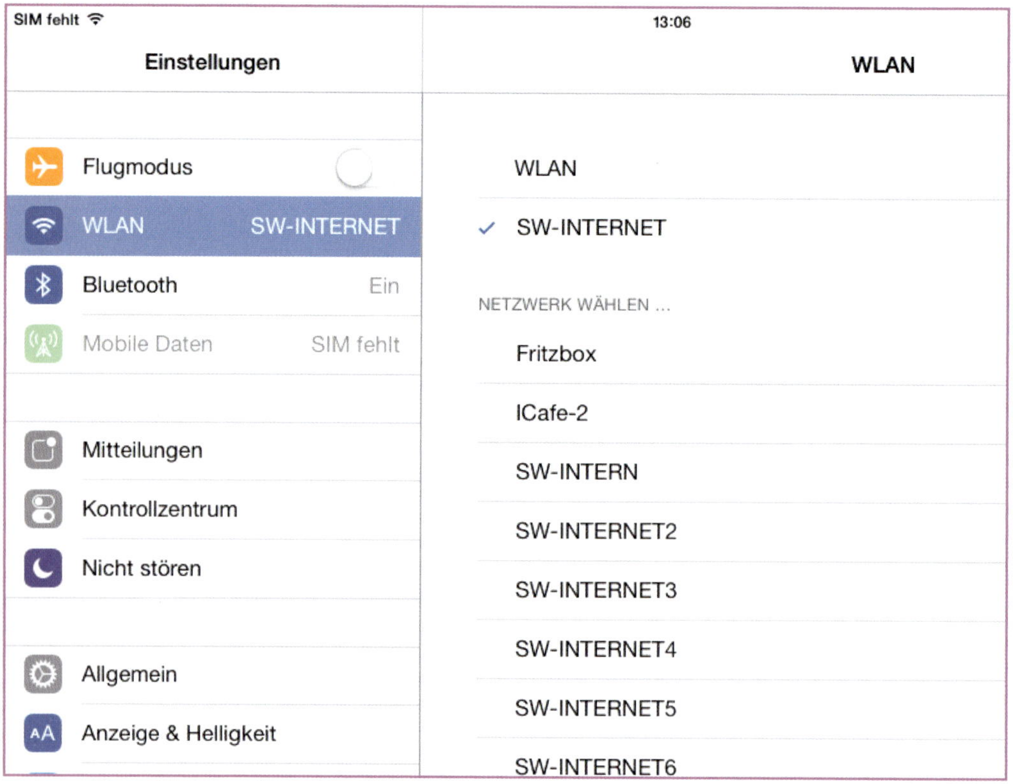

Deaktivieren Sie am Router den veralteten WLAN-Modus „b" und aktivieren Sie den Funk auf den 5-GHz-Kanälen, falls möglich.

WLAN-Verbindungsfehler: Router-Störung

Vielleicht hat Ihr Router eine technische Störung. Deaktivieren Sie WLAN dort und reaktivieren Sie es. Im Zweifelsfall starten Sie ihn neu – und wenn Sie den Stecker ziehen müssen. Nach drei Minuten sollte die Leitung wieder stehen, kann auch ein PC nicht online gehen, liegt vielleicht die Störung beim Provider. Ein Anruf an der Hotline kann Klarheit schaffen.

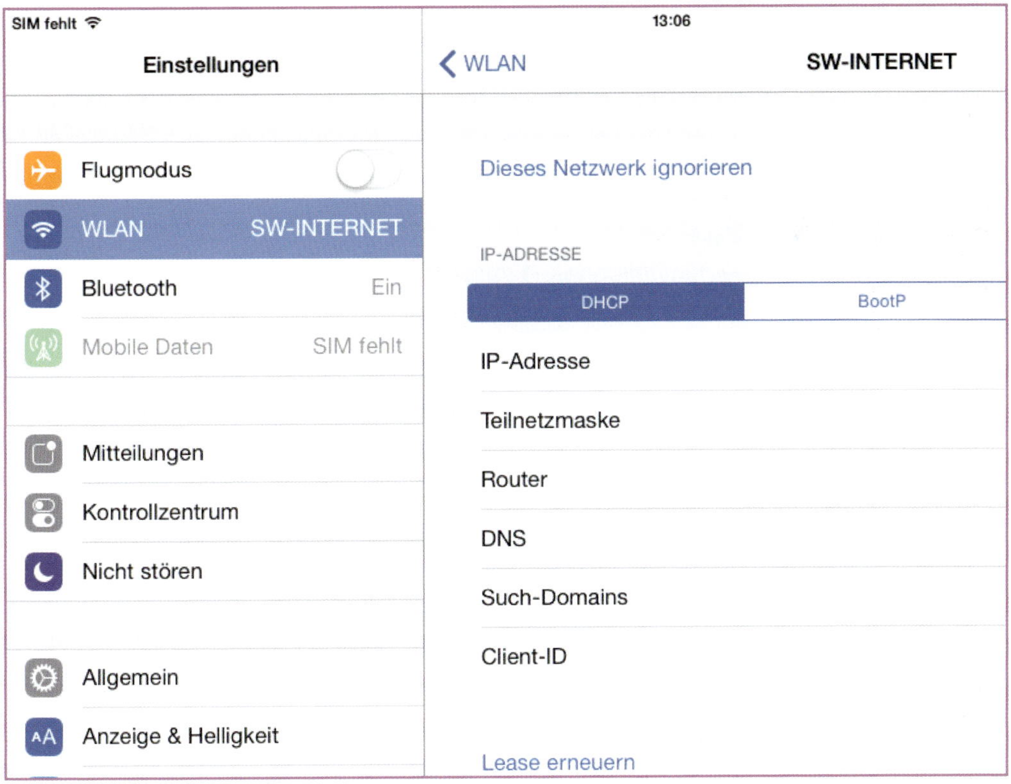

WLAN-Verbindungsfehler am iOS-Gerät

So wie ein Router kann sich aber auch der WLAN-Chip des iOS-Gerätes verschlucken. Meist hilft der kurze Wechsel in den Flugmodus und wieder zurück, ein Reboot (Aus- und wieder Einschalten) tut es auch. Bei hartnäckigen Fällen hilft eine der Zurücksetzen-Optionen.

WLAN-Verschlüsselung

Ihr privates WLAN sollte unbedingt verschlüsselt und damit sicher vor Angriffen von der Straße sein. Moderne Router tun dies automatisch im WPA-Modus. Zum Anmelden an einem verschlüsselten

WLAN benötigen Sie dessen Namen (SSID) und das richtige Kennwort. Optimieren Sie möglichst Ihre Router-Einstellungen hin zu WPA2 mit AES-Verschlüsselung. Ändern Sie das Kennwort nach Wunsch, aber verwenden Sie dafür ein unbenutzes – Sie wollen es vielleicht Gästen verraten.

Zoom

→ Einstellungen → Allgemein → Bedienungshilfen
Sie können eine Art Vergrößerungsglas aktivieren, dies funktioniert in allen Apps. Dann können Sie mit drei Fingern auf den Bildschirm doppelt tippen, damit sich die Ansicht vergrößert, in der Vergrößerung alles hin- und herschieben, indem Sie mit drei Fingern gleichzeitig den Bildschirm berühren und mit einem erneuten Drei-Finger-Doppeltippen in die normale Anzeigegröße zurückkehren.

Zurücksetzen

→ Einstellungen → Allgemein → Zurücksetzen
Manchmal hakt es an einer Einstellung oder man hat sein Gerät „kaputtkonfiguriert“. Dann gibt es verschiedene Abstufungen, sein Gerät ganz oder teilweise in den Werkzustand zurückzuversetzen.

→ Zurücksetzen → Alle Einstellungen: Diese Optionen löscht alle Systemeinstellungen, aber keine persönlichen Daten.

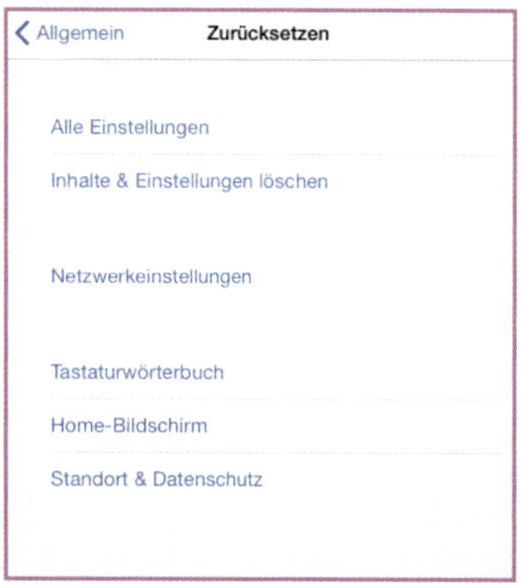

→ Zurücksetzen → Inhalte & Einstellungen löschen: Setzt Ihr Gerät zurück auf die Werkseinstellungen und löscht dabei sämtliche Daten. Ein Backup ist also dringend zu empfehlen, nach so einer Rosskur können Sie das Backup dann wiederherstellen.

→ Zurücksetzen → Netzwerkeinstellungen: Löscht alle Netzwerkeinstellungen und WLAN-Kennwörter und ist hilfreich bei aggressiven WLAN-Problemen.

→ Zurücksetzen → Tastaturwörterbuch: Entfernt alle persönlichen Änderungen an der eingebauten Rechtschreibkontrolle.

→ Zurücksetzen → Home-Bildschirm: Löst alle Ordner auf dem Home-Screen auf und bringt die Apps in eine Standardreihenfolge.
→ Zurücksetzen → Standort & Datenschutz: Widerruft sämtliche persönliche Änderungen an den Datenschutzeinstellungen und setzt sie auf Standards zurück.

Zwei-Faktor-Authorisierung

→ http://appleid.apple.com → Apple-ID verwalten → Passwort & Sicherheit → zweistufige Bestätigung
Benutzername und Kennwort waren lange die einzig verwendeten Autorisierungsparameter in der digitalen Welt. Wenn Anwender aus Bequemlichkeit für all seine Dienste (Soziale Netzwerke, E-Mails etc.) stets dasselbe Kennwort verwenden und dieser „Universalschlüssel" etwa über Phishing-Webseiten aus Versehen in falsche Hände gerät, ist es für Bösewichte ein Leichtes, in diese Konten einzubrechen, um Daten oder gar Geld zu stehlen. Die Autorisierung über eine zusätzliche Kontrollinstanz ist hierbei eine zusätzliche Sicherung.
Anfänglich waren dies Sicherheitsfragen (z.B. nach dem Lieblingslehrer in der Grundschule), die zwar nur der wahre Anwender beantworten kann. Aber auch die können per Pishing abgegriffen werden. Deutlich stärker ist der Schutz, wenn ein zweites Gerät (etwa Handy, Festnetztelefon, Tablet) in der Autorisierungskette mitspielt, von dem der Anbieter verlässlich weiß, dass es seinem Kunden gehört.
Sie möchten beispielsweise die Daten Ihres Kundenkontos nach einem Umzug ändern? Zunächst melden Sie sich wie gewohnt an, doch zum Ändern müssen Sie nun einen zusätzlichen Code eingeben. Der wird Ihnen z.B. per SMS geschickt. Sollte ein Krimineller in Ihr Kundenkonto eingebrochen sein, so bräuchte er zusätzlich (und das ist der Unterschied) physikalischen Zugriff auf Ihr Handy, um die SMS zu lesen. In Zukunft wird die „zweistufige Bestätigung" (so heißt es bei Apple) – wie schon beim Online-Banking mit SMS-TAN – Pflicht bei fast allen Anbietern.

REGISTER

I

J, K

L

Schneiden Sie genau entlang der dünnen schwarzen Linie diese Kurzanleitung aus, sie hat dann die Größe eines iPad mini und passt damit in alle iPad-Hüllen. Kreuzen Sie die für Sie richtigen Kästchen an. Wollen Sie die Anleitung laminieren, dann schneiden Sie auch den grauen Rand ab.

Entweder Sie haben **WLAN** zu Hause oder Sie nutzen Internet per **Mobilfunk** ☐, auch wichtig für die genaue **Ortung per Satellit**.

Kopfhörer, Headsets oder Lautsprecher verbinden Sie über den **Klinken-Anschluss** 3,5 mm (4-polig)

Lautstärke-Tasten regulieren auch den Schalldruck im Gespräch und den Klingelton

Klingelsperre (iPhone) oder Kippsperre (iPad) aktivieren Sie über den **Seitenschalter**

Hauptschalter *)

- • Wecken, Sperren, Klingel jetzt aus
- – Ein- und Ausschalt-Prozess starten
- •• Anruf „wegdrücken"

Home-Taste ist der zentrale Knopf

- • App verlassen, Ordner schließen, sekundären Screen verlassen, zurück zum Home-Screen, in die Suchfunktion wechseln
- – Sprachsteuerung Siri aufrufen
- •• Medienwiedergabe-Steuerung im Sperrbildschirm aufrufen

Hauptschalter und Home-Taste gemeinsam gedrückt halten, um Neustart zu erzwingen.

Dock-Connector (30-polig) ☐ oder **Lightning** (neu, schlank) ☐-**Anschluss** verbinden mit weiterem Zubehör (s. u.)

Ladekabel per **USB** an das Netzteil oder an einen USB-Port am Computer anschließen und iTunes nutzen

Batterieladung stets beobachten und alle 4–6 Wochen **Akku konditionieren**. (s. S. 65) Einschalten nach Tiefentladung benötigt einige Minuten am Netzteil.

*) • kurz – länger •• 2× kurz

Die wichtigsten Gesten für iOS

Verwenden Sie keinesfalls normale Stifte zur Bedienung.

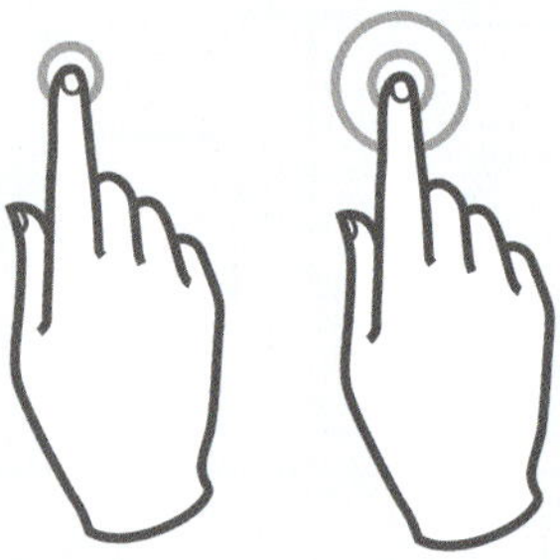

Einmal oder doppelt tippen

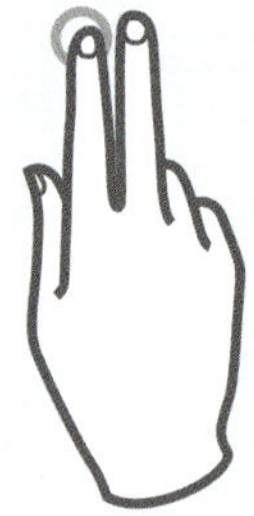

Halten (berühren) – bis etwas passiert

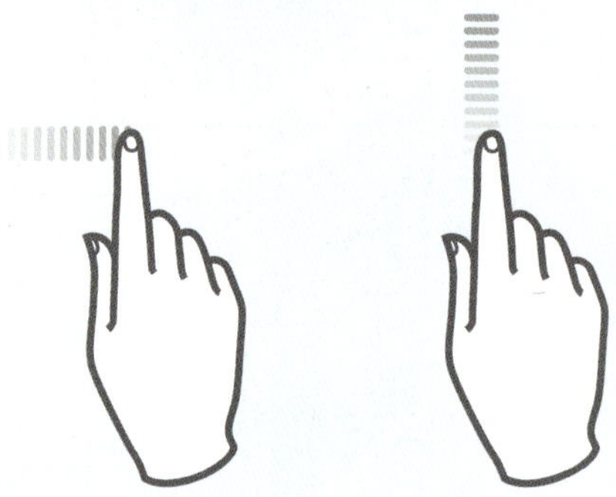

Wischen (schieben), quer und hoch

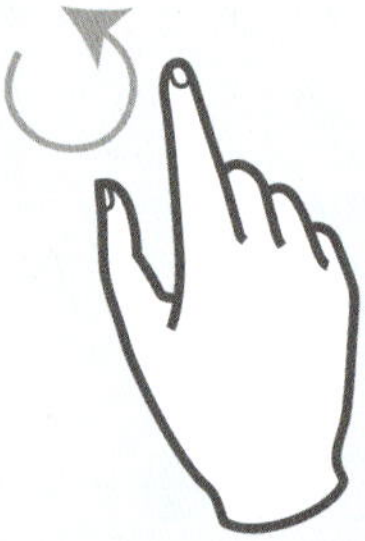

Mit zwei Fingern drehen (rotieren)

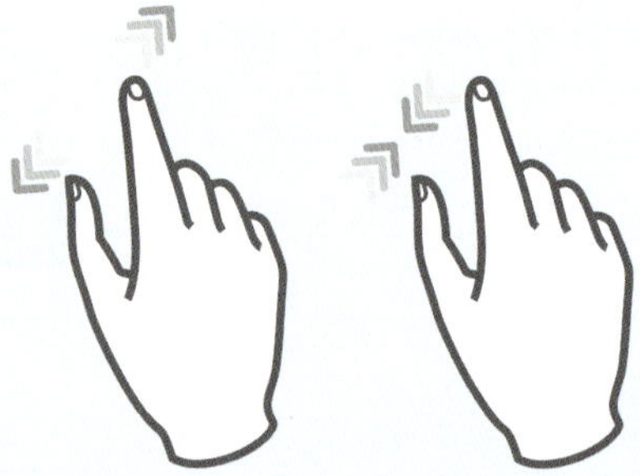

Zwei Finger spreizen (vergrößern) oder kneifen (verkleinern)

Entweder Sie haben WLAN zu Hause oder Sie nutzen Internet per Mobilfunk ❑, auch wichtig für die genaue Ortung per Satellit.

Kopfhörer, Headsets oder Lautsprecher verbinden Sie über den Klinken-Anschluss 3,5 mm (4-polig)

Lautstärke-Tasten
regulieren auch den Schalldruck im Gespräch und den Klingelton

Klingelsperre (iPhone) oder Kippsperre (iPad) aktivieren Sie über den Seitenschalter

Hauptschalter *)

- Wecken, Sperren, Klingel jetzt aus
- – Ein- und Ausschalt-Prozess starten
- •• Anruf „wegdrücken"

Home-Taste ist der zentrale Knopf

- App verlassen, Ordner schließen, sekundären Screen verlassen, zurück zum Home-Screen, in die Suchfunktion wechseln
- – Sprachsteuerung Siri aufrufen
- •• Medienwiedergabe-Steuerung im Sperrbildschirm aufrufen

*) • kurz – länger •• 2× kurz

Hauptschalter und Home-Taste gemeinsam gedrückt halten, um Neustart zu erzwingen.
Dock-Connector (30-polig) ❑ oder Lightning (neu, schlank) ❑-Anschluss verbinden mit weiterem Zubehör (s. u.)

Ladekabel per USB an das Netzteil oder an einen USB-Port am Computer anschließen und iTunes nutzen

Batterieladung stets beobachten und alle 4–6 Wochen Akku konditionieren. (s. S. 65)
Einschalten nach Tiefentladung benötigt einige Minuten am Netzteil.

Diese Kurzanleitung passt in Ihr Portemonnaie:

Schneiden Sie (evt. mit einem Papiermesser) nur entlang der gepunkteten Linie.
Dann falten Sie zunächst entlang der schwarzen Linie.
Zuletzt falten Sie entlang beider grauer Linien.

Stiftung Warentest

IMPRESSUM

4., aktualisierte Auflage

Stiftung Warentest
Lützowplatz 11–13
10785 Berlin
Telefon 0 30/26 31–0
Fax 0 30/26 31–25 25
www.test.de
email@stiftung-warentest.de

USt.-IdNr.: DE136725570

Vorstand: Hubertus Primus
Weitere Mitglieder der Geschäftsleitung:
Dr. Holger Brackemann, Daniel Gläser

Programmleitung: Niclas Dewitz

Autor: Ole Meiners
Projektleitung: Johannes Tretau
Lektorat: Brigitte Schöning, Johannes Tretau
Mitarbeit: Florian Ringwald, Karsten Treber, Veronika Schuster
Titelentwurf: Susann Unger (Berlin)
Layout: Pauline Schimmelpenninck Büro für Gestaltung, Berlin, Sylvia Heisler
Grafik und Satz: Anne-Katrin Körbi, Sylvia Heisler
Bildredaktion: Anne-Katrin Körbi, Oxana Rödel
Bildnachweis Innenteil: Apple Inc. (S. 78); gettyimages (S. 4 r., 5 r., 44,115, 132, 176); shutterstock (S. 21, 64, 221–223);
Stiftung Warentest (S. 4, 5, 6, 24, 20, 21, 22, 23, 24, 34, 221 und 223 Produktfotos)
Screenshots: Ole Meiners
Entwurf Kurzanleitung S. 221–223: Ole Meiners

Produktion: Vera Göring
Verlagsherstellung: Rita Brosius (Ltg.), Susanne Beeh
Litho: tiff.any, Berlin
Druck: Rasch Druckerei und Verlag GmbH & Co. KG, Bramsche

ISBN: 978-3-86851-219-9